看得到的世界史（上）

A History of the World in 100 Objects

大英博物館館長
尼爾・麥葛瑞格 Neil MacGregor◎著
劉道捷、拾已安◎譯

推薦序一 博物館，應該這樣參觀！

文／周志宇

大家應該都參觀過博物館，你還記得參觀的內容嗎？

一件件的文物陳列在博物館的玻璃櫃中，前面標著器物的名稱、時代、作者（如果有的話），有時可能還有一些簡短的說明，導覽人員的陳述比解說板略多一些，不便宜的導覽手冊比導覽人員的內容又多一些。然則，總是覺得那些文物離我們很遠，與我們沒有關係，所以參觀歸參觀，多半說不上有什麼實質上的收穫，這也許是多數人參觀博物館後的最大感受。其實每一件文物背後，都有非常複雜的故事，只要找到適當的方法，這些沉默了上千年甚至萬年的文物，都會說出很精彩的故事。

臺北外雙溪的故宮博物院幾乎是所有學校都會安排的參觀處所，其中的藏品既多且精，也是所有觀光客必到的朝聖地點。三樓銅器展示區中，一件件泛著或綠或褐的色澤，以它們特有的身形訴說著自己的故事，這些故事常常很隱諱，你得多用些心。有一個區域放置幾件晚商到西周初期製作的青銅器，它們有很大的比例是方形器，這些銅器上多半有相同的方形符號，由「亞、醜」兩個字組合而成，所以被館方命名為「亞醜器」。商周青銅器的鑄造方式與中國以外的地區不同，是獨有的「塊範法」。這些以塊範法鑄造的方形器困難度比較高，這說明「亞醜」家族擁有非常高明的匠師，同時也顯示這個家族的財力與生產能力都很高。事實上，這個主要分布在山東半島的殷商大貴族勢力，直到商亡之後都不肯向周人屈服，一直到成王時，才被周人攻滅。顯示周人取代殷商，花費了一段相當長的時間，這也可以間接說明西周在滅商之後，必須東征的理由。

展件中有一件「亞醜方尊」，高三十九．一公分，口徑二十九．九公分，四個正面嵌鑄了鹿首，四個角落則嵌鑄了四個象首，大象高舉鼻子，雙耳扇張，象牙由嘴兩側伸出，模樣十分傳神而寫實。寫實的表現手法說明當時的人一定見過大象，但北方為何會有大象呢？我們再搜尋一下館中，會發現依照另一種熱帶動物形象製造出來的青銅酒器，在館中被命名為「犧尊」，犧的原義是古代供宗廟祭祀用的純色牲畜，多半指白色的牛。但犧尊的外形特殊，明顯不是牛，而應該是一種「貘」科的動物，而且，在許多博物館還收藏了「象尊」、「犀牛尊」，象、貘、犀牛這些熱帶動物存在的事實，說明當時中國北方的溫度和溼度都比今天高，而那些熱帶動物都是當地的原生動物，在華北考古出土大量碳化的竹子也支持這個說法。

青銅是銅與錫的合金，這兩種金屬礦都非當地所產，必須由千里以外運來，顯然他們有高效能的運輸貿易系統，一般人難以擁有如此的條件，能夠生產並擁有這些昂貴器皿的人，大概只有統治階層的貴族。而這些既精緻又笨重的器皿，在日常生活領域使用起來顯然非常不便，所以，它們多半可能只有在特殊場合，諸如祭祀或典禮的時候使用，所以它們在「禮」的意義上可能比「器」的意義更大，這個由器走向禮的過程，也許可以反應禮制發展的某些面向。另外一件值得留意的是，商代青銅器中，用在飲酒功能的器皿明顯的多（與周代的青銅器比較），小件的如爵、角、觚、斝、觶、尊、卣，大件的如鑑、罍、壺等，幾乎都與酒有關。酒器眾多反應飲酒風氣的興盛，就像現在流行喝咖啡，稍微講究的人，家中常常會擁有磨豆機、濾杯、美式壺、摩卡壺、義式壓縮咖啡機……其中的一種或兩種，甚至更多。商代擁有多類酒器，說明飲酒風氣很盛，飲酒風氣之盛說明殷商時代酒的普遍，這可以反應一件事實：殷商的農業十分發達，因此有大量多餘的穀物可以用來釀酒。當然，繁榮的農業生產說明了這個王國的富裕與強大，他們能夠培養出這麼多傑出的工匠也就可以理解了。

下次再去故宮看那些商代青銅器時，會不會有比較不同的感受呢？想想，自己與友人坐在充滿音樂的餐廳，手中拿著英國製的骨瓷咖啡杯，烘得正好的耶加雪夫咖啡冒著略帶酸味的香氣撲鼻而來，咖啡尚未入口，兩頰已經微微滲出津液。那種感覺，就像三千兩百年前的殷商貴族，莊重的舉起手中金黃色的銅觚，酒的微溫透過青銅杯傳遞到掌心，酒香淡淡的散在空氣中，於是虔敬無比的向祖先說出心中的想望，就像在與坐在鄰座的親人聊天一般。其實，三千多年的時空，距離今天並沒有想像中遙遠。

我設想中的博物館參觀，應該是在這樣的情景下進行。**歷史不該只是課堂中的知識，**

更不該只是一種考試的內容，透過博物館的文物，我們可以更清晰、更具體的感受到千百年前發生過的事，只要我們有適當的引導。

很開心看到一本這樣的書。出版社的編輯問我願不願意為這本名為《看得到的世界史》寫推薦序，她說：「這是大英博物館出的一本書，超精彩的。」我完全同意她的說法，而且必須承認，作者大英博物館館長尼爾．麥葛瑞格先生的博學令本書變得格外動人。

本書的原始書名是《從一百件文物看世界歷史》，大英博物館收藏超過八百萬件文物，無論質或量在世界上都無出其右者，要從其中選出區區一百件文物來描述人類的歷史，也就是說平均每八萬件文物中只能選取一件，那真是件無比艱困的任務。而要藉著這一百件文物來描繪人類兩百多萬年來的發展軌跡，幾乎是不可能完成的任務。但作者以其無比淵博的知識、動人的文筆，透過文物本身的解析、歷史背景的鋪陳、相關事件的勾連，清晰的畫出一幅幅鮮活的歷史圖像，這些原本毫不起眼，靜靜的躺在博物館某個角落的文物，因此有了鮮活的生命。作者不只告訴我們在那些地方到底發生了什麼事，更精彩是，他示範了正確的博物館參觀方式。當然，我們期待下一次參觀國內博物館的時候，能夠遇上這樣精彩的引導，更期待國內也能看到這樣的著作。

本文作者周志宇，為建國中學退休歷史科教師與歷史社指導老師，亦擔任歷史博物館與故宮博物院導覽志工。

推薦序二 看得見的物件，看得見的文明

文／謝哲青

一七五三年四月，大不列顛王國及愛爾蘭國王喬治二世（George II of Great Britain），於西敏宮議會（Palace of Westminster）熱情支持，以英格蘭著名收藏家漢斯・史隆（Hans Sloane）的收藏品為中心，承購並改建倫敦市區附近的蒙塔古大樓（Montague Building），歷經長達六年的籌措準備，終於在一七五九年一月十五日正式對公眾開放，並且堅持「博物館應該是全體人類共享的教育殿堂」的營運理念，直到今天，仍對絡繹不絕的旅客不收分文。

今天，你從大羅素街（Great Russell St）極具庶民風格的前門進入，首先映入眼簾的，是那讓人聯想到雅典帕德嫩神殿的壯麗立面。一八五三年由官方印行的《大英博物館概要》中寫道：「……文明大幅度的進步，三角楣飾的東角傾斜的象徵是數學，暗示著追求永恆的科學原則；西角傾斜的主題側是戲劇、詩、音樂與美術，整體雕刻主題的呈現在於強調科學與人文精神之間的平衡……全體物件以雕刻為主，因為這是最有力的表現形式……。」許多人不了解，精緻莊嚴的三角楣飾雕刻，隱含著「文明帶動世界向前」的人

文主義思維。

穿過希臘愛奧尼亞風的幽暗門廊，就好像歷經了智識的闇瞀蒙昧，緊接而來的，是宏大開闊的中央大廳。這座正式名稱為「伊莉莎白二世大庭院」（Queen Elizabeth II Great Court）的明亮空間，洋溢著後現代的藝術感動。參與這座中庭建築設計的兩位大師：諾曼・佛斯特爵士（Sir Norman Foster）與艾德蒙・哈波德爵士（Sir Edmund Happold），透過自由輕盈的空間，向我們傳達了學術無國界、學海無涯的開放訊息。更特別的是，伊莉莎白二世大庭院雖是後工業時代的前衛設計，卻一點也沒有減損它古老而美好的維多利亞時代氛圍。

除了充滿知性與美的公共空間外，大英博物館高達八百萬件的收藏品，更為整個空間增添深厚雋永的故事性與藝術性。除了大家所熟知羅塞塔石碑（Rosetta Stone）、雅典帕德嫩神廟（The Parthenon of the Athenian Acropolis）的大理石雕刻、波特蘭花瓶（Portland Vase）、埃及法老阿蒙霍特普三世（Amenhotep）的頭像、清宮祕藏的《女史箴圖》長卷、復活節島的荷瓦巨石像之外，還有許許多多不為人所知的典藏，正在角落等待你來發現、了解。

我個人有幾件特別偏愛的物件，都充滿了濃厚的故事性與傳奇性，像是由英國最傳奇的數學家、天文學與占星學家約翰・迪伊博士（John Dee，一五二七－一六〇八）所製作的蠟製圓盤與水晶球就相當有趣。約翰・迪伊同時也是出色的地理學家，更是伊莉莎白女王的首席顧問。傳說他可以與天使對話，並從水晶球裡看出伊莉莎白女王的命運，畢生都奉獻給鍊金術、占卜、以諾魔法（Enochian magic）及赫耳墨斯哲學（Hermeticism）。

約翰・迪伊的學術成就穿梭於科學與神祕之間，並試圖透過數學公式與邏輯辯證將兩個世界合而為一。他熱衷於推廣數學，曾經以弱冠之齡在巴黎大學講授高等代數。篤實的研究態度更讓他成為一個受人尊重的天文學家，在英國海外探險與殖民墾荒也是一名專家，為英格蘭海外人員提供教育訓練。我們所熟悉的「大英帝國」（British Empire）一詞，就是約翰・迪伊創造的。

按照歷史文獻的研究，約翰・迪伊與同時代稍早的李奧納多・達文西、米開朗基羅，都是典型的文藝復興人。他與丹麥的天文學家第谷・布拉赫（Tycho Brahe）是好朋友，也相當熟稔哥白尼（Copernicus）的學說，即使不曾公開擁護，個人卻篤信日心說並透過數學計算證實；同時，也是神祕學家的約翰・迪伊透過占星推演，為伊莉莎白女王擇定登基，甚至對抗西班牙無敵艦隊的宣戰、出征日期。約翰・迪伊所遺留下來的魔法用品與個人研究筆記，是英格蘭從蒙昧的中世紀進入文藝復興的歷史標誌。

即使只是一件小小的蠟製圓盤，背後都有如此豐厚的故事存在，那大英博物館典藏的八百萬件精品，更是超越了八百萬這個數字所蘊涵的意義。人類文明從發端，歷經漫長的時間進程，從東非大裂谷到大洋洲的海中孤島，從撒哈拉荒漠到墨西哥的熱帶雨林，從穴居到城市，從聚落到大帝國，每一個物件，都帶來過去的訊息，訴說著被時間所遺忘的故事。想要了解大英博物館，了解人之所以為人，您手上的這本書，正是通往歷史學與考古學殿堂，最好的叩門磚。

本文作者謝哲青，現主持《青春愛讀書》、《下班經濟學》、《音樂心旅行》、《城市的一百個發現》、《遇見一幅畫》等節目，長期推動閱讀與藝術文化活動，豐富的學養和多領域的涉獵，為華人圈知名的藝術、旅行說書人。

獻給我在大英博物館所有的同事

目錄
CONTENTS
上冊

上冊

第1篇　人類之所以為人類（西元前兩百萬年～西元前九千年）

第2篇　冰河期後的食與性（西元前九千年～西元前三千五百年）

目錄

CONTENTS

上冊

第3篇 最早的城邦與國家（西元前四千年～西元前兩千年）

目錄
CONTENTS
上冊

第7篇

帝國締造者（西元前三百年～西元十年）

目錄

CONTENTS

上冊

第8篇 古代玩樂，現代刺激（西元一年～西元五百年）

第9篇 世界信仰的興起（西元一百年～西元六百年）

第10篇 絲路綿延不絕（西元四百年～西元八百年）

目錄

CONTENTS

上冊
下冊

下冊

第11篇 殿堂深處：宮廷的祕密（西元七百年～西元九百年）

第12篇

朝聖者、劫掠者與經商者（西元八百年～西元一千三百年）

目錄

CONTENTS

下冊

第13篇　身分地位的象徵（西元一千一百年~西元一千五百年）

第14篇 面見諸神（西元一千兩百年～西元一千五百年）

第15篇 現代世界的開端（西元一三七五年～西元一五五〇年）

目錄

CONTENTS

下冊

第17篇 宗教寬容與不寬容（西元一五五〇年～西元一千七百年）

目錄
CONTENTS

下冊

第18篇 探索、剝削與啟蒙（西元一六八〇年～西元一八二〇年）

第19篇 大量生產、大眾宣傳（西元一七八〇年～西元一九一四年）

第20篇 我們所製造的世界（西元一九一四年～西元二〇一〇年）

目錄

CONTENTS

下冊

作者序　不可能的任務

用物品說歷史，正是博物館存在的理由。大英博物館二百五十多年來持續蒐集全球各地的物品，因此，如果你想用物品訴說世界歷史，大英博物館是個不錯的起點。事實上，你可以說，一七五三年英國國會設立大英博物館、下令館方應該「力求普及」並對大眾免費開放後，這一直都是館方努力的目標。本書是二〇一〇年英國廣播公司（ＢＢＣ）第四廣播網系列節目的紀錄，同時也是大英博物館自開館以來不斷在做、或是企圖做到的努力中，最新的成果。

《看得到的世界史》用一百件物品說歷史，遊戲規則是由第四廣播網總臺長馬克．達瑪瑟（Mark Damazer）制定，十分簡單明瞭：大英博物館和英國廣播公司的同仁，要從館藏中選出一百件物品，涵蓋的時間從兩百萬年前人類史的發端到現代，涵蓋的範圍囊括全世界最遙遠的地方，而且力求公平。工作人員試著呈現人類經驗中的各種面貌，讓我們了解整個社會，而不只是權貴階級的生活，因此物品當中要有普通的日常用品，也涵括藝術傑作。

由於每週要播出五段節目，我們必須把物品分成五件一組，把地球快轉到不同時期，利用該段時期的物品，簡介五項當時的世界情勢。由於大英博物館的館藏囊括全世界，英國廣播公司的廣播亦遍及全世界，我們決定邀請世界各地的專家和評論家參與。這樣一來，儘管每則物品的介紹都只是世界史的一部分，但整體上卻依舊是全世界一起促成的歷史（基於著作權的關係，參與者所說的話，大致上就是印在書上的文字）。

這項計畫從很多方面來看，顯然都是不可能的任務，但是有一點曾經引發特別激烈的辯論：這一百件物品並不是在電視上介紹、而是在廣播中呈現，聽眾必須透過聆聽來想像，無法看到物品。本來我以為博物館同仁習慣仔細端詳物品，會被這種方式難倒，但英國廣播公司的小組卻信心十足，他們知道想像一樣東西，是用非常特殊的方式把東西變成自己的；他們知道每位聽眾都會把節目討論的文物，變成自己的文物，從而把這些歷史變成自己的歷史。

為了方便一定要看到實物、卻不能親赴大英博物館的人，館方把所有物品的照片放在大英博物館《看得到的世界史》的網站上，而現在又以這本圖文並茂的精美書籍，來呈現這一百件物品。

大英博物館館長

尼爾・麥葛瑞格（Neil MacGregor）

謹識於二〇一〇年九月

引言　從過去發給現在的訊息

我們將在本書穿越時空、走遍全球，**看人類二百萬年來如何形塑這個世界，又如何受這個世界所影響**。本書將以前所未有的方式告訴你世界的歷史——我們將破解物品穿越時空對我們傳達的關於人類、地點、環境與交互作用的訊息，關於歷史不同時間點的訊息，還有關於我們現代如何反思歷史的訊息。

這些來自過往的訊息——有些很可靠，有些是推測，很多還有待我們去發掘——不像我們可能碰到的某些證據，它們說明的是整個社會與複雜的進程而非個別事件；它們說明了這些物品是什麼世界所製作、後來變成什麼樣子或被搬遷到哪裡，偶然的產生了某種遠非原始製作者企圖達到的意義。

《看得到的世界史》試圖使這些人類製造的器物、精心塑造歷史的來源，從其引人好奇的千萬年旅程甦醒過來。書中包含的各種物品，經過仔細的設計，然後被拿來賞玩、保存或使用，最後破損並被丟掉；它們的範圍從烹飪用的鍋碗瓢盆到黃金大帆船、從石器時代的工具到信用卡都有，而且全是大英博物館的館藏。

一般人對製作這些物品的歷史背景可能不太熟悉，書中少有知名的時間、戰爭或事件，經典歷史事件如羅馬帝國的誕生、蒙古人摧毀巴格達、歐洲文藝復興、拿破崙戰爭、日本廣島遭原子彈轟炸等，都不在本書的中央舞臺，但還是會透過個別物品折射出來。

例如一九三九年的政治情勢決定了薩頓胡（Sutton Hoo）遺址的挖掘與世人了解它們的方式（見第四十七章）；羅塞塔石碑（Rosetta Stone）和許多文物一樣見證了英國和拿破崙時期法國之間的鬥爭（見第三十三章）；至於美國獨立戰爭，在本書則是從美國原住民一張鹿皮地圖的獨特觀點來觀察（見第八十八章）。我所挑選的，都是能說明很多故事、而不是見證單一事件的文物。

文字記錄一半事實，用詩意重建真相

如果你想要講述整個世界的歷史、不過於偏袒人類某一族群，就不能光靠文字史料，因為世上只有若干地方擁有文字，多數地方在多數時間裡都沒有文字。書寫是人類比較後期的成就，一直到相當晚近，還有很多有文字的社會在記錄他們關心或渴望的事情時，都不只訴諸文字，也會以文物的方式表現。

理想的歷史應該結合文字和文物，本書有些章節能做到這一點，但大部分情況下我們根本做不到。文字與非文字歷史最不對稱的例子，可能是庫克船長（Captain Cook）的遠征軍和澳洲原住民在植物灣（Botany Bay）的第一次接觸（見第八十九章）。在英國方面，我們有科學的報導，也有船長航海日誌對這個重大日子的紀錄；可是在澳洲方面，我們只有一名男子第一次經歷槍擊逃跑時丟下的木質盾牌。如果我們想重建那天到底發生了什麼事，這面盾牌勢必得像文字報導一樣，受到盡可能深入、嚴謹的檢驗和詮釋。

除了對彼此的不了解，還有勝利者會有意無意扭曲事實的問題。我們都知道歷史都是由勝利者書寫的，而當只有勝利者會使用文字時更是如此。失敗的一方無論是被征服還是被摧毀的社會，往往只剩他們的器物能夠述說他們的故事。加勒比海地區的泰諾人（Taino）、澳洲原住民、非洲貝南人（Benin）和印加民族都會在本書現身，如今他們訴說過往成就最強而有力的方式，就是仰賴他們製作的東西——透過器物來說歷史，能幫助沒有文字的社會為自己發聲。遇到這類有文字的社會與無文字社會的接觸時，我們會考量到所有的**第一手紀錄一定會有所偏頗，只能算是對話中的一半而已，如果我們要找到對話中的另一半，除了必須閱讀文字史料，也要解讀文物**。

這一切說起來容易，做起來卻很難。我們早就習於以研究文字史料的方式來書寫歷史，我們有好幾百年的參考資料協助我們評估文字紀錄，也學會如何判斷文字紀錄的坦白、失真程度和扭曲手法。當以文物來說歷史時，我們當然必須建立各方面的專業能力，包括考古學、科學和人類學，使我們能提出關鍵問題；但此外我們還得加上相當多的幻想，才能還原文物最初的生命，對此我們必須不吝於發揮詩意、運用想像力，以期能看出文物所欲傳達的深遠意義。

對許多文化來說，如果想了解它們，這是唯一的方法。例如秘魯莫希（Moche）文化，現在完全是靠考古紀錄延續下來，如果要了解這是一個怎樣的民族、他們怎麼生活、如何看待自己和世界，莫希戰士水壺（見第四十八章）是少數可以著手進行的起點。

這是一個複雜而不確定的過程，因為現在許多文物只能透過層層的文化轉譯，而這必須接受嚴格的詳細檢查，再重新想像。例如西班牙人征服阿茲特克人（Aztec），使我們無法了解阿茲特克人如何征服瓦斯特克人（Huastec）；因為這種歷史巨變，現在我們必須隔著兩層，也就是經由阿茲特克人告訴西班牙人的說法，找回瓦斯特克人的聲音。

瓦斯特克人自己怎麼想？他們沒有留下文字紀錄告訴我們，但瓦斯特克人的物質文化確實透過一‧五尺高的女神石雕像（見第六十九章）延續了下來，這種女神雕像的身分起初大致相當於阿茲特克人的大地女神特拉左蒂奧托（Tlazolteotl），後來又相當於聖母瑪利亞。這些雕像是瓦斯特克人宗教思想的主要紀錄，但我們至今還不清楚這些紀錄的真正含意，不過這些神聖雕像的存在，卻讓我們得以用新的觀點與更內行的問題，重新探討阿茲特克人和西班牙人的二手紀錄，但最終還是要靠我們的直覺，在這種與神祇的對話中，感受其中的爭議之處。

在所有透過物品解說歷史的做法中，**這種運用想像力來詮釋、並且轉化的行為，都是不可或缺的**。這和大英博物館的創辦先賢理解歷史的方式相當近似，都認為還原過去的文化，是了解共同人性的重要基礎。啟蒙時代的收藏家和學者帶來了以科學方法為史實排序的任務，以及罕見的以詩意重建歷史的能力。

與此同時，世界的另一端對此亦極富冒險精神，與十八世紀中葉英王喬治三世（George III）幾乎同時代的乾隆皇帝，也忙著蒐集、收藏、分類、探索過去，編纂字典、《四庫全書》，而且會寫下他的發現，一如十八世紀歐洲的貴族文人。他的收藏中有一件名叫玉璧的扁平狀環形玉器（見第九十章），很像大約三千五百年前商朝墓葬發現的玉戒指，玉璧的用處仍然不明，但可以確定是貴族的用品，做工非常精美。

乾隆激賞於玉璧奇特的美感，開始推敲玉璧的用途。他的做法和學者一樣深具想像力：他看出玉璧歷史悠久，回顧他所知道一切類似的東西，卻還是困惑不已，因此他依照一慣的作風，寫了一首詩說明他試圖了解玉璧的過程，然後，對我們來說可能非常糟糕的是，他令工匠把詩刻在這塊寶貴的玉璧上，詩中他斷定玉璧的用途是碗架，因此他將在玉璧上放一個碗。

雖然乾隆判斷的玉璧用途是錯的，但我得承認很欣賞他的方法。透過物品思考過往的歷史或遙遠的世界，一直是充滿詩意的重建過程。我們承認我們真正了解的東西很有限，因而必須以不同的方式設法理解；我們知道這些東西基本上是由我們這樣的人製作出來的，所以應該能揣摩出他們為什麼要製作這種東西、有什麼用途。這麼做不只能了解過去的世界，有時也是了解現代世界大部分現象的最好方法。我們真的能夠了解別人嗎？大概可以，但也**只能透過詩意般的想像力，再加上嚴謹習得和整理過的知識**。

乾隆皇帝不是本書唯一登場的詩人，英國詩人雪萊（Shelley）的詩作《奧西曼迭斯》（*Ozymandias*）是他對埃及法老拉美西斯二世（Ramesses II）的回應（見第二十章），詩中沒有半點有關古埃及製作雕像的知識，卻告訴我們十九世紀初期，歐洲有很多人著迷於這個消逝的埃及帝國。

在薩頓胡船葬的重要遺跡（見第四十七章）中，就有兩位詩人發揮了作用：貝武夫（Beowulf）的史詩故事在歷史的現實中得以還原；現代詩人薛莫斯·奚尼（Seamus Heaney）談到戰士的頭盔，為這具著名的盎格魯撒克遜盔甲，增添了迫切的話題性。可見用物品訴說歷史時，怎麼能少了詩人呢？

警覺心、想像力，加上知識

因此，運用物品和充分的想像力來說明世界的歷史，應該比只靠文字史料公平。這種做法讓很多不同的人得以發聲，尤其是遠古的祖先。人類史的早期——這占了人類史全部的九五％以上——的確只能用石器來說明，因為除了人體和動物殘骸之外，石器是唯一留存下來的東西。

然而，透過物品來講述歷史，可能永遠無法真正達到平衡，因為這麼做只能仰賴能夠流傳至今的物品，對大部分由有機物質來製作物品的文化特別殘酷，對氣候會造成這種物品腐敗的地方，更是如此：以大部分的熱帶地區來說，從遠古流傳下來的東西少之又少。

我們擁有最古老的有機物品，基本上都是第一批到訪的歐洲人蒐集的。例如本書的兩件物品，都是庫克船長遠征隊蒐集的，一樣是前面提過的澳洲原住民樹皮盾牌（見第八十九章），另一樣是夏威夷人的羽飾頭盔（見第八十七章），這兩樣東西都是這些社會與歐洲人初次接觸時得到的。

夏威夷和澳洲東南部當然在這種接觸發生之前，早就形成複雜的社會、製作複雜的物品，但這些早期用木材、植物或羽毛製作的器物幾乎都沒殘存下來，因此我們很難說明這些文化的早期歷史。有二千五百年歷史的帕拉卡斯（Paracas）木乃伊身上的紡織品殘片是罕見的例外（見第二十四章），這是因為秘魯沙漠特別乾燥，這些紡織品才能保存至今。

但並非只有保存完好的物品才能釋出大量資訊。一九四八年，一位機警的海灘流浪漢在坦尚尼亞基盧瓦（Kilwa）懸崖底部，發現幾十片陶器碎片（見第六十章）。我們這麼說並不誇張：這些陶器碎片是被丟棄的垃圾，沒有任何用處，但是當這位流浪漢把碎片收攏在一起後，他發現這些陶器碎片藏著一千年前的東非故事。

仔細研究**這些碎片的樣式，甚至披露出整個印度洋的歷史**，因為一旦我們仔細觀看，就會很清楚這些碎片來自截然不同的地方。一片綠色的碎片和一片藍白碎片顯然是中國大量製造、出口的瓷器碎片，帶有伊斯蘭裝飾的碎片則來自波斯和波斯灣，還有一些碎片出自東非當地的陶器。

我們認為這些陶瓷基本上是同一批民族在同一段期間使用、摔破後丟棄的，但這些被丟棄的東西卻說明了長久以來歐洲人沒能看出的事實——從西元一千年到一千五百年間，東非海岸和整個印度洋都有所往來，中國、印尼、印度、波斯灣和東非之間有著定期貿易，原料和完成的商品流通到很遠的地方。

這種情形的確可能發生，因為和風浪狂暴的大西洋相比，印度洋的海風每年有半年時間從東南方徐徐吹來，另外半年時間從西北方徐徐吹來，讓水手可以進行遠程航行，而且相當確定自己能回到故鄉。

基盧瓦的碎片顯示，印度洋實際上是一座巨大的湖，不同的文化在這個湖上已經交流了千百年，貿易商不但帶來商品，也帶來思想，印度洋沿岸的社會像地中海沿岸的社會一樣，關係非常緊密。這種文物歷史清楚顯示了一件事，就是「地中海」——「地球中央的海洋」——是錯誤說法，地中海其實並不在地球中央，只是地球諸多海洋文化的一種。我們當然不會為地中海另外想名字，但也許我們應該這麼做。

文物的傳奇，在創造和毀壞中建立

如果把本書命名為《透過許多世界的物品說歷史》，或許比現在的書名更貼切，因為文物的特性之一是製造出來之後，往往會改變或被改變，承載著當初完全想像不到的意義。

我們的物品中被後世汙損的印記數量驚人。有些破壞純粹是時間造成的，例如瓦斯特克女神破損的頭飾；有些是笨手笨腳的挖掘或強力取出造成的。但通常，後人的介入是刻意為了改變意義，或是反映新主人的驕傲或快樂，使得這種物品不但代表原作時代的紀錄，亦代表後來改變這種物品時代的紀錄。

例如第十章的繩紋陶罐，說明了日本幾千年前在製陶工藝上的早熟成就，也說明了燉肉湯的起源，而壺內側的鍍金，後來說明了注重美感的日本，在今天意識到自己特殊的傳統，於是重溫與重新發揚自己悠久的歷史——這件物品於是變成了日本對自身的評論。

非洲木製裂縫鼓（見第九十四章）是更驚人的例子，顯示物品生命的變化多端。這個小牛形狀的裂縫鼓最初很可能是為剛果北部一位統治者製作的，隨後在喀土穆（蘇丹首都）重新改造成伊斯蘭教文物，然後在基欽納（Kitchener）伯爵奪得後，刻了英國維多利亞女王的皇冠，隨即送到溫莎宮，成為一件敘述征服與帝國故事的木製文物。**我不認為有哪段文字史料能結合**

這麼多的非洲與歐洲史，或是說得這麼有力而直接，這種歷史只有物品能述說。

本書有兩個尷尬的文物故事，說明兩個不同世界在改變效忠對象與組織結構崩潰時的不同面貌。從正面看復活節島巨石像（Hoa Hakananai，見第七十章），它以無可動搖的信心宣示祖先的能力，後人只要好好尊崇祖先，祖先就會保佑復活節島；然而，從背面看，巨石像卻刻畫著這種信仰的失敗，以及後來島民急於用其他儀式取代，以因應復活節島生態體系崩潰、島民賴以為生的鳥類遷徙他方後的情況，數百年的社會宗教史在這尊巨石像上表露無遺。

相形之下，俄羅斯革命紀念瓷盤（見第九十六章）的改造，卻顯示人類抉擇與政治計算的結果。用帝俄時代的瓷器表達布爾什維克（按：指以列寧為領袖的多數派）的形象，本來就具有欺騙性的諷刺意味，但這種感覺出現不久後，卻令人不由得讚嘆這種行為背後不帶感情的傑出商業眼光，因為主事者猜透了西方資本主義收藏家的心理，知道如果在瓷盤上結合代表革命的鐵鎚與鐮刀，以及代表帝俄沙皇時代的圖案，西方收藏家一定會高價收購。往後的七十年裡，蘇維埃和自由民主制度之間出現複雜的歷史上具有重大意義的妥協，而瓷盤顯示妥協的第一步。

這兩種文物的改造都很迷人、很有啟發性，但讓我感到最愉快的改造，無疑是《女史箴圖》（見第三十九章）。千百年來，慢慢展開《女史箴圖》時，收藏者和行家都愉快的欣賞這幅著名的中國繪畫傑作，然後蓋上自己的印章。這看在習於認定藝術作品幾乎是神聖空間的西方人眼裡可能非常駭人，但我認為這些見證者欣賞藝術絕品的行為中，非常令人感動的是，他們創造了一個跨越千百年、分享欣賞之樂的社群，即使我們不在上面蓋上自己的印章，現在或許也能加入這種社群。這幅絕美的圖畫在極長的時間裡，用不同的方式令很多人沉醉不已，沒有一種方式比蓋章更能清楚說明這幅名作經過了這麼長的時間，仍然具有令人愉快的力量，而且現在我們也能受享這種快樂。

還有一種方法可以說明物品的身世如何隨著時間而改變。博物館學者的關鍵任務之一，以及博物館保存科學的最重要任務，是不斷的回頭檢視這些物品，由於新科技讓我們可以對這些物品不斷提出新的問題、打開新的研究路線，在大家認為熟悉的東西中發現意料不到的意義，尤其是近年來，這麼做的結果往往令人震驚。

文物的身世正在迅速轉變，最明顯的例子當然是坎特伯里（Canterbury）出土的玉斧（見第十四章），我們已查明玉斧來自義大利北部的一座高山上，那裡有一塊圓形巨石，正是古人鑿下製作這柄玉斧所用石材的地方。因此，我們對早期的歐洲貿易路線有了新的理解，對玉斧的重要性有一套新的假設，古人之所以對玉斧特別重視，可能是因為玉斧來自雲天遙遠的高地。

而醫學檢查的新方法，則讓我們可以深入了解古埃及人的疾病（見第一章），也了解他們帶著進入來生的護身符。長久以來，中世紀的聖海德薇寬口大酒杯（見第五十七章）以能變水為酒而聞名，最近這種杯子的身世也有所改變，因為對杯子進行新的分析後，現在我們或許可以稍有信心的把杯子的原產地定為東地中海地區，同時比較沒有信心（但十分愉快）的推論，這種大杯與中世紀王朝時代的特定時刻有關，也和十字軍東征歷史中一位精彩人物有關。科學正在以完全意料不到的方式，改寫這些文物的歷史。

阿坎族（Akan）的鼓（見第八十六章）是精確材料科學和強力詩意想像結合的例子，這面鼓在一七三〇年前後落入美洲維吉尼亞殖民地的漢斯．史隆（Hans Sloane）爵士之手，最近木材與植物專家已判定這面鼓是在西非製造、再坐著奴隸船遠渡大西洋。如今我們既然知道了鼓的產地，就不可能不納悶這面鼓見證過什麼歷史，也不可能不去想像這面鼓從西非宮廷出發、橫渡波濤洶湧的大西洋來到北美農莊的旅程。我們知道有人在奴隸船上利用這種鼓「讓奴隸跳舞」以振奮他們的心情，這面鼓後來到了美洲的農莊，又有人利用它來發動奴隸造反。如果文物歷史的目的之一是讓沒有聲音的人發聲，那麼這面奴隸鼓的特殊角色，就是讓淪為奴隸、不准攜帶任何物品離開故鄉、又不能為自己寫故事的千百萬人發聲。

來趟穿越之旅，歷史其實一以貫之

我在序中說過，你可以把地球快轉到不同時期來看當時的全球情勢，但通常歷史不是以這種方式敘述或教學的，我猜當我們是學生的時候，很少有人要我們試想一〇六六年諾曼人入侵英國時，日本或東非情況如何，但如果我們注意特定時間的全球狀況，結果往往會出人意表，而且令人深思。

例如西元三百年前後（第四十一章至四十五章），全球似乎不約而同的出現令人困惑的現象，佛教、印度教和基督宗教都促成了今天仍廣泛利用的具象傳統，而且都開始聚焦在人體形象上。

這真是令人震驚的巧合，為什麼會這樣？這三大宗教是否都持續受到希臘雕像傳統的影響？是否全是富強、擴張版圖的帝國，有能力大力投資新的圖像語言的產物？當時是否出現形成共識的新觀念，認為人神之間從某種角度來看是不可分割的？我們不可能提出最終的解答，但只有用這種方式來觀看世界，才能提出如此尖銳、核心的歷史問題。

在某些例子中，我們的歷史間隔好幾千年後，會或多或少的重返原點、觀察到同樣的現象。但在這些例子中，其相似處和巧合比較好解釋。塔哈爾卡（Taharqo）法老的人面獅身像（見第二十二章）、米羅（Meroe）出土的奧古斯都（Augustus）頭像（見第三十五章）和喀土穆的裂縫鼓（見第九十四章），都說明埃及和今日的蘇丹之間發生過激烈的衝突。每一次，從南邊的蘇丹上來的人都贏得短暫（或一百年）的勝利；每一次，埃及的統治力量最後都會重整旗鼓，重新確立邊界。法老時代的埃及、奧古斯都時代的羅馬和維多利亞女王時代的英國，最後都不得不承認：在尼羅河洪水最先氾濫的地區、在地中海世界與非洲黑色大陸接壤的地方，有一條橫亙數百年的地緣政治斷層線，不管統治者是什麼人，地球板塊總是在這裡碰撞，地方性的衝突也總是在這裡形成，這樣的歷史可以解釋許多政治現況。

我認為，把地球快轉到不同時期來看當時的全球情勢，也顯示歷史會出現多麼不同的樣貌，端看你是什麼人、從什麼角度看歷史而定。因此，雖然我們把所有物品放在同一本書裡，卻特意採納很多不同的意見和觀點。本書彙集了大英博物館各館館長、維護專家和科學家的集體知識能力，同時也會介紹世界各地重要學者的研究與分析，並囊括所探討的歷史中專門處理類似文物的專家所提出的評估。

例如，我們邀請英國文官首長評估現存最古老的美索不達米亞行政管理紀錄（見第十五章）、邀請當代諷刺作家檢討宗教改革百年紀念大報（見第八十五章）、邀請印尼皮影戲大師說明今天這種表演的內容（見第八十三章）。還有許多鑑賞家、藝術家、諾貝爾獎得主、宗教領袖、陶藝家、雕刻家和音樂家，都慷慨襄助，以他們的專業經驗提供對文物的真知灼見。

我很樂見本書讓製造出這些文物的社會或國家發聲，我認為這種聲音不可或缺，只有他們能解釋這些物品在當時所代表的意義：只有夏威夷人說得出當年祖先把羽飾頭盔送給庫克船長和船員（見第八十七章），又經歷歐洲人與美洲人入侵二百五十年後，這頂頭盔對現在的夏威夷居民代表什麼意義；奈及利亞人現在看到大英博物館裡的貝南雕飾版（見第七十七章）時，沒有人比第一位獲得諾貝爾文學獎的非洲作家沃雷・索因卡（Wole Soyinka），更善於說明這種情形對奈及利亞人有什麼意義。

越來越多世界各地的國家與群體**透過重新解讀自己的歷史，肯定自己的國家與群體的認同，而這些歷史經常依附在物品上**。大英博物館不只是收藏文物的地方，也是經常以全球的角度辯論文物的意義與身分的競技場，有時辯論甚至激烈到劍拔弩張，但這樣的辯論是詮釋這些文物的現代含意不可或缺的要素，有關這些文物應該展示或收藏於何處的辯論也是如此，這些觀點應該由和文物密切相關的人來說明。

文物的限制與想像力多麼真實

所有的博物館都期望、也相信文物的研究，可以促使大家更了解世界，這正是大英博物館成立時希望達成的目標。史丹佛・萊佛士（Stamford Raffles）爵士曾經強力表達這個觀念，他把自己的收藏捐給大英博物館，以大力宣傳和說服歐洲人，爪哇擁有足以傲視地中海多種偉大文明的文化。婆羅浮屠的佛頭（見第五十九章）和皮影戲偶比瑪（Bima，見第八十三章）顯示，要倡導這種觀念時，這些文物多麼具有說服力，而且我不可能是唯一一個見到這些文物、完全接受萊佛士主張的人。這兩件文物帶領我們進入爪哇歷史上許多不同的時刻，展現這種文化的悠久和活力，而且說明人類兩種截然不同的努力——獨自尋求精神上的啟發，和公眾狂歡的樂趣。透過這些文物，我們可以看見、了解和欣賞整個文化。

這個目標或許最能延續本書以至大英博物館的雄心：企圖想像與理解一個世界，我們不曾直接經歷、只能靠著別人的紀錄和經驗來理解。有一個絕佳的例子，就是杜勒（Dürer）的傑作〈犀牛〉（見第七十五章）。他從來沒看過犀牛，卻能畫出犀牛的樣子。

一五一五年，他聽說有一隻印度犀牛從印度古吉拉特邦（Güjarat）送到葡萄牙獻給國王，於是對照許多流傳全歐洲的文字敘述、努力蒐集相關知識，再設法想像這隻奇妙野獸可能的長相，這個過程和我們蒐集證據、然後建立對過去或遙遠世界的想像，是一樣的。

杜勒的犀牛令人難忘，牠抑鬱的巨大身影、皺折的皮膚上布滿堅硬的鱗片，是頂尖藝術家的驚人成就。〈犀牛〉突出、令人難忘、而且如此真實，幾乎要讓你害怕犀牛會馬上從紙頁上逃出來。真正的犀牛當然不是長這樣——這一點是令人興奮、煩惱，還是寬慰呢？（我不知道是哪一種）——但到最後，這已經不是重點了，杜勒的〈犀牛〉已經成為里程碑，見證了我們對無法理解的世界永無止境的好奇心，也見證了人類多麼需要探索並努力了解這個世界。

第1篇

人類之所以為人類

西元前兩百萬年～西元前九千年

人類的生命從非洲開始。我們的遠祖在非洲造出第一批石器，用以切砍肉類、骨頭和木頭。漸漸的，人類越來越依賴自己打造的東西，而變得有別於其他動物。

製造東西的能力讓人類得以適應各種環境，並從非洲散布到中東、歐洲和亞洲。

大約四萬年前，在上一個冰河期期間，人類首度創造出具象藝術（representational art）。這次冰河期造成海平面下降、西伯利亞和阿拉斯加之間的陸橋露出，讓人類首次到達南北美洲，並在美洲大陸上迅速散布開來。

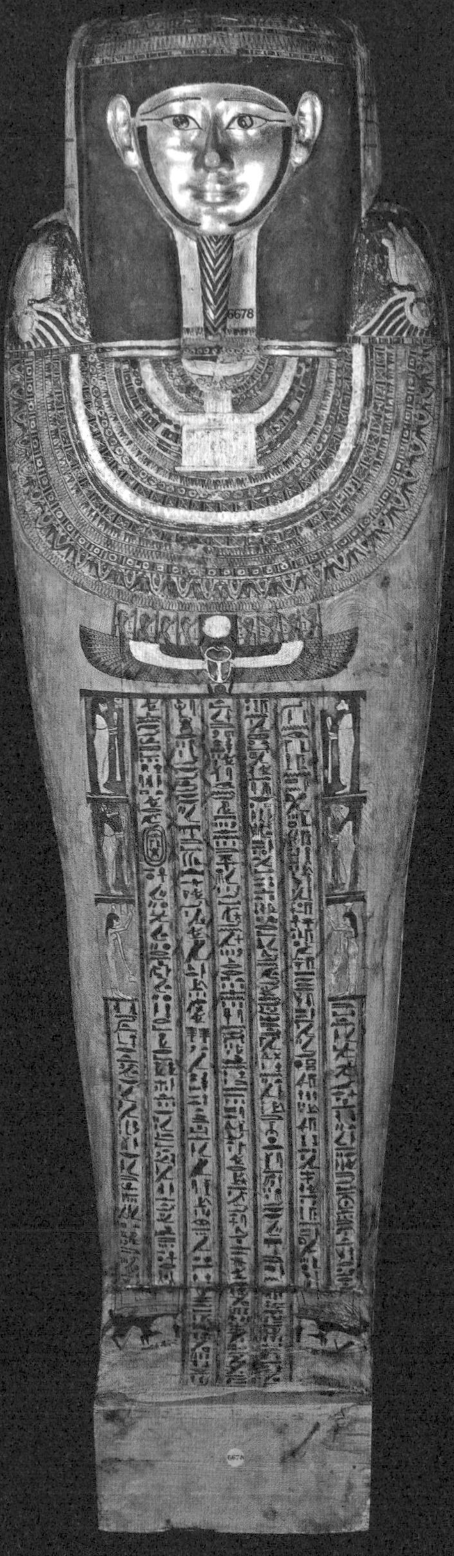
6678

▼為這趟時光旅行做好準備

01 大祭司洪尼吉鐵夫的木乃伊

西元前二四〇〇年的木乃伊外槨；埃及古城底比斯（Thebes，今盧克索〔Luxor〕附近）；長一百九十四・五公分、寬六十公分。

一九五四年我八歲時，第一次參觀大英博物館，就是從木乃伊開始參觀的。我認為到今天，大部分人第一次參觀這所博物館時，還是會從這裡開始看。當時使我著迷的是木乃伊本身、是想到死屍那種驚悚、陰森的感覺。今天我穿越大中庭或踏上前門的石階時，還是會看到一群又一群興奮的兒童前往埃及館，勇於面對木乃伊的恐怖和神祕。現在我對木乃伊的棺槨有興趣多了，雖然這具木乃伊不是館藏中最古老的文物，卻很適合作為這趟旅程的起點，開始透過文物說人類的歷史。

本書是按照年代順序編排，介紹大約二百萬年前現今所知人類最早刻意製造的東西，因此，從木乃伊開始訴說人類的故事，可能有點奇怪。不過，我從木乃伊開始介紹，是因為木乃伊及其棺槨，仍然是大英博物館最有說服力的文物，能展現這段歷史將要提出、或是回答的各種問題。

我選擇這具西元前二百四十年左右，為埃及大祭司洪尼吉鐵夫（Hornedjitef）製作、館藏中

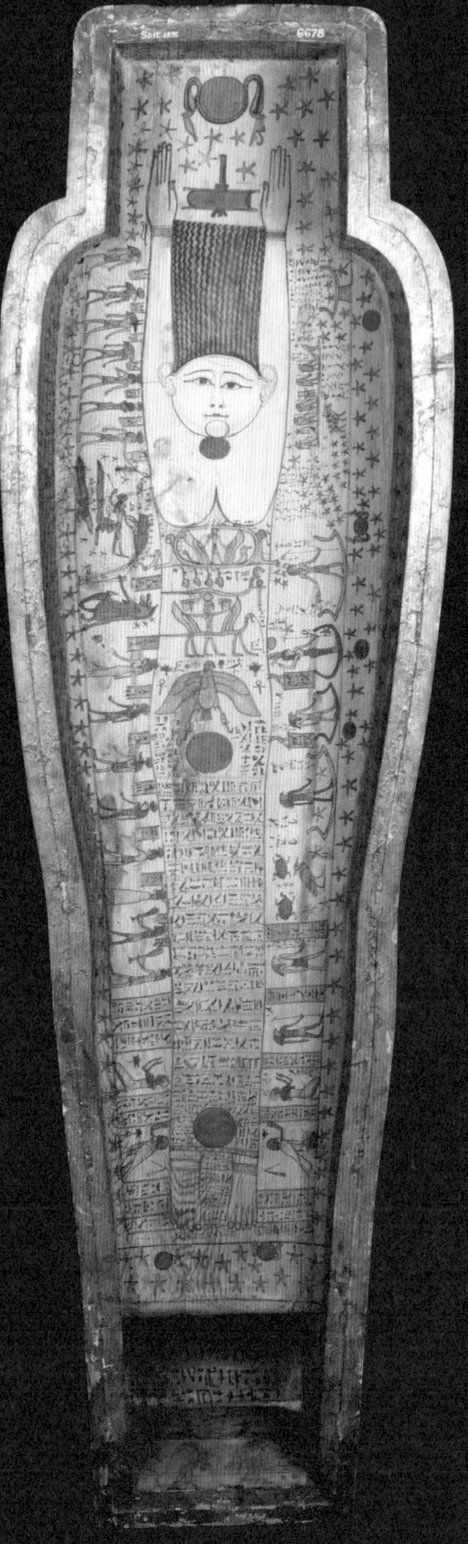
6678

最令人印象深刻的木乃伊棺槨，是因為它能釋出非常多的新資訊，穿越時間的長河，把訊息送到我們面前。

如果重回兒時造訪過的博物館，大部分人都會覺得自己變了很多、文物卻還是當年的樣子，事實並非如此。拜持續的研究和新的科學方法所賜，我們對文物的了解，還在不斷增加當中。洪尼吉鐵夫木乃伊的外層是一具巨大的人形外槨，內層是裝飾華美的內棺，棺裡躺著木乃伊本尊，木乃伊經過仔細的塗油防腐，和護身符、辟邪物品包裹在一起。我們對洪尼吉鐵夫的了解，都是根據這些物品而來。從某個角度來說，他就是自己的證明文件，而且這份文件還不斷釋出有關他的祕密。

一八三五年，洪尼吉鐵夫在出土大約十年後來到大英博物館。當時埃及的象形文字剛被破譯，因此第一步就是解讀他棺槨上所有的銘刻文字，這些文字說明他是何許人也、擔任什麼工作，也說明他的宗教信仰。我們知道他是洪尼吉鐵夫，因為他的名字就刻在內棺上；我們也知道他在托勒密三世（Ptolemy III）統治期間，亦即西元前二四六到二二二年間，擔任卡納克（Karnak）神廟的祭司，這座神廟供奉太陽神阿蒙（Amun）。

內棺有一件精美的鍍金面具，黃金象徵崇高地位，因為據說埃及神祇都擁有黃金構成的肌肉。面具下方的聖甲蟲，是太陽神的化身，聖甲蟲象徵自主的生命，聖甲蟲兩側有崇拜早晨初升太陽的狒狒。

洪尼吉鐵夫和所有的埃及人一樣，相信身體如果好好保存，他死後還會活著，但在抵達來生之前，他必須經歷一次危險重重的旅程。他必須小心翼翼，為這次旅程做好萬全準備，因

洪尼吉鐵夫內棺內側。▶

▲ 木乃伊用亞麻布包裹，一部分由木乃伊內棺包覆。

此，他帶著應付每一種可能情況的咒語與魔法。棺蓋內側裝飾著很多咒語、眾神顯現的圖樣及星圖，這些東西位於棺蓋內側，意指天空在他身體上方展開，把棺材內部變成一個迷你宇宙——洪尼吉鐵夫所委託製作的，是他專屬的星圖和時光機器。

矛盾的是，他為來生所做的精心準備，如今卻讓我們得以進行一趟反方向的旅程，回到他和他的世界所屬的年代。除了大量的銘文，我們現在還能著手解讀文物本身，包括木乃伊、棺槨和棺槨中放置的東西。借助現今進步的科學研究，我們對洪尼吉鐵夫的了解，遠超過一八三五年。尤其近二十年，從文物中蒐集資訊、但過程中又不破壞文物的各種方法進步神速。科學技術補上了銘刻文字不會觸及的許多空白，例如日常生活的細節、人們的年齡、他們吃什麼食物、健康狀況、死因，以及他們是如何被製作成木乃伊的。

舉例來說，有很長一段時間，我們無法研究木乃伊亞麻裹屍布以下的內部，因為打開裹屍布，很可能會破壞裹屍布和屍體。但是，現在藉著用在活人身上的電腦斷層掃描技術，我們可以看到包在亞麻布下方的物品、軀幹，還有更細微的東西。

二十多年來，我們的古埃及與蘇丹館館長約翰·泰勒（John Taylor）一直在研究大英博物館的木乃伊，近幾年來，他帶了幾具木乃伊到倫敦的醫院進行特殊掃描。這種非侵入性、非破壞性的檢查，產生了很棒的洞見：

我們現在可以說，洪尼吉鐵夫死時是中老年人，並且根據當時最好的方法做成木乃伊。我們知道他的內臟被取出來，經過細心的包裝後再放回體內；我們可以看到內臟都還在身體深處。我們還能看到，為了保存他的屍體，有人在他身體裡灌了樹酯，一種相當昂貴的油脂。

我們也能在裹屍布下方，看到放在他身上的護身符、戒指和珠寶，以及一些小符咒，這些東西是用來保護他一路前往來生。要是我們解開木乃伊的裹屍布，那將會破壞力十足，因為護身符非常小，過程中可能會被挪動位置，但護身符的位置對於能否發揮神效，卻至關重要。藉著掃描木乃伊，我們可以看到所有東西的位置、彼此間的關係，都和數千年前被放上去時一模一樣，這是知識上的驚人收穫。

我們還可以詳細檢查牙齒，確定牙齒的損耗、得過的牙病；我們可以檢查骨骼，發現洪尼吉鐵夫背部得了關節炎，想必讓他十分痛苦。

科學的進步，讓我們可以了解的事情，比洪尼吉鐵夫的背痛多太多了。解讀出他棺材上的文字，讓我們得知他的社會地位，還有這個社會對來生的信仰；但是新技術讓我們可以分析出製作木乃伊和棺材所用的材料，這些東西有助於我們了解埃及在經濟上和鄰近區域的關聯性。對我們來說，木乃伊也許是「很埃及」的文物，但實際上，光靠埃及本身的礦產資源，是無法製作木乃伊的。

我們藉著分離、檢測製作木乃伊的各種材料，對照東地中海所發現材料的化學成分，著手重建供應物資給埃及的貿易網路。例如，有些木乃伊棺槨的表面塗有黑色、像柏油一樣的瀝青，藉著化學分析，瀝青或許可以追查到向北數百英里、通常不受埃及直接控制的死海，因此肯定要透過貿易取得。

有些棺材是用昂貴的香柏木製成，是高價向黎巴嫩購買來的；我們把這麼昂貴的木材和棺材中死者的頭銜、階級合在一起看，就可以著手了解古埃及人的經濟背景：棺木是本地生產還是進口的？價格是高是低？還有木工、配件的品質，以及棺材上繪畫的藝術技巧如何，全都反映出亡者的經濟所得和社會階級。把洪尼吉鐵夫這樣的個人，放進比較廣泛的背景資料中；不光視為從遠古保存下來的一具木乃伊，而是整體社會的一部分，有助於我們寫出更完整的古埃及歷史。

洪尼吉鐵夫棺木裡的大部分東西，大多是要指引他完成前往來生的重大旅程，協助他克服所有能夠預見到的困難。只是他的星圖一定沒有預測到一件事，就是他最後會停留在倫敦的大英博物館。

實際情形應該這樣嗎？洪尼吉鐵夫和他的財產應該留在倫敦嗎？經常有人提起這類問題，古代的東西現在應該屬於什麼地方？放在哪裡展示最好？一切都應該接受檢視、以了解每樣東西最原始的產地嗎？這些都是重要問題，我在書中的很多地方，都會一再談論這些問題。

我請教埃及作家艾達夫．舒艾夫（Ahdaf Soueif），他看到這麼多埃及古文物流落在離祖國這麼遠的倫敦，究竟作何感想？他說：

說到底，埃及的方尖碑、石碑和雕像散落世界各地，可能不是壞事。這讓我們想起被殖民的時代；卻也提醒我們，它們是這個世界的共同遺產。

洪尼吉鐵夫的故事就像我們其他的館藏文物，在大英博物館裡繼續流傳，它們的旅程還沒有結束。我們的研究也還沒結束，由館內來自世界各地的同事，投注所有時間，一起分享、並繼續了解我們共有的遺產——這個世界過往的歷史。

▼人類的第一個發明

02 歐都外石頭砍砸器

坦尚尼亞的歐都外峽谷；距今一八〇萬年—二〇〇萬年前；
高九．三公分、寬八．一公分、長七．二公分。

這種切砍工具是人類最早刻意製造的東西。握著它，我們就好像和製造它的人直接接觸。在這本透過文物訴說世界歷史的書中，這種在今天非洲坦尚尼亞發現的切砍石器，可說是一切的起源。

就像我在引言中說的，如果博物館的用途之一，是讓我們得以穿越時間旅行，那麼比起一七五九年大英博物館開幕時，現在我們能穿越的時間長度，已經急劇擴大。當時，大部分的博物館訪客接受世界從西元前四〇〇四年開始的說法，說得更精確一點，可說是從那一年十月二十三日星期一前一天的傍晚開始。

這個精確到嚇人的日子，是一六五〇年由阿瑪爾（Armagh）大主教烏歇爾（Ussher）計算、之後在大英博物館附近的林肯律師學院（Lincoln's Inn）講道時提及。他仔細的研究《聖經》，把亞當與夏娃後代每一個人的壽命加總，然後結合其他資料，得出這個日期。

但是，過去幾個世紀裡，考古學家、地質學家和博物館館長把人類編年史的日期，從烏歐爾大主教所說的距今六千多年前，一步步往前推，推到幾乎讓人難以想像的二百萬年前。因此，如果人類不是起源於西元前四〇〇四年的伊甸園，那是什麼時候、地點在哪裡？我們對此有許多揣測，但是沒有結論，連個可靠的年分都沒有，直到一九三一年，年輕的考古學家路易士·李基（Louis Leakey）接受大英博物館的贊助，前往非洲探險。

李基的目的地是歐都外峽谷（Olduvai Gorge），這個地方是坦尚尼亞北部、離肯亞邊界不遠的平坦大草原上一條深峻的裂縫，這是東非大裂谷、也就是地球表面上長達幾千英里龐大裂縫的一部分。李基在歐都外調查一層層曝露在外、功能好比一系列時光膠囊的岩層。他研究久經日晒風雨形成的岩石時，發現有另一層岩石，並非前述那些力量造成——而是人類的雙手。發現的地點旁邊有一些骨頭，顯然這些岩石是被拿來做成屠宰工具，把在大草原上獵殺的獸肉剝除，並剁碎骨頭。後來的地質學證據證實：發現這些工具的岩層，歷史大約有二百萬年。這是考古學上極具爆炸性的大事件。

李基的發現是到當時為止，人類在世界上所能找到已知最古老的人造事物，不但證明了人類起源於非洲，也證明了人類的文化從非洲開始。這件石頭砍砸器是李基眾多的重大發現之一。偉大的博物學家兼知名自然科學節目主持人大衛·艾騰伯樂（David Attenborough）爵士表示，當時李基一定非常激動：

拿著它，我可以感受到人類在非洲大草原上，可能必須切砍肉塊，例如切割動物屍體，以飽食一頓。

當你拿起這塊石器時，第一個反應是它很重，而如果很重，你砍砸時自然會有力量。第二個反應是這塊石器很順手，用掌心握好，從食指到手腕之間會形成一道鋒利的邊緣。因此，現在我手上是一把鋒利的刀子。此外，石頭上有一塊突起的地方，讓我可以牢牢握住經過特別切砍、顯得相當銳利的邊緣……我可以用這種石器有效的切割肉塊。

我覺得自己和實際費力切砍的古人產生某種連結，他在一邊切砍一次、兩次、三次、四次、五次，然後在另一邊切砍三次……因此他拿著另一塊石頭，在這塊石頭上，用特定的方式摔砸了八次，砸下一片石塊，使這塊石頭留下一道幾乎呈一直線的鋒利邊緣。

我們最近利用歐都外峽谷應該採用過的技術，做出一塊新的石頭砍砸器，我握著這塊新製的工具，馬上就明白有了這樣的工具，要把肉塊從動物屍首上切下來有多方便。我拿一塊烤雞試用這種工具，結果很快就能把雞肉從骨頭上剝下來，然後只敲一下，就可以敲開骨頭、看到骨髓。不過，你也可以用這種工具剝下樹皮，或是剝掉根莖的皮，把根莖當成食物。

事實上，這種石頭是多功能廚具。很多動物、尤其是猿猴，也使用工具；但人類和他們不同的地方，在於我們要用之前，就先製造工具，用了一次後，還會把工具留下來，以便再度使用。歐都外峽谷出土的這種石頭砍砸器是工具箱的始祖。

使用砍砸器的古人也許不是獵人，卻是聰明的機會主義分子，他們等到獅、豹或其他野獸殺死獵物後，才帶著砍砸器靠過去，割取肉塊和骨髓，以攝取蛋白質。骨髓的脂肪似乎不怎麼美味，卻極富營養，不但能增強體力，還能強化大腦。大腦是一種很耗能的機制，雖然只占人體重量的二%，消耗的能量卻占所吸收全部能源的二〇%，而且需要不斷補充營養。

將近兩百萬年前，我們的遠祖藉著供應腦部成長所需的食物，確保了自己的未來。當更強壯、更快速、更凶猛的掠食動物在殺死獵物，躲到附近休息、逃避熱浪時，早期的人類卻能夠去尋找食物。他們用這種工具，得到動物屍體上最有營養的骨髓，推動了古代的良性循環——這種有利身心的食物表示比較精明、腦部較大的個人會存活下來，然後生出腦部較大、從而更擅長製造更複雜工具的後代。你我只是這種持續過程中最新的產物。

人腦的進化繼續進行了一百多萬年，最重要的發展是開始變得不對稱，因為腦部要處理一大堆不同的功能，包括邏輯、語言、製造工具所需的協調行動、想像和創造性思考。人腦的左右兩個半球已經適應，針對不同的技巧與任務，進行專業化的發展；猿猴的腦部相當不同，仍然像原來一樣，不但比人腦小，也還保持對稱狀態。這種砍砸工具意味著人類確實變得比較聰明，不但擁有想要製造器物的衝動，而且會想像如何把東西做得更好。就像艾騰伯樂爵士說的：

> 這個目標幾乎穩坐人類對此過程這麼沉迷的主因。創製者拿著天然材料、用特殊方式創造出具有特殊用途的東西，而且心中還會盤算，他需要這種東西做什麼。這樣是否比他實際上用這種東西、盡到什麼功能還複雜？我認為你們幾乎都會說是。他真的需要在一邊砍砸一次、兩次、三次、四次、五次，然後在另一邊砍砸三次嗎？他難道不能只砍砸兩次就好了嗎？我認為他可能這樣做過。

我認為拿著這件工具的男男女女製造工具時，只是希望完成某項特定任務，他們知道這件石器能夠非常有效、經濟、而且乾淨俐落的完成任務時，心中或許會有某種程度的滿足。你終究會說，他把這件工具製作得很精美，但是也可能說還不夠精美，這只是一趟旅程的開始。

這件砍砸器邊緣額外的劈砍告訴我們，人類從一開始，就和其他動物不同，有把東西做得比實際需要還複雜的衝動。東西上面帶著和製作者有關的強力訊息，這件砍砸器是人類和人類所創製的東西之間，形成相愛與依賴關係的起源。

從我們遠祖開始製造這種工具的角度來看，要是人類沒有自己製造物品，應該會無法存活下來：就這點而言，製造物品，是我們之所以為人類的理由。李基在溫暖的大裂谷的發現，不是只把人類歷史往回推展而已，也清楚顯示，我們所有人都出自這些非洲遠祖，每個人都是驚人的非洲大遷徙的一部分，我們的DNA裡，全都有非洲因子，而且我們所有的文化都從那裡開始。

肯亞環保人士、諾貝爾和平獎得主萬佳麗・馬泰伊（Wangari Maathai），評估其中的意義時指出：

> 我們擁有的資訊告訴我們：我們起源於東非的某處。我們太習慣根據人種、種族的界線來區隔，而且隨時都在尋找把彼此區隔開來的理由。我們當中的某些人一定會驚訝的發現，把人們區隔開來的通常都是像膚色、眼珠顏色，或頭髮質地之類非常膚淺的東西，但基本上，我們全都起源於相同的血統與來源。因此，在我們繼續了解自己、欣賞別人之際，尤其是在了解我

們全都出自同個來源時，我們將拋棄很多過去懷抱的偏見。

聽廣播新聞或看電視新聞時，我們很容易看出，世界分裂成很多互相對立的種族和互相競爭的文明。因此，提醒大家我們同屬人類的觀念，不只是啟蒙時代的夢想，還是遺傳和基因上的事實，這樣做是好事，而且是重要的事，你會在本書一再看到這一點。

▼有了它，就能出門旅行

03 歐都外手斧

坦尚尼亞的歐都外峽谷；距今一二〇萬—一四〇萬年前；
高二十三．八公分、寬十公分、厚五公分。

你旅行時會帶什麼東西？大部分人會列一長串清單，從牙刷開始，列到最後行李往往超重。但是在人類史上的大部分期間裡，旅行時其實只需要一樣東西：石頭製的手斧。

手斧是石器時代的軍用瑞士刀，可說是多功能的重要科技產品。手斧尖銳的一端可以當成鑽子，兩邊長長的刀刃可以砍樹、切肉、剝樹皮或獸皮。手斧看起來沒什麼，但實際上製作起來卻極為困難，因為在一百多萬年前，手斧可說是尖端科技產品，陪伴著先民度過人類史上一半的時光，讓他們的足跡首先散布全非洲，接著是全世界。

這一百萬年的時間裡，製作手斧的敲擊聲每天都在迴響。任何要挑選一百件文物來講世界史的人，應該都會把手斧選進去。這種石製斧頭會如此耐人尋味，是因為它不只透露許多跟製作者的手有關的訊息，還告訴我們當時人類的腦袋在想些什麼。

當然，歐都外峽谷手斧的樣子和現代斧頭一點也不像，沒有斧柄和金屬斧刃，只是一塊顏色非常漂亮、灰綠色的火山岩，形狀像放大版的淚滴，不過可別小看這手斧，它的功能比現代

斧頭多很多。人類製作手斧時，沿著岩石淚滴形狀長長的兩面劈砍，形成銳利的邊緣，也在一端形成銳利的尖端。當你握住手斧時，會訝異它的形狀和手極為貼合，只是這種手斧大得不尋常，無法舒舒服服的握著。仔細看看這支手斧的做工，非常精美，你可以看到打造手斧時留下的劈砍痕跡。

如同我們在第二章看過的石頭砍砸器，這類最原始的工具，給我們的印象都是尚未發展完全。看起來像劈砍過的大卵石，實際上是拿一大塊石頭，再拿另一塊石頭敲擊，砸下一些碎片，形成至少一條的鋒利切割邊緣。可是，這支手斧大不相同，只要看看現代的碎石工人怎麼工作，就知道要製作出這支手斧必須具備多少技巧。手斧不再是敲打就能做出來的東西，而是經驗、細心規畫、技術和長期學習和改良後的成果。

做出這種劈砍工具需要非常靈巧的手藝，同樣重要的還有觀念上的躍進——能在未加工的石塊中，想像出成品的形狀，就像今天的雕刻家能在一大塊石頭中，看出裡面有雕像一樣。

這塊超高科技石器年代介於一百二十萬到一百四十萬年前，和第二章的砍砸器一樣，是在坦尚尼亞草原大裂谷地區的歐都外峽谷發現的。但這支手斧是從比較高的地質層發掘出來的，比起幾十萬年前製造的石頭砍砸器有著驚人的進步。我們就是在這裡發現現代人類的真正起源、確認製作者是跟我們一樣的某個人。

製作手斧需要縝密的心思與創造力，這表示先民在如何看待世界、運用大腦方面，有了驚人的進步。此外，當中可能還包藏著一個更值得注意的證據：這支劈砍出來的石器可能握有語言的祕密，我們的遠祖可能是在製造它時學會如何交談。

近來，科學家利用現代醫院的掃描機器，研究人類製造石器時，腦部哪些部分會活動。意外的是，製造手斧時所運用的腦部區塊，和說話時運用的區塊重疊程度相當高。現在看來，很像是如果你可以做出石器，你也可以說出一句話。

我們當然不知道手斧的製作者說了哪些話，但是看起來他們可能擁有大約七歲兒童的言語能力。不管這樣的語言水準是高是低，都顯然是人類相當新穎溝通能力的起源。也就是說，人類可以交換意見、一起規畫工作，甚至只是坐下來聊天。如果他們能夠製作像這支這麼精美的手斧，並交換製作的複雜技巧和心得，那麼在我們所認定的社會組織方面，他們已經有了長足的進展。

因此，人類在一百二十萬年前，就會製造像這支手斧一樣的工具，用來控制、改變環境，以取得較好的生活條件，例如食物、剝除獸皮來做衣物，還能砍下樹枝生火或建造住所。不止如此：那時的人類已經可以彼此交談、想像實際上不在眼前的東西。

接著，手斧甚至讓人類不再受到眼前環境的限制，可以來趟大遷徙。如果有需要，或單純只是想要也行，人類就可以搬家。旅行變成可能實現的事情，即使搬離非洲溫暖的草原，在比較寒冷的氣候中也能生存、繼續繁衍後代。

手斧變成人類通往世界各地的門票，從大英博物館館藏品的研究報告中，你可以看到從非洲各地包括奈及利亞、南非、利比亞出土的手斧，也可以看到從以色列、印度、西班牙和韓國挖掘出來的手斧，我們甚至有一支從倫敦希斯洛機場（Heathrow Airport）附近一座石礦坑中挖出來的手斧。

製作石斧的早期人類從非洲北部啟程後，有些人變成第一批英國人。考古學家兼大英博物館策展人尼克・艾希頓（Nick Ashton）針對這一點，提出深入的說明：

諾福克（Norfolk）的黑斯堡（Happisburgh）有很多高三十英尺，由黏土、淤泥和泥沙構成的懸崖。這些黏土層大約是四十五萬年前大規模冰河運動留下來的，就在它的下方、當地居民常去遛狗的地方，找到一支埋在有機沉積層的手斧。

手斧最初是在一百六十萬年前，在非洲製造的，大約一百萬年前，到達南歐和亞洲的某些地方。當時的海岸當然比現在多伸出去好多英里，如果你沿著古代的海岸線散步，你會到達中歐心臟、我們現在稱為荷蘭的地方。當時有一座很大的陸橋，連接英國和歐洲大陸。我們其實不知道人類為什麼在這種時刻殖民英國，但可能是手斧的這種高效率的新科技造成的。

▼吹彈可破的藝術品

04 游泳的馴鹿

以長毛象的象牙雕刻而成；出自法國蒙塔斯特拉；西元前一萬一千年；
高三公分、寬二十．七公分、厚二．七公分。

大約五萬年前，人腦似乎出現劇烈變化。全世界都開始設計興味十足的裝飾圖案、製作裝飾人體的珠寶，生產和人類共享這個世界的動物圖像。人類製造的東西和實際改變的世界沒有關係，跟世界秩序與型態的探索比較有關。總之，人類正在創造藝術。

刻在這塊象牙上的兩隻馴鹿，比英國其他任何畫廊、博物館的藝術品收藏都還要古老，是一萬三千年前左右、最後一次冰河期末期的作品。但這件作品實在太脆弱了，隨便一次突然的震動就有可能震得粉碎，因此館方一直將它放在能調節溫、溼度的箱子裡，很少搬動過。

這件象牙雕刻長度約二十公分，因為刻工相當纖細，且有點弧度，明顯可以看出是用長毛象象牙末端雕成的。我們的遠祖做出這件作品時，只是想表達自己所屬的世界，結果卻把他眼中的世界直接傳遞給我們。這件作品是冰河期的藝術傑作，也是人腦運作方式出現驚人變化的證據。

看過前幾章介紹的石器後，我們會想問：這是不是就是我們之所以為人類的理由？你可

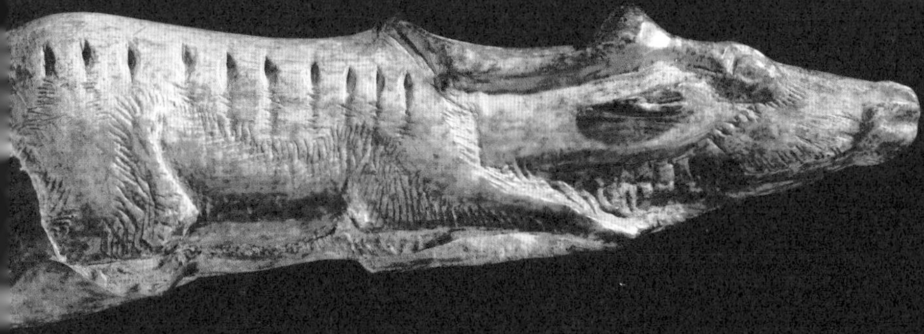

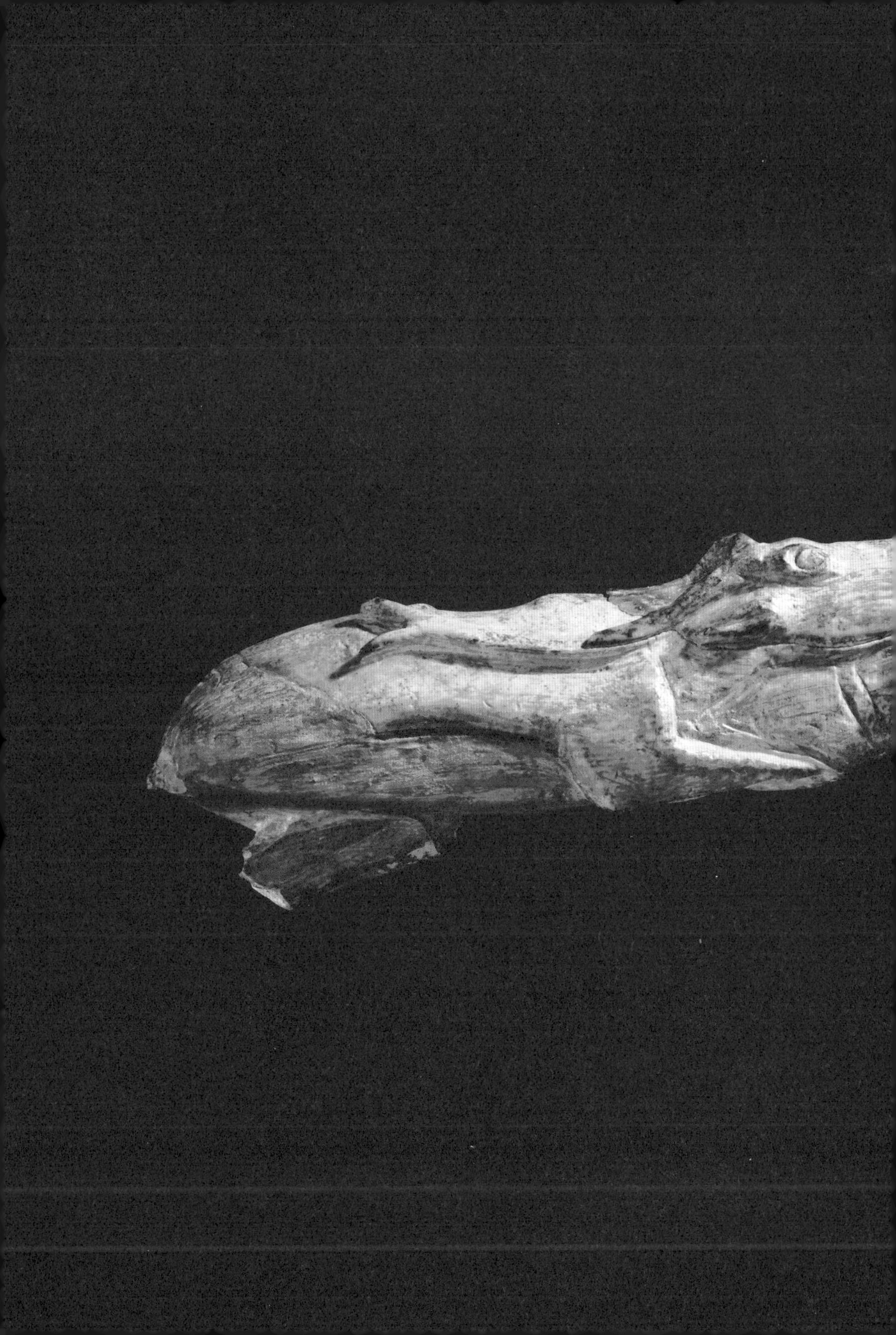

以想像人類不使用任何東西、而戰勝這個世界嗎？我無法想像。不過，一旦你注意到這些遠古時代的東西，你腦中很快就會出現另一個問題：為什麼所有的現代人類都有創作藝術作品的衝動？為什麼一個製造工具的人，會成為藝術家？

這件藝術作品中的兩隻馴鹿一前一後、貼在一起游泳，這位雕刻家安排兩隻馴鹿的位置時，巧妙的利用長毛象牙逐漸變細的形狀，比較小的母鹿放在前面，象牙的尾端構成母鹿的鼻頭；母鹿後面比較完整的象牙本體上，刻著比較大的公鹿。因為象牙弧度的關係，兩隻鹿的下巴都抬起，鹿角向後延伸，就像在游泳一樣，身體下方的鹿腳完全張開，表現出流線型運動的樣子，令人讚嘆。這是經過極為深入觀察後創作出來的作品，只有花了很多時間觀察馴鹿游泳渡河的人，才刻得出這樣的作品。

因此，這件作品在法國蒙塔斯特拉（Montastruc）河邊一座石屋裡出土，不全然是偶然。這件雕刻用寫實手法高明的重現這種一萬三千年前在歐洲大陸各地漫遊的大群動物。那時的歐洲大陸遠比今天冷，地貌大多是沒有樹木的空曠平原，比較像今天西伯利亞的景觀。對於住在這樣嚴峻地形、只能靠打獵與採集維生的人類來說，馴鹿是重要的維生方法之一。馴鹿的肉、皮膚、骨頭和鹿角，足以提供人類所需的食物和衣服，也是製作工具和武器的來源。只要人類能夠獵捕馴鹿，就能生存下來，而且過得很舒服。因此，雕刻這件作品的藝術家熟知馴鹿，而且刻出牠的形象，就一點也不奇怪了。

較大隻的公鹿有一對令人印象深刻的鹿角，鹿角很長，幾乎占了鹿背的全部長度，又因為製作者在鹿的肚子下方，雕刻了生殖器，讓我們可以斷定這隻鹿的性別。母鹿的角比公鹿小，身體下方長了四個看起來像乳頭的小小凸起物。

此外，我們從這件作品還能得知，這兩隻鹿都處在秋天的發情期，而且正在往冬天有草的地方遷徙。馴鹿只有在秋天才會長出這麼完整的鹿角，皮毛狀況才會這麼完美。母鹿的肋骨和胸骨雕工尤其精美，要完成這件作品，需要的顯然不只是獵人的知識，還有屠夫般的眼光，我想雕刻者不只看過馴鹿，肯定也有解剖馴鹿的經驗。

我們知道這種翔實的自然主義風格，只是冰河期藝術家能夠運用的各種風格之一。大英博物館還有一件雕刻作品（見下頁），是在蒙塔斯特拉同一個洞穴裡發現的。這可說是有趣的對稱安排，但不能說是巧合：這是一件長毛象作品，雕刻在馴鹿鹿角上（剛才是馴鹿作品，雕刻在長毛象的象牙上）。雖然不難認出這件作品雕刻的是長毛象，但這件作品卻以相當不同的方式來表現，經過簡化和圖式化，變成介於漫畫和抽象的作品。

這種對稱安排不是只出現一次的意外：冰河期的藝術家展現出全方位的風格與技巧，包括抽象主義、自然主義甚至超現實主義，並同時採用透視畫法與複雜的構圖。這些人跟我們沒有兩樣，是擁有現代頭腦的現代人，他們過著狩獵和採集的生活，卻能透過藝術創作來解釋他們生活在什麼樣的世界。英國瑞丁大學（University of Reading）的考古學教授史蒂文·米倫（Steven Mithen）說明了這種變化：

大約五萬到十萬年前，人腦出現變化，讓人類奇妙的創造力、想像力和藝術能力開始湧現。很可能是腦部的不同區塊，用新的方式連接在一起，人類因此結合不同的思考方式，包括結合對自然的知識和製造器具的知識，也因此獲得創製藝術品的新能力。

還有一點，冰河期的生活條件非常嚴苛：對於住在嚴寒、漫長冬季裡的人來說是重大挑戰。他們需要建立密切的社會關係，需要儀式與宗教，這一切都和創造力的成熟有關。喜愛、欣賞和讚頌大自然這種感情流露，正是藝術的一部分。

這些製作者不只欣賞動物世界，也知道如何善盡利用岩石與礦物質，拿馴鹿的雕像來說，就是結合四種不同石頭科技的成果。首先，象牙的尾端要用劈砍工具切斷；其次，兩隻馴鹿的輪廓要用石刀和刮刀切削；接著，用加水的粉狀氧化鐵將它磨光，可能還要用羚羊皮拋光；最後，身體上的刻痕和眼部細節

▼ 以馴鹿鹿角雕刻而成的長毛象作品，約一萬兩千五百年前。

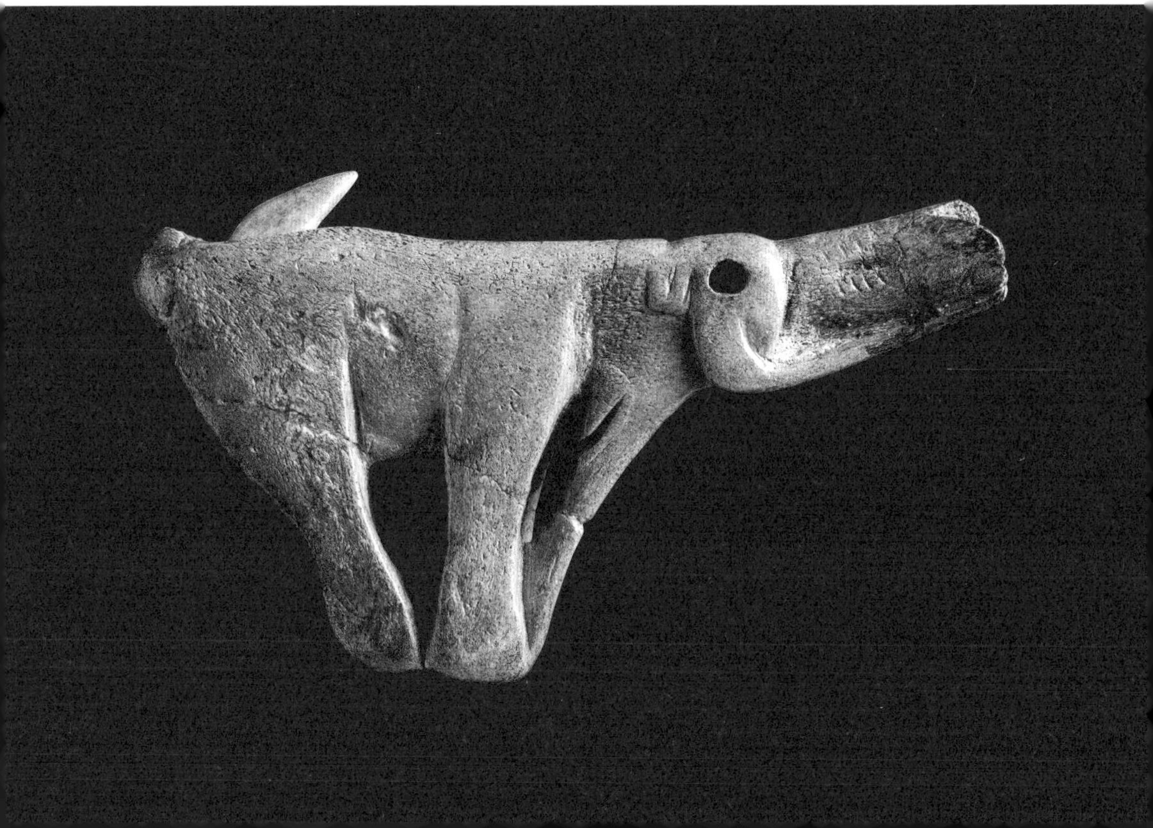

要用石製雕刻工具，小心翼翼的切割開來。不論從發想還是執行這兩種角度來看，這件作品都稱得上是非常繁複的藝術傑作，展現出精細觀察和製作技巧的所有特性，這正是我們想從偉大藝術家身上尋找的東西。

不同於第三章提到的手斧，這件藝術作品談不上什麼實際用途。那為什麼要花這麼多精力製作它呢？坎特伯里大主教羅文．威廉斯（Rowan Williams）博士認為，這一切背後深具意義：

你可以感覺到，製造者用豐富的想像力，將自己投射到周遭世界裡，並且從他們的象牙作品中看到、感受這種韻律。從這個時期的藝術中我們可以看出，人類努力以管理動物世界或是保證狩獵成功的方式，澈底融入生命的河流，如此他們才能成為周遭動物生活整體過程的一環。

但我認為，其中的意義不只是這樣，他們其實希望進入更深層的世界、希望在這個世界活得更自在，這樣的願望算是一種宗教衝動。我們常會認為宗教不以現世為歸宿，重要的是如何進入天堂；但如果你看看宗教的起源，看看世上許多偉大宗教的主流思想，你會發現情形正好相反：如何活在當下、如何成為生命河流中的一環，才是主流。

這件游泳馴鹿的雕刻作品，看似沒有實際功能而徒具形式，人類雕刻這種東西，是否純粹是為了美感？這件雕刻是否有不同的目的？製作圖像或雕刻，等於藉著某種神奇的力量，把想要表達的事物賦予生命，這樣做可說是在可以體驗、也可以想像的世界中，確立那件事物和自己的關係。

上一次冰河期世界各地製作的藝術品中，可能大部分確實具有宗教意味，但是在儀式上有什麼用途，我們現在只能猜測了。然而，這種固守傳統的藝術至今依然活躍，並不斷的發展、塑造人類社會的宗教意識，和這件游泳馴鹿雕像一樣，引領我們進入時空遠隔、卻與我們非常相似的人類心理，看到他們的想像，進入他們可能看不見、卻能立刻理解的世界。

▼遠征，占領世界

05 克羅維斯矛頭

美國亞利桑那州出土的石製矛頭；西元前一萬一千年；
高二．九公分、寬八．五公分、長〇．七公分。

想像一下你是一群獵人當中的成員，你們在長滿樹木與灌木叢的風景中悄悄靠近一群長毛象，希望其中一隻會變成你們的晚餐。你緊抓著一支末端裝有尖銳石頭的輕型長矛，你離一隻長毛象越來越近，接著向牠射出長矛，可惜沒有命中，只好眼睜睜看著牠踩斷矛柄，使這支長矛作廢。沒關係，你拿起另一支矛繼續前進。

然而，這支因被踩爛而失去功能、被你丟棄的長矛，變成一件穿越時間傳達訊息的文物。長毛象踩斷長矛的一萬多年後，有人類發現這支尖銳的石製矛頭，知道你曾經踏上那塊土地。

被丟棄或遺失的東西，和細心為後代子孫保留下來的許多東西一樣，可以告訴我們許多有關過去的訊息。就拿這支長矛來說，對當時的人來說只是隨用隨丟的普通日常消耗品，卻可以告訴我們一些重要的故事，例如現代人類如何成為萬物之靈，如何在定居非洲、亞洲、澳洲和歐洲後，最終踏上美洲。

一萬三千多年前，一位跟我們一樣的現代人類，把這個矛頭丟在美國的亞利桑那州，現

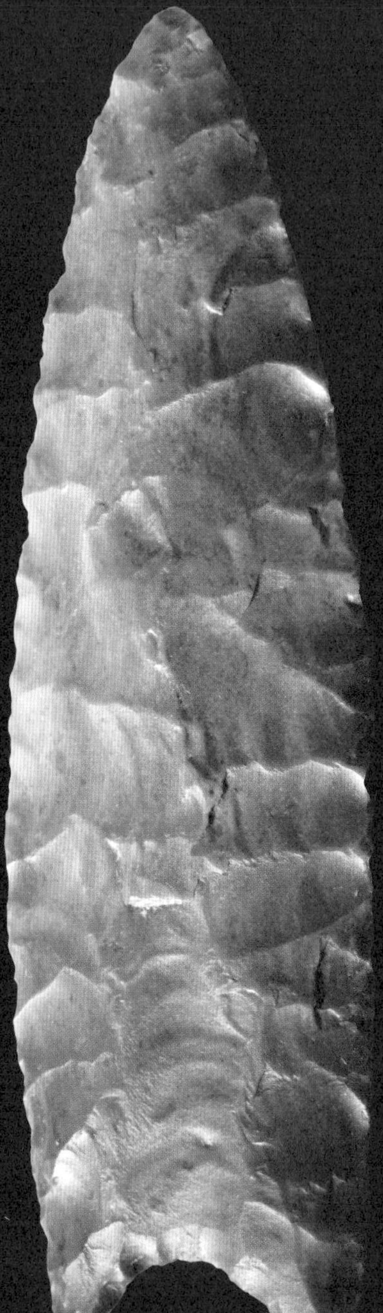

在收藏在大英博物館的北美館，和一些精美的羽毛頭飾一起，放在一個旁邊擺著圖騰柱的箱子裡。這個矛頭是以燧石製成，大小和薄型小手機相當，形狀卻像細長的樹葉，矛尖依舊保持完好、非常銳利，兩側還能看見美麗的波紋起伏，如果細心觀察就能看出，這些起伏是去除燧石碎片後留下來的痕跡。這支矛頭摸起來觸感很好，用來取獵物性命也很合手。

不過，也許最令人訝異的事實是，這支矛頭是在美洲發現的。現代人類起源於非洲，而且我們大部分的歷史都局限在土地相連的歐亞非三洲，那麼，製造出這種矛頭的，是什麼樣的人？又是如何進入美洲的？

這類矛頭並不罕見，不過是散落在北美各地、成千上萬支矛頭中的一支，但它是目前為止，第一批人類定居北美大陸最明確的證據。一九三六年，在美國新墨西哥州的克羅維斯小鎮（Clovis）首次發現這種矛頭，還有被這種矛頭殺死的野獸遺留下來的骨骸。因此，我們把這種矛頭叫做克羅維斯矛頭，把製造、利用它來打獵的人叫做克羅維斯人。

在了解美洲歷史的過程中，這項發現是最富戲劇性的進展。我們從阿拉斯加到墨西哥、從加州到佛羅里達州的文物堆裡，都找到和克羅維斯矛頭幾乎一模一樣的東西。這表示克羅維斯人大約在一萬三千年前，就已經有能力在這片廣袤的大地上，建立小型的社會。

克羅維斯人是第一批美洲民族嗎？這段時期的歷史權威蓋瑞・海尼斯（Gary Haynes）教授主張：

> 我們有一些零散的證據指出，在克羅維斯矛頭製造出來之前，可能早就有人居住在北美

洲，但多數證據都還有存疑之處。克羅維斯人似乎是第一批定居北美的民族，如果你在北美洲任何地方發掘考古遺址，幾乎每個遺址底層的歷史年代，大約都是一萬三千年前，如果遺址中找到任何文物，一定是克羅維斯人或和克羅維斯人有關的文物。

因此，這些人看來確實是第一批散居美洲的民族，他們散布到美洲大陸各地，變成現代美洲原住民的祖先。他們定居的地方幾乎涵蓋整個北美洲，他們來自北方某處，因為遺傳學的研究似乎證實，美洲原住民的祖先是東北亞人。

大約四萬年前，已經有人類從非洲遷徙到整個亞洲和歐洲，甚至渡海到達澳洲，但還沒有人踏上美洲。考古學、遺傳DNA和大量的學術意見都告訴我們，最初定居美洲的民族在一萬五千年前左右，從東北亞抵達阿拉斯加。

氣候的重大變遷為人類帶來機會。首先，在大約二萬年前，冰河期影響加劇，把大量的水鎖藏在冰表和冰河裡，海平面因此大幅下降，俄羅斯和阿拉斯加之間的白令海峽變成寬廣、容易通過的陸橋。而野牛、馴鹿之類的野獸，就從陸橋到達另一邊的美洲，獵捕野獸的人類也隨之而來。

進一步南下、到達美洲其他地方的路線分成兩條：一條經由太平洋側和洛磯山脈之間、沒有冰層覆蓋的走廊；另一條經由另一邊覆蓋加拿大的龐大大陸冰表。一萬五千年前，氣候開始暖化，大批動物和跟隨在後的獵人，可以穿過這條走廊，到達一片富饒的獵場，也就是今天的美國。這是克羅維斯矛頭的美洲新天地，對於積極進取、從北亞來的人而言，這裡顯然是非常好的環境；但是對長毛象來說，前途就不是這麼光明了。

克羅維斯矛頭兩側的起伏很漂亮，而且這樣的結構讓獵人只要射到動物時，都會造成動物大量失血。因此獵人不必百發百中或射中動物的致命部位，不管射中哪裡，都會造成獵物因失血而逐漸衰弱，最後乖乖就擒。到西元前一萬年，長毛象和許多大型哺乳動物都已經滅絕。海尼斯教授將原因歸咎於克羅維斯人：

美洲首度有人類出現，與許多大型哺乳動物消失，兩者之間有很直接的關係。在世界各地、凡是現代智人出現的地方，都可以找到這種關係，大型哺乳動物幾乎一定會消失，不只是幾類動物而已，拿北美洲大型哺乳動物消失的比率來說，可能達到三分之二，甚至四分之三。

到了大約一萬二千年前，克羅維斯人和他們的後代除了散布整個北美洲，也到達了南美洲的最南端。此後不久，氣候回暖，冰層溶解，海平面急遽提高，把人類從亞洲帶過來的陸橋再度淹沒，人類再也回不去了。接下來的一萬年，一直到十六世紀和歐洲人持續的接觸開始前，美洲文明都處在獨自發展的狀態中。

因此，大約一萬兩千年前，我們已經到達人類歷史的關鍵時刻，除了太平洋上的島嶼外，人類已經定居在包括澳洲在內的整個適於居住的世界上。人類天生似乎喜歡不斷遷徙，總是希望看看下一個山丘之外有什麼東西，為什麼？廣播家兼旅行家麥克．包林（Michael Palin）走過地球很多地方，他認為：

我總是靜不下來，我自幼就對沒去過的地方充滿興趣，對地平線的另一頭或轉過下一個街口有什麼東西非常好奇。你越深入研究智人的歷史，就越了解打從智人第一次決定離開非洲的那一刻起，一切都跟遷徙有關。從人類在世界各地定居的方式來看，這種待不住的感覺，似乎是很重要的因素。

看來我們沒有定居下來，雖然我們自認為已經定居下來，卻繼續尋找更好的居住環境，我是指更溫暖、住起來更舒服的地方。這當中或許有希望或精神上的因素，希望找到完美的地方。這種對樂園、完美天地的追尋，或許一直都是一切的源頭。

希望是定義人類的一種特質、鼓舞人心的思想。到目前為止將近二百萬年的旅程中，我認為其中有一點很特別，就是人類不斷努力、想把事情做得更好，製造出更有效能、更精緻的工具，拿來探索環境與觀念，為還沒有體驗過的事物努力奮鬥。目前我所介紹的文物，都是在追蹤這種移動的軌跡，從製作出類似動物使用的求生工具，到可能是宗教起源的偉大藝術作品。接下來的篇章我將調查人類如何藉著農耕改變大自然，在這種過程中，我們不但改變了地貌、植物和動物，最重要的是，還改變了人類自己。

第2篇

冰河期後的食與性

西元前九千年～西元前三千五百年

大約一萬年前、最近一次的冰河期結束時，人類至少在世界七個不同的地區獨立發展出農耕行為。這種緩慢的革命經歷了好幾百年，產生了深遠的影響。

要種植作物、馴養動物，意味著人類必須定居下來；同時，農耕創造出剩餘食物，讓更多人可以群居在一起，使得人類的生活、思考方式都因此而有所改變，並在這段時間發展出新的神祇，以解釋動物的行為和作物的隨著季節變化的循環。

▼定居下來，要懂點烹飪

06 鳥形杵

巴布亞紐幾內亞歐洛省（Oro）艾寇拉河（Aikora）邊發現的石杵；
西元前六千年—西元前二千年；高三十六．二公分、寬十五公分、長十五公分。

下次你站在餐廳沙拉吧旁邊時，數數看有多少種蔬菜可以選；你的選擇可能包括馬鈴薯沙拉、米飯、甜玉米和扁豆，這些食物來自世界各地。這種情形在今天看來絲毫沒有不尋常之處；但如果不是祖先花了無數世代，篩選、照顧和大力改造這些作物，我們今天不會有這麼多營養豐富的蔬菜。穀類和蔬菜的起源可以追溯到大約一萬年前。

前幾章我們看到祖先如何遷徙到世界各地，現在，我要把重點放在祖先定居下來後的情勢變化。這是一個人類開始豢養動物、神祇的影響力強大、氣候危險多變、擁有愉悅的性愛、食物更加美味的時代。

大約一萬一千年前，氣候快速變化，最近一次冰河期告終。隨著地表冰化為水、青草取代積雪，溫度開始升高，海平面也迅速上升了大約一百公尺，結果就是人類的生活方式出現了緩慢卻深遠的改變。

一萬年前，世界各地日常作息的聲音開始改變，碾磨和搗擊的新韻律，預示著人類即將改變飲食與地貌，我們的遠祖長期以來習慣只把肉烤熟，現在卻開始以我們今天比較熟悉的方式來烹調。

我可以從大英博物館大量的文物中選出一些說明人類開始落地生根、進行耕作，好讓他們全年都有食物可吃的特別時刻。這種農耕方式的起源大約在同一時期出現在很多不同的地方，考古學家最近發現其中一個地方，是澳洲北方不遠處的大島巴布亞紐幾內亞，也就是這支鳥形石杵出土的地方。

這支石杵大約有八千年的歷史，我認為石杵在當時的用途和今天完全相同，就是舂搗和分解缽臼裡的食物，以方便食用。這支石杵很大，高約三十六公分，底部用來舂搗的部分是一顆石球，大小和板球相當；石球磨損得很厲害，可以看出石球被頻繁使用。石球上方的杵柄很好抓握，但握柄上方卻刻著和做吃的完全無關的圖樣，像是一隻身體瘦長、翅膀張開、長長的脖子向前下彎的小鳥，樣子真有點像協和號噴射客機。

每一種文化都藉著做菜和分享食物，把家庭或社會連結起來。所有的社會都以宴飲的方式紀念重要事件，很多家庭的記憶和情感，都跟兒時的鍋碗瓢盆緊緊相依，這種關係想必是在烹飪和相關用具出現時形成的，時間大約是一萬年前，和這支石杵出現的時間相近。

考古學家在太平洋西南的一個島國巴布亞紐幾內亞發現了很多石杵，這支石杵只是其一，石杵附近也發現很多缽臼，顯示當時有很多農人，在那塊熱帶雨林和草地上種植作物。這項相當晚近的發現，推翻了一般認定農耕起源於中東（從敘利亞到伊拉克、通稱肥沃月灣的地區），再傳布到世界各地的傳統看法。

現在我們知道實際情形並非如此：人類史上的這個特殊章節，反而是在很多地方同時展開。各地農人不約而同的專注在少數植物上，選擇性的採收幾種植物後，再栽種和照顧。中東人選擇特殊的草類，一種早期的小麥；中國人選擇野生旱稻；非洲人選擇高粱；巴布亞紐幾內亞的人選擇芋頭這種澱粉塊莖。

對我來說最驚訝的是，這些處在天然狀態的新植物不是完全無法下嚥，就是味道很糟糕。為什麼人類選擇種植必須經過浸泡、煮沸或研磨後才能吃的食物？劍橋大學考古學教授馬丁．瓊斯（Martin Jones）認為，這基本上是一種生存策略：

人類擴展到全球後，必須跟其他野獸競爭，努力尋找容易取得的食物，一旦來到無法競爭食物的地方，就必須尋找其他野獸難以取得的食物。植物中有細小、堅硬的種子，如果生吃會無法消化，甚至可能中毒，因此人類必須取出種仁，把種仁變成麵包和麵團之類的東西。人類也挖掘山藥和芋頭之類有毒的巨大塊莖，但是也必須經過榨取、研磨和烹煮後才能食用。這是人類取得競爭優勢的方法。其他動物沒有這種頭腦，無法預先想好幾步路，以做到這一點。

因此，烹飪、利用新的食物來源，必須動腦筋。我們不知道利用石杵、搗碎芋頭的廚師是男還是女，但是根據中東的考古證據，烹飪主要是婦女的活動。

科學家檢視這段時期的墓葬堆，發現成年婦女的髖骨、踝骨和膝蓋往往嚴重磨損，當時研磨小麥一定是採跪姿，要來回搖動才能碾碎兩塊沉重石頭之間的核仁。這種工作容易引發關節炎，一定非常辛苦；但中東婦女和每一個地方的新廚師，卻因此栽培出一小類營養豐富的基本食物，可以養活比過去更多的人口。這些新食物大多淡而無味，但是杵與臼在把食物變美味這件事上，可說幫了大忙。名廚兼食物評論作家瑪杜兒・傑佛瑞（Madhur Jaffrey）評論說：

如果你把芥菜籽這種古人早已熟知的調味料整顆拿來使用，芥菜籽只有一種味道；但如果你把芥菜籽搗碎，芥末就會變得又苦又辣。你藉著搗碎芥菜籽，改變了這種調味料的性質。

這些新作物和調味料有助於建立新型態的社會，他們很可能把剩餘食物貯存起來、跟別人交換，或乾脆在盛大宴會中吃掉。我們這支石杵細長而優美，看起來實在太脆弱了，不能承擔每天搗碎芋頭的吃重任務，因此，或許我們應該把這支石杵想成是儀式、慶典的用具，為聚會準備特別的食物，像我們今天這樣，交易、跳舞或慶祝人生的關鍵時刻。

今天，很多人都可以到處旅行，但是種植食物、養活我們的農民卻不能遷徙，必須留在同一塊土地上，這點使他們很容易受到氣候變遷的危害，他們是否能夠豐收，全仰賴規律而可以預測的天氣。因此，不管一萬年前的農民住在什麼地方，都會形成以食物與氣候神祇為中心的世界觀，這一點也不足為奇，農民需要不斷的安撫與祈禱，祈求風調雨順、沒有農災，以及一再的豐收。現今氣候變化速度之快，遠超過以往一萬年內的任何時候，大部分尋找解決之道的人不只求助於神祇，也求助於政府。熱心宣揚這種新型「食物政治」的巴布・吉道夫（Bob Geldof，籌劃一九八五年「四海一家Live Aid」援助非洲慈善演唱會，並譜寫傳世公益經典〈他們知道現在是聖誕節嗎？〉）說：

我認為，不管我們的處境為何，有關食物的一切心理影響，幾乎比生活中的任何其他層面都重要。我們之所以工作，基本上是為了吃東西。因此，食物是所有人類生存的基礎，顯然凡是吃不到東西的動物，都無法生存。尤其到了二十一世紀的今天，這顯然是全球強國必須面對的要務之一。世界人口中絕大部分的人前途如何，要看強國處理這些要務的成敗而定。當中有許多因素，但最主要的因素是氣候變遷。

因此，如果再發生一次氣候變遷，那將會和一萬年前為我們帶來農業的氣候變遷一樣，可能威脅全球人類的生存。

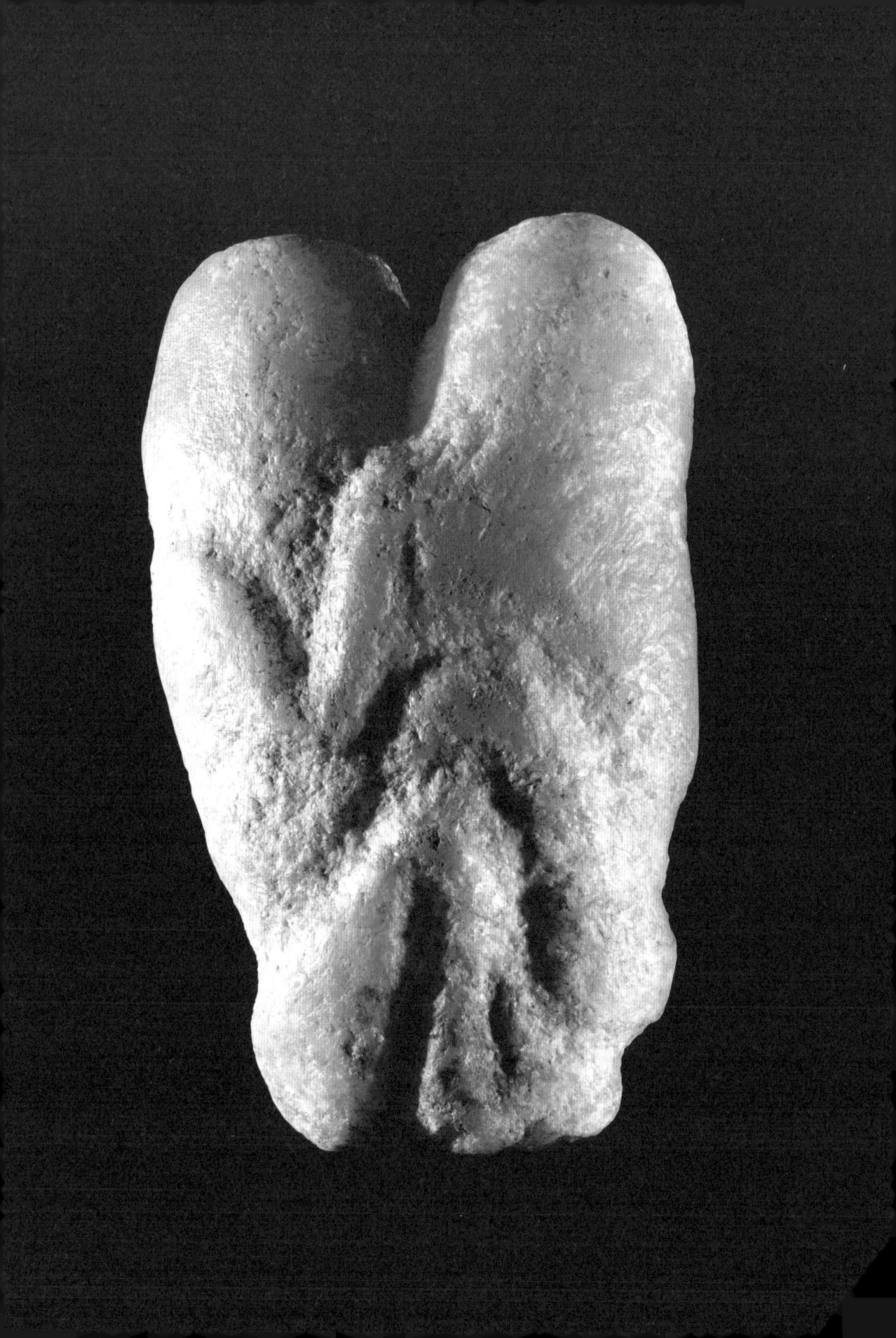

▼最溫柔愛意的展現

07 安莎赫利情侶雕像

伯利恆附近猶太沙漠中旺地卡瑞吞（Wadi Khareitoun）發現的石雕；西元前九千年；高十・八公分、寬六・二公分、長三・八公分。

大約一萬一千年前（西元前九千年），有人在離伯利恆不遠處的一條小河裡，撿起一顆卵石。仔細觀察這顆卵石可以發現，當它順流而下時，一定是不斷的翻滾，過程中和其他石頭碰撞摩擦，因此變得很平滑，地質學家為這個過程取了一個頗富詩意的名字：喋喋不休。撿起這塊沖刷得很漂亮的圓形卵石的人，開始進行造型和雕琢，把這塊卵石變成大英博物館最動人的文物之一。石頭雕的是兩個裸體的人交纏擁抱在一起，因此成為世人所知最古老的性愛雕像。

這具雕像看來貌不驚人，遠遠望去，不過是和握緊的拳頭大小相當、顏色柔和的灰石頭，大部分人走進大英博物館手稿廳時，完全不會注意到這個置放情侶雕像的櫃子、直直的走過它身邊。如果有機會走近一點看，可以看出這具雕像是一對對坐的愛侶，手腳交纏擁抱到最緊貼的程度。雕像上沒有明顯的臉部特徵，但是你可以看出兩個人四目凝望。這是我所知道最溫柔愛意的展現，可以媲美布朗庫西（Constantin Brancusi，一八七六—一九五七年）、羅丹（Auguste Rodin，一八四〇—一九一七年）偉大的情侶接吻雕像（按：兩人都有名為《吻》的雕刻作品）。

創作者雕琢這塊卵石時，人類社會正在改變：全球氣候暖化，人類的生活方式逐漸從捕獵、採集，轉向比較安定的農耕生活。人類和自然界的關係因此改變，從原本平衡生態體系中的小角色，開始設法改變環境、掌控自然界。

氣候開始暖化以前，人類一直不斷遷徙，靠著獵捕瞪羚，採集扁豆、鷹嘴豆和野草的種子為生。溫暖的氣候在中東地區形成一片富饒草原，在比較青翠的新草原上，瞪羚很多，牠們通常全年待在同一個地方，人類因此跟著定居下來。人類一定居，就開始採集還在莖稈上的青草穀粒，藉著蒐集和種植這些種子，不知不覺進行了早期的「基因改造」。大部分野草種子都會從植物上掉下來，然後大概就隨風飄揚或被鳥類吃掉，但這些人選擇留在莖稈上的種子——這是考慮某種植物是否值得栽種的重要特徵。人類把這些種子剝下來、去掉外殼、把穀粒磨成粉。後來人類繼續種植剩餘的種子，農業就此開始，從一萬多年前，我們就開始分食麵包了。

早期的農民創造了世上兩種主要糧食作物：小麥和大麥。我們的祖先過著比較穩定的生活後，就有時間思考和創造，例如表達、慶祝時空變化的圖像，也就是創製出代表食物與權力，或是性愛的圖像，情侶雕像的創作者就是其中的一位。我問英國雕刻家馬克·昆恩（Marc Quinn）對情侶雕像的看法：

> 我們總是認為現代人才有「性」這個東西，以往年代的人都比較保守而單純，但事實上，人類至少從一萬年前、也就是這具雕像完成時，在情感上就非常成熟，我敢說，他們就像我們

一樣成熟。

情侶雕像不可思議的地方是：你轉動不同的角度，雕像的樣子會完全不一樣。你從這一側看到他們好像在擁抱；換一側看像是陰莖，而另一邊是陰道；再從另一側看，卻是一對乳房，這具雕像似乎是鄭重的在模仿、展現性愛行為。

你轉動、把玩這具雕像時，不同的側面會展現開來，像是分不同的時間展現，我認為這是它另一個重要特性：雕像不是呈現性愛中的某個片刻，當你轉動雕像時，它會展現出電影的特性，幾乎像是情色電影，有長鏡和特寫，你會看到所有不同的樣子，卻仍然是代表感情強烈而優美的物品。

我們對雕像中擁抱的愛侶到底了解多少？雕像的製作者——或者該稱為雕刻家——是我們現在所說的納圖夫（Natufian）人，他們居住的地區跨越今天的以色列、巴勒斯坦領土、黎巴嫩和敘利亞。

西元一九三三年，考古學家阿貝．布日耶（Abbe Henri Breuil）和法國外交官雷內．聶維爾（Rene Neuville）造訪伯利恆一座小小的博物館，聶維爾寫道：

參觀即將結束時，我們看到一個木箱子，裡面裝著附近地區出土的文物，除了一具小小的雕像，其他東西都沒有價值。我立刻明白雕像設計中的特殊意義，於是探問這些東西的來源，得知是一位貝都因人（Bedouin）帶來的，他正準備離開伯利恆，往死海的方向走。

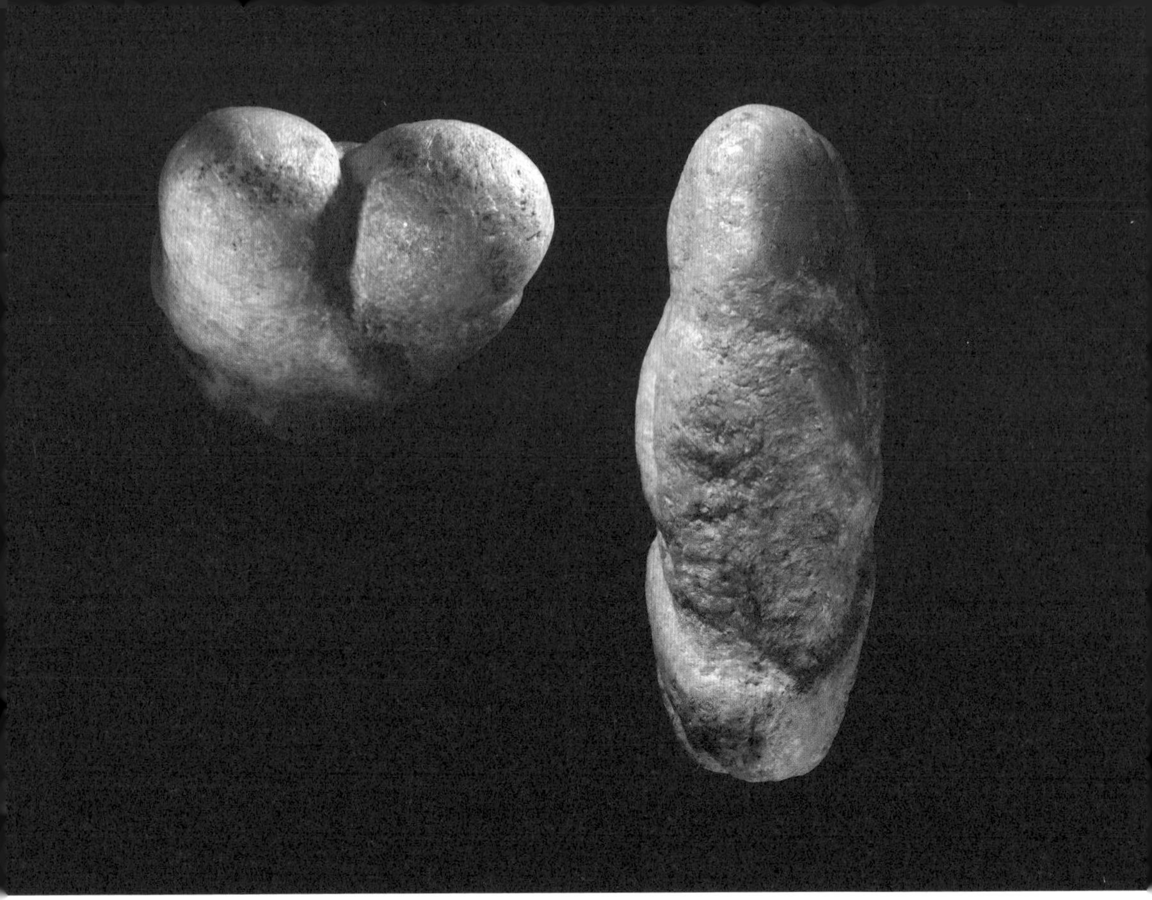

▲ 從不同的角度看，這座雕像完全不同。

聶維爾深感興趣，希望多知道一點雕像的發現經過，就去找那位貝都因人。貝都因人帶他到安莎赫利（Ain Sakhri），就是發現雕像的洞穴，位於離伯利恆不遠的猶太沙漠中。因此，這具讓聶維爾入迷之至的雕像，現在還是叫做「安莎赫利情侶」。重要的是，和這具雕像一起發現的東西清楚顯示，這個洞穴是人居住的地方，不是墓穴。由此可知，雕像在當時的日常家庭生活中，一定扮演某種角色。

我們不確定這種角色是什麼，卻知道住在這個洞穴的人，生活在農業剛剛開始的時代，他們新的生活方式包括採集與貯存食物，這種改變對人類的影響和歷史上的任何革命一樣深遠。比起打獵或游牧，靠農業過活的人類更容易受到作物歉收、害蟲、疾病的影響，以及最重要的天候因素。

但是當這個過程穩定下來後，食物來源變得充足又豐富，社會蓬勃發展，人口持續成長。當時有的村子住了兩、三百人，堪稱有史以來世界人口密度最高的地方。儲藏室裡堆了滿坑滿谷的食物、餓肚子的壓力消除，在這些快速成長的定居社會中生活的人類，開始有閒暇思考他們新的社會關係、生活型態的變化，還有創作藝術品。

這座愛侶交纏擁抱的小雕像，可說是人類對這種新生活方式關鍵的具體回應——用不同的方式思考自己。美國史丹佛大學的考古學家易安．赫德（Ian Hodder）認為，在這樣的時刻、以這樣的方式描繪性行為，證明了人類正在經歷他稱為「心靈馴化」（domestication of the mind）的過程：

> 納圖夫文化的時代早於動、植物的完全馴化，但人類已經有了定居的社會。這件文物這麼清楚的把重點放在人類性行為上，可說是人類思想普遍變化的一部分：人類變得關心心靈、人類和社會適應家庭生活的問題，也就是關心人與人之間的關係，而不是關心人和野獸、野獸和野獸之間的關係。

拿著安莎赫利雕像轉動時，你不但會明顯發現雕像是由兩個人形、不是一個人形構成，加上石頭雕刻的方式，讓你無法分辨哪一個是男性、哪一個是女性。這種一般化的處理方式、帶有強迫觀賞者注意的含糊意味，會不會是創作者刻意如此？我們根本不知道。同樣不知道的，是這個小雕像的用處是什麼？有些學者認為可能是用在生殖儀式上，但是赫德的看法不同：

這件物品有很多解讀方式，其中之一是這種性交和性本身的觀念，和母神（mother goddess）的概念有關，因為有些人認為，最早期的農民關切的，主要是作物是否豐收。我的看法是：證據其實不足以支持這種非常早期以母神為中心的概念，因為現在有了令人興奮、實際上和女性圖像毫無關係的新發現——這方面的象徵主義大多偏向以陽具為中心——因此，我主張：性在早期農業社會中很重要，但是和生殖、多產、子女、母親的照顧與撫養比較無關，它顯然和性行為本身比較有關。

我認為從這對愛侶擁抱中表現的柔情蜜意來看，它代表的確實不是生殖的力量，而是愛情。人類開始定居下來，組成比較穩定的家庭，有較多的食物，因此生的小孩也多了，這或許是人類史上伴侶第一次能成為夫妻的時刻。

情侶雕像要表達的可能是以上這些觀念，但我們大致上仍處在推測歷史的情況中。然而，從另一個角度來看，這座雕像直接傳達給我們的，絕對不是社會變動的紀錄，而是非常有說服力的藝術作品。從安莎赫利情侶雕像，到羅丹的《吻》雕像，人類歷史相隔了一萬一千年之久，欲望卻沒有改變多少。

▼還沒學會喝牛奶，我們喝血

08 埃及牛的泥塑模型

埃及盧克索附近阿拜多斯（Abydos）發現的塗漆模型；西元前三千五百年；高十公分、寬三十公分、長十五．三公分。

提到在埃及的考古發掘，大多數人都會幻想自己進入圖坦卡門國王的墳墓，發現法老祕藏的寶庫，一舉改寫歷史。有企圖心的考古學家應該提醒自己，這種事情絕少發生。考古大多是耗時、又會弄得渾身髒兮兮的工作，接下來記錄發現結果的過程，花的時間還要更久。還有，考古學家寫的報告，用字小心謹慎，筆調帶有學術性、幾乎像辦事員寫的一樣單調，這和放蕩不羈、神氣活現的印第安那瓊斯可差遠了。

西元一九〇〇年，有位英國埃及探索學會（Egypt Exploration Society）的會員在埃及南部靠近艾拉姆拉（El Amra）小村挖掘一座墳墓，他正經八百的將他的發現標為A二十三號墓，並清點墓中有哪些東西：

男性屍體。繪著紅色條紋的泥製權杖，以及同樣是泥製的權杖頭。小型紅色陶製盒子四盒，九英寸乘六英寸（約為二十三公分乘十五公分）。小型動物腿骨。罐子和四隻泥塑母牛構

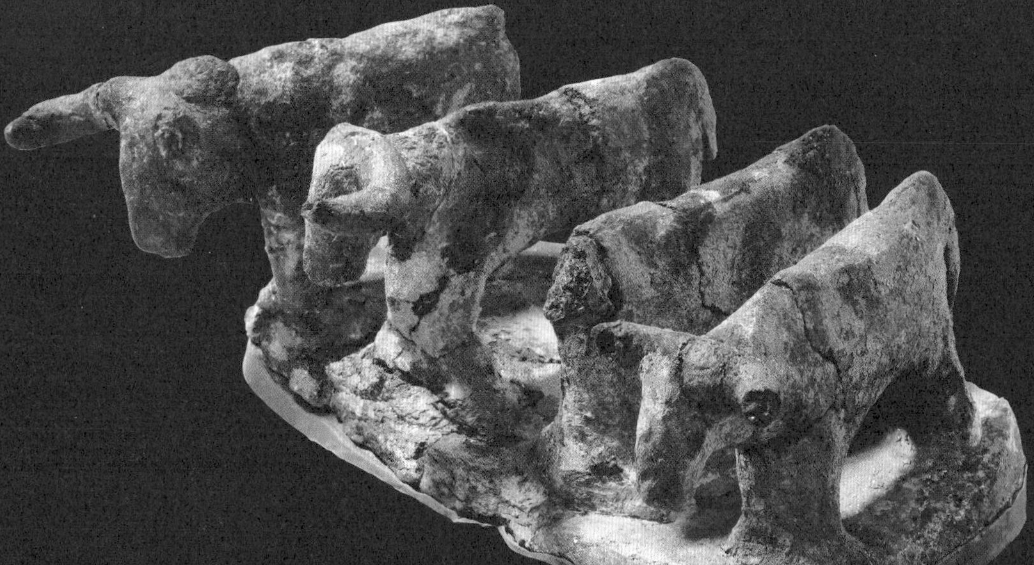

成的架子。

這四隻有角的母牛排排站在豐饒的土地上，推測在模擬的草地上已經吃了五千五百年的草，的確是古埃及的牛，其歷史甚至比法老或金字塔還要悠久。這四隻泥塑母牛是用尼羅河的泥土捏出來的，似乎無法和法老的榮光相比，但就人類史來說，母牛和牠們所代表的意義遠比法老重要許多。嬰兒喝牠們的奶長大、整個社會靠牠們吃飯、廟宇因為牠們而興建、經濟以牠們為基礎而發展，要是沒有母牛，人類的世界會變得不同：比較無趣。

你可以看到這些模型上泥土經過略為烘烤後，塗上黑白油漆的殘跡，看來很像我們小時候玩的農場玩具動物。這幾隻牛只有幾公分高，排在和餐盤大小相當的泥塊上。這些人工製品指出氣候變化的結果，還有人類如何反應的訊息。

這座墓中發現的所有東西，原本是要帶到另一個世界使用的，卻對我們、而非死者更為有用，這可能是他們始料未及的。他們埋葬死者的方式讓我們知道活人的生活方式，墓葬品讓我們深入了解遙遠的社會，還有當時人類的行為、思想和信仰。

法老和象形文字之前的古埃及，是什麼樣子？我們要從這類小牛模型的墓葬品找答案。那時的埃及人還只是住在尼羅河谷的小型農村聚落裡，和埃及後來富麗堂皇的黃金製品與墳墓裝飾相比，這些泥塑小母牛很樸素，葬禮也比較簡單，不必塗油，也沒有做成木乃伊，木乃伊要再過一千年才會出現。

我們判斷，這四隻泥塑母牛的主人是以蜷曲的姿勢，被放在橢圓形的墓坑裡，他躺在燈芯草的蓆子上，面對著夕陽，身旁擺著寶貴物品陪伴他踏上來生之旅。這樣的母牛模型相當常見，因此我們可以肯定，母牛在埃及人的日常生活中，一定扮演舉足輕重的角色，重要到必須做成模型，跟著主人到另一個世界去。這種平凡無奇的動物，怎麼會變得對人類如此重要？

故事要從九千多年前說起，當時廣大的撒哈拉和今天不同，不是乾燥的沙漠，而是青翠、開闊的草原，瞪羚、長頸鹿、斑馬、大象和野牛恣意漫遊，是人類捕獵的好地方。但是，大約到了八千年前左右，滋養這塊大地的雨水消失，這塊草原開始變成我們今天所知的沙漠，迫使人類和動物尋找正不斷減少的水源。環境的劇烈變化表示：人類必須找到取代捕獵的解決之道。人類捕獵的各種動物當中，只有牛可以馴養。

人類後來找到馴養野牛的方法，不再一隻、一隻的追捕野牛來吃，而是學會聚集和管理牛群的方法，跟著牛群一起遷徙、依靠牛群過活。實際上，牛隻幾乎變成這些新社會的生命線，牠們需要的水源和草地決定了生活的節奏，人類和動物活動之間的關係變得越來越密切。

埃及早期社會的牛隻，扮演什麼角色？人類為什麼要飼養母牛？倫敦大學學院教授菲克利．哈珊（Fekri Hassan）曾經挖掘和研究很多早期的埃及墓葬、墓葬所屬的村落。他的團隊發現獸欄的遺跡、埃及人食用牛隻的證據，也發現牛骨，因此斷定，這件模型可能是在牛隻引進埃及一千多年後製作的。

研究牛骨可以看出牛遭到宰殺時的年齡。令人驚訝的是，如果把牛當成食物，這些牛的年齡實在太老，除非早期的埃及人喜歡硬邦邦的牛排，我們不覺得這些牛是肉牛。埃及人在旅程中可能讓牛運載水或財物，但還有一種可能是取用牛血，喝牛血、或是加在燉煮的蔬菜中，可以提供人類重要的蛋白質。我們在世界很多地方發現這種利用牛血的方式，肯亞的游牧民族今天還這樣做。

因此，這個模型上的四隻母牛可能是「行動血庫」。我們不把這些牛當成乳牛的原因很多：早期人類並沒有把牛奶當成食物，這些馴養的母牛分泌的乳汁也少，更重要的是，對人類來說，喝牛奶獲得營養是後天習得的技能。研究食物的考古專家馬丁・瓊斯教授說：

許多我們現在常吃的食物，我們的遠祖是不吃的。馴養牛隻後，成人開始能喝牛奶，想來是從牛奶得到的營養有助於個人的生存，而把這種能力傳給下一代。但是即使到了今天，全世界還是有非常多人無法適應牛奶。

早期的埃及人喝牛奶時很可能嚴重不適，但經過好幾百年後，後代終於適應，這種情形在世界各地一再發生：人類最初難以消化的食物，慢慢適應後，最終成為主食。英國人常說「我們吃什麼就變成什麼」，但說是祖先費盡千辛萬苦、學會吃東西，才造就今天的我們，或許更正確。

早年的埃及人養牛，很可能是以防萬一，如果作物遭到火災破壞，人類還可以依賴牠們為最後的營養來源；牛可能不是最好吃的東西，卻總比沒有好。母牛在社會和慶典中也很重要，但哈珊教授解釋，母牛之所以重要，還有更深一層的意義：

不論是公牛還是母牛，總是具有宗教上的意義。母牛在沙漠中是生命之源，我們也看過岩畫中的很多圖像，看到母牛和小牛出現在多少具有宗教意義的場景中。我們也看過泥塑的女性小雕像，她們雙手舉起，好像是牛角一樣。牛在宗教意識型態中似乎相當重要。

從外表來看，A二十三號墓中的牛沒有什麼特別之處，但是仔細觀察，你會發現這些牛不像今天在歐洲、北美洲、甚至埃及農場上看到的母牛。這四隻牛的牛角明顯不同，是向前彎，生長的部位也遠比今天的母牛低。今天世界上的母牛都是亞洲牛的後代，而早期埃及牛是現在已經絕種的原生非洲牛的後代，因此埃及牛和今天我們所知道牛的樣子並不一樣。母牛是整個尼羅河谷中，人類血液、食物、安全和精力的來源，最後改變了人類的生活方式，變成生活中極為重要的一部分，因此受到廣泛的尊崇。

對母牛的崇拜是否從這些泥塑模型出現的時代開始，仍有待商榷；但在埃及後來的神話中，母牛在宗教上獲得崇高的地位，變成強而有力的母牛女神巴特（Bat）。

巴特通常以女性的臉孔、母牛的耳朵和牛角的樣子出現。牛的地位大大提高，有個最清楚的跡象，就是後來埃及國王的封號中，出現「他的母親公牛」（Bull of his Mother），大家已經把母牛視為法老的創造者。

▼選了你，而不是豆子或南瓜

09 馬雅玉米神像

宏都拉斯科潘發現的石雕；西元七一五年；
高九十公分、寬五十四公分、長三十六公分。

大英博物館的中央有一尊玉米神像，這尊男性神祇的半身像，是用石鑿和玄武岩石錘，在石灰岩上雕刻出來的。神像的臉部特徵明顯且均衡，雙眼緊閉、嘴巴微開，像是在安靜的打坐，與另一個不同的世界溝通。神像的兩手彎曲，掌心向外，一面掌心舉起、另一面掌心向下，讓人覺得神像擁有安詳、寧定的力量。神祇的頭部戴著一個玉米穗軸造型的巨大頭飾，頭髮就像包在玉米葉子裡纏繞玉米穗軸的絲穗一樣。

有些考古學家主張，食物一直都具有神聖角色，對我們最古老的遠祖而言也是如此，例如上一章我們看的埃及母牛女神，還有希臘羅馬神話中的酒神、穀神，或是印度教中的食物女神安娜普納（Annapurna）。但是在大約五千到一萬年前，有一系列新的神祇伴隨著一系列新的食物出現。如同我們在第六章看到的，全世界的人類找到提供食物來源的特殊植物：住在中東的人找出了小麥和大麥；中國人找出稷黍和稻米；巴布亞紐幾內亞的人找到芋頭；非洲人找到高粱。過程中，各地都出現和神祇有關的故事，包括死亡與重生之神、確保季節循環和作物生生

不息的神祇，或是代表信徒所吃食物的神。這裡介紹的半身像屬於這種世界性過程的一環，是中美洲的食物之神，也是神話轉為有形的表現。

這尊神像原本應該和很多類似的神祇一樣，高高供奉在宏都拉斯西部一座階梯式金字塔神廟中。考古人員在科潘（Copan）發現它，這座大城市也是馬雅人的宗教中心，至今仍保留宏偉的建築遺跡。神像大約在西元七百年前後安置在那裡，當時統治者下令供奉這尊神像，以裝飾這座剛建好的莊嚴廟宇。

這尊玉米神的頭部和身體之間有一條清楚的接縫，如果仔細看，神像的頭部似乎稍微過大。科潘的神廟遭到摧毀時，所有的神像都倒在地上，身首分離，後來才重新拼在一起。因此，神像的頭和身體原來可能不屬於同一尊，但是這不影響神像的意義，因為所有的玉米神像，都和玉米在當地人民生活中的核心權力和關鍵角色有關。

比起其他文物，這尊玉米神像算是相當晚，到西元七一五年才完成，但是祂所展現的卻是由來已久的傳統。中美洲人民崇拜玉米神已有好幾千年的歷史，有關玉米神的故事反映中美洲文明年年所依賴的玉米栽種與收成。在中美洲神話中，玉米神就跟玉米一樣，會在收成時遭到「斬首」，然後在每一次的新種植季節開始重生，恢復清新、年輕與美貌。考古學家、《玉米歷史》（*Histories of Maize*）作者約翰・史托勒（John Staller）說明玉米神何以受歡迎，讓馬雅人統治者將祂供奉在廟裡，成為豐饒與權力的守護者：

古代社會菁英把注意力放在玉米上，認為玉米擁有一些神聖的特質，並把自己和這些特質結合在一起。這點在年輕玉米神身上相當明顯，他們的雕像清楚顯示，他們是神祇的第三次創造循環中產生的神話人物。神話人物共有八位，包括四位女性、四位男性，被認為是所有馬雅民族的祖先。

馬雅人相信他們的祖先來自玉米，是以黃色和白色玉米粉麵團的形式出現。玉米的確是中美洲人民儀式和宗教崇拜中的焦點，這種情形可以一直回溯到馬雅人以前，甚至回推到奧爾梅克（Olmec）文明。

因此，這尊玉米神不只迷人，也讓我們實際深入了解，古代美洲社會如何看待自己和所處的環境。玉米神代表種植、收穫和重新種植的農業循環，也代表人類出生、死亡與重生循環的類似信仰。更重要的是，祂代表中美洲人民是用玉米為原料創造出來的：希伯來的神用泥土創造亞當；馬雅人的神利用玉米創造了人類。

著名的馬雅文明聖書《波波爾聖書》（*Popol Vuh*）敘述了這個神話，這個傳說經過無數世代的口耳相傳，到十七世紀才有文字記載。

> 這是人類概念的起源，也是追尋構成人類軀體要素的起源……他們說：生殖之神、生產之神、創造之神、塑造之神，和負責統治的羽蛇，共同找出做出人體血肉所需的材料。沒多久，太陽、月亮、星星就出現在創造之神和塑造之神上頭。
>
> 黃玉米、白玉米來自分裂之地、苦水之地，這是他們找到這種主食、再把黃玉米和白玉

米研磨成粉的時刻。然後，他們明白表示，以黃玉米、白玉米創造軀幹，以食物創造雙腳和雙手，馬雅人的四個始祖父母就出現了（按：因為玉米神話裡面首先創造四個男人，神話裡面人類的四個父親；然後創造四個女人，也就是這四個男人的妻子，等同於人類的頭四個母親）。

為什麼玉米變成美洲人最喜愛的食物、最崇敬的穀物，而不是小麥或某種肉類？答案不但藏在和玉米的神聖關係中，也藏在中美洲所處的環境裡。

大約九千年前，這裡的食物來源很有限，世界其他地方會有的豬、綿羊或牛之類容易馴養的動物，這裡都沒有。主食限於三種栽培和馴化緩慢的植物：南瓜、豆子和玉米。那麼，為什麼豆子和南瓜沒有變成神祇，卻是玉米呢？

因為這種墨西哥類蜀黍植物具有絕佳的適應能力，可以在青翠、溼潤的低地種植，也可以在乾燥的高山地區生長。這點表示，不論農民居住的地點季節型態是什麼，都可以種植。這類植物還有個特性：若是經常收割，會刺激植物長得更壯碩，變得更多產，也因此玉米可以快速增產，農民辛苦付出，通常會得到穩當的報酬。更重要的是，玉米是一種豐富的碳水化合物，可以讓人迅速提高精神、增強體力。

但不幸的是，那時的玉米不容易消化，也不太可口，因此從很早期開始，農民種玉米就附帶種植原生的紅番椒。紅番椒沒什麼營養價值，卻能活化惰性碳水化合物，因此紅番椒在整個中美洲的發展和廣泛利用，澈底說明了人類從開始務農後，就一直是美食家。

到西元一千年，玉米已經向北和南傳播，幾乎傳遍南北美洲大陸，這點或許值得訝異，因為最早期的玉米不但沒什麼味道，實際上也不適於食用，不能像今天這樣煮熟後立刻可吃。現代玉米便於消化，要感謝無數代農民選擇性栽培的功勞，每位農民為了下一批作物的栽種，都從「最好的」植株上選擇種子。

回想九千多年前，玉米穗非常堅硬，如果生吃會生重病；生玉米仁必須放在加了白石灰的水中煮熟，沒有經過這麼複雜的過程，玉米中的氨基酸、維生素B兩種主要營養素不會釋出。完成這道手續後，玉米還必須研磨成粉狀，再做成未發酵的麵團。玉米神期望祂的信徒為三餐好好努力工作。

即使到了今天，玉米仍然主導墨西哥的大部分餐飲，而且帶有令人驚異的強大宗教與比喻上的力量，餐廳業者聖地牙哥．柯爾瓦（Santiago Calva）非常了解這一點：

> 玉米不斷進入日常生活的意外收穫既龐大且複雜。到了某個階段，玉米總是會出現在周遭，躍過任何階級或身分的藩籬，從最有錢到最窮苦，從土著到離土著最遠的人，每個人都吃、喝著玉米，玉米把我們連結起來的力量，超過任何東西。
>
> 但是，玉米文化碰到兩個新問題，一是利用玉米製造生質柴油造成玉米價格上漲，直接影響墨西哥人；二是基因改造玉米的問題，人扮演起上帝的角色，幾乎就是侮辱個人和宗教。一旦把玉米用在食用、崇拜以外的用途，即使是放在汽車油箱裡，也會引起很大的爭議。

對某些墨西哥人而言，拿玉米這種神聖的食物來做燃料，的確是難以接受的事。而基因改造作物的觀念，也在墨西哥以外的廣大地區引發宗教和科學上的嚴重不安。大約一萬年前，世界各地形成了認為供養人類的穀物具有神性的習慣，這種觀念至今還很活躍。儘管基因改造為增加收成或對抗病蟲害帶來諸多好處，但很多人對於自然秩序遭到擾亂、人類闖進神所掌管的領域，仍有很大的疑慮。

改變人類飲食的美學遊戲

10 日本繩文人的陶罐

在日本發現的陶罐；西元前五千年；高十五公分、直徑十七公分。

我知道這麼做在科學上是不光彩的，但還是很難抗拒去猜測人類製作器物的技術，是如何往前躍進的。因此現在我要很不科學、不光彩的猜猜其中一項大躍進，是如何出現的。

我們想像一下，好幾千年以前，一團溼潤的泥土不知怎麼的，被放進火堆裡，烤乾後變得堅硬，而且形狀中空，可以裝東西。這團溼潤的泥土變成堅硬的材料後，開啟了烹飪、飲酒和陶瓷設計的新天地。人類就這樣做出第一個陶罐。

在前面幾章，我們看到人類開始馴養動物、栽種植物的方式。人類開始吃新的食物、過不同的生活，簡單來說，就是人類開始定居了。以往大家都認定陶藝是配合這種比較安定的生活方式同時出現的，但我們現在知道，最早的陶器大約是一萬六千五百年前，也就是在大多數專家認定的舊石器時代製造出來的。當時的人類仍然四處遷徙、獵捕大型動物。事實上，沒有人料到陶器會出現在這麼早的年代。

你在世界各地的博物館裡都看得到陶器。大英博物館的啟蒙廳（Enlightenment gallery）裡就收藏了很多，包括上有英雄相爭畫面的希臘花瓶、中國的明朝瓷碗、非洲的廣腹儲存罐，和英國瑋緻活（Wedgwood）的有蓋湯碗。陶器是許多博物館的基本收藏，因為陶器所訴說的人類史，可能遠比其他東西來得多。就像英國詩人羅伯．布朗寧（Robert Browning）說的：「時間之輪或逆轉或暫停，陶匠和黏土卻持之以恆。」

世界上最早的陶罐出現在日本，這裡介紹的這只陶罐製作於大約七千年前，它繼承了將近一萬年之久的陶藝傳統。這是一個簡單的圓形陶罐，形狀、大小和小孩子提去沙灘的小水桶相當，由灰褐色的黏土製成，高度大約十五公分。你如果細心觀察，可以看出它是用一圈一圈的陶土堆疊起來的，然後用纖維纏繞陶罐的外表，因此，你抱著它時，感覺好像是抱著籃子。這只小小的繩紋陶罐的樣子和感覺，都像是陶製的籃子。

陶罐外表有像籃子一樣的花紋，當時日本製造的陶器紋路都是繩紋，日文不僅以「繩文」（按：即古文的「紋」）來為陶器命名，更用來稱呼製造這種陶器的人，以及這群人所生活的時代。這群住在日本北部的繩文人，製造出目前世界已知最早的陶器。

東安格利亞大學（University of East Anglia）日本古文化專家塞蒙．康納（Simon Kaner）解釋這段歷史的背景，說：

歐洲人一直假設陶器發明於農業時代，認為唯有農耕出現，人類才會定居下來；唯有陶器出現，人類才能積貯存糧、度過寒冬；也唯有一整年都待在同一個地方，才能製作陶器，畢竟遷徙時攜帶陶器很不方便。但日本這個例子卻很有意思，因為這些陶器不是農民製作的。這是全世界所有史前時代的證據中最好的一個，證實了依靠捕魚、採集核果和其他野生物資，以及狩獵野生動物為生的人，也需要烹飪用的陶罐。

繩文時代的人似乎過得很舒適，他們住在海邊、以魚類為主食，食物隨手可得，不像採集或狩獵必須四處遷徙；他們也很容易採集到大量有核果和種子的植物，因此不必急著馴養動物或栽種特定的作物。或許就是因為日本魚類和其他食物豐富無虞，使得農耕出現的時間晚於世界的其他地區，種植稻子這類基本的農業形式，一直到兩千五百年前才傳入日本，從世界的標準來看的確太晚了，但日本在陶罐方面卻領先全世界。

人類發明陶器以前，會把食物貯存在地洞或籃子裡，這種方法容易吸引昆蟲和動物偷吃，還會弄壞籃子。把食物放在堅固的陶罐裡，不僅能避免日晒雨淋還能防止所有會偷吃的動物，可說是一項重大發明；不過形狀和紋路就不怎麼創新了——和原本裝盛食物的籃子很像，但裝飾得非常漂亮，日本文部省文化廳資深考古學家土井隆這麼形容：

這種裝飾源自繩文人在自然界觀察到的東西，包括樹木、植物、貝殼和獸骨。基本圖案是用搓扭過的植物纖維、或扭絞過的繩子印上去的，搓扭繩子的方式多得驚人，我們已經根據地區和時間區分出來。整個繩文時代（按：西元前一萬四千年前—前三百年前後），我們可以看到超過四百種的在地圖案或地區性風格。因為繩紋圖案極為特殊，我們以二十五年為一個區間來判斷屬於何種風格。

繩文人顯然喜歡這種複雜的美學遊戲，也對這種防漏、耐熱新廚具的實用性很滿意。他們的菜單上應該有蔬菜和核果，但有了新的陶罐後，就可以煮起生蠔、海扇貝和蚌殼等貝類，肉類也能在陶罐裡烘烤或煮熟，日本可以說是湯品和燉菜的誕生地，這種烹飪方式如何幫助我們確定這些食物誕生的年代，康納這麼說：

我們很幸運，這些人不太會洗滌，陶罐內部留有一些食材碳化後的痕跡，陶罐內部的表面也發現黑色沉積物。事實上，有些非常早期的沉積物，現在可以確定是大約一萬四千年前留下來的，陶罐上有黑色的凝結物體，我們就是靠著這種碳化材料來確定日期。也許他們正在煮魚湯？也有可能正在煮核果，這些核果非常廣泛——包括橡實，橡實要煮很久才能食用。

這一點非常重要——陶罐改變了人類的飲食方式，新的食物要煮熟之後才能食用。在水裡煮貝類，會迫使貝殼打開，以食取貝肉；同樣重要的是，東西煮了之後，還要能分辨食物能不能吃，例如壞掉的貝類會繼續緊閉，就表示不能吃了。想到這類能不能吃的測試與犯錯的過程，就令人感到憂心，但烹飪會大大加快這種過程。

繩紋陶器改善也改變了繩文人的捕獵與採集的生活方式，這種生活方式經歷了一萬四千多年，卻沒什麼重大變化。雖然世上最古老的陶器是在日本發現，不過這項技術並沒有流傳出去。陶藝和文字一樣，似乎在不同的時間、由住在世界不同地方的人發明。我們所知中東和北非最早的陶器，是在繩紋陶器出現後幾千年才製作出來的；又過了幾千年，美洲才出現陶器。

在每個地方，陶器的發明不約而同都跟新的烹調方式和較為多變的食物有關。

今天，繩紋陶器在全球大型展覽會中，都成了日本的文化大使。的確，大部分國家在國際間為自己宣傳時，都會回顧帝國時代曾有的榮光，而科技進步、經濟繁榮的日本，卻驕傲的宣示他們認同捕獵與採集時代遠祖的創作，是很值得注意的一件事。以一個外人的眼光來看，我覺得這麼做效果強大，因為繩文人極度注重細節與圖案、力求更為精美的精神，和長期延續下來的繩文人傳統，已經成為很能代表日本的特質。

但是，這個繩紋陶罐的故事並未就此打住，我還沒有說明這個陶罐最特別的地方，就是後人在陶罐的內部仔細貼上發亮的金箔。用文物來說歷史有一個迷人之處，就是文物在流轉之間，會得到原先製作者根本料想不到的生命與命運，這只繩紋陶罐的命運的確就是這樣。

金箔是十七到十九世紀之間、日本學者發現這個陶罐後貼上、再拿來收藏、展示的。在這個繩紋陶罐內側貼上金箔的，推測是一名富有的收藏家。我們的繩紋陶罐製成七千年後，又展開了一段新生命——成為日本茶會用的水差（mizusashi，裝水的容器）。

我想原始製作者應該不會介意。

第3篇

最早的城邦與國家

西元前四千年～西元前兩千年

大約在五、六千年前，北非和亞洲的大河流域出現了世界最早的城邦與國家。

在今天的伊拉克、埃及、巴基斯坦和印度，人類首次群居在比村莊更大的領土上，證據顯示，當時國王、統治者已經出現，財富與權力嚴重分配不均；人類也在這段期間發明了文字，來控制日漸增加的人口。

這三個地區的早期城邦與國家，彼此間有著重大差異：埃及與伊拉克地區的城邦與國家非常好戰，印度河流域的城邦與國家則比較愛好和平，其他地方的人類繼續住在小型的農業社會，但這些農業社會同時也隸屬於規模更大、範圍更廣的貿易網路。

▼我是國王，這是我的身分證

11 鄧王的涼鞋標籤

埃及亞比多斯（Abydos，今盧克索附近）發現的河馬牙標籤；約西元前二九八五年；高四．五公分、寬五．四公分。

現代大多會有一種強大的虛華迷思——充滿活力、物質豐餘、接近文化和權力、道路以黃金鋪成。我們在舞臺和螢幕上看過這種場景，也喜歡這種場景，但我們知道生活在大城市其實很艱辛，有許多噪音、暗藏的暴力，以及太多不知姓名的芸芸眾生，有時我們實在無法應付這麼多人，不過如果你看看手機裡儲存了幾支電話號碼，或社群網站上朋友名單有多少人，就不會太意外了，即便是城市居民，也鮮少有人能列出來幾百個名字。社會人類學家興奮的發現，石器時代住在大型村莊裡的人必須應付的，就是這種規模的社會團體。根據他們的說法，現代人努力應付大都市的生活，卻只配備了石器時代的社交頭腦。我們人類啊，其實都還在為了擺脫沒沒無聞而辛苦奮鬥。

因此，在實際只能接觸到少數居民的情況下，你該怎麼領導、控制大多數彼此不認識的人？五千年前的政治人物已經開始思考這個問題，因為當時有一些團體已經超越部落或村莊的規模。

▲ 鞋子標籤的背面，刻著一雙鞋子。

世上最早的擁擠城邦與國家，都是在富饒的大河流域中逐漸形成，包括幼發拉底河、底格里斯河和印度河，本章的文物要探討當中最富盛名的河流：尼羅河。這件文物屬於埃及的法老時代，它能回答如何發揮領導力與國家的控制力，治理這麼多的人口；答案很簡單，就是武力。

如果你想研究埃及的法老時代，大英博物館有可觀的文物供你選擇，例如紀念雕像、彩繪的木乃伊棺材等等，但我選了一個真正出自尼羅河汙泥的文物，這件文物以河馬的長牙製成，隸屬於埃及早期法老之一的鄧王（King Den）。比較反常的是，這件用來探討強權的文物，卻非常微小。

這件文物很薄，長、寬各約五公分，有點像我們現在的名片。它其實曾是一雙鞋子上的標籤，我們是從標籤有一面是鞋子的圖案而得知（見右頁）。這片小小的乳白色標籤，是埃及一位法老的名牌，用來陪伴他前往來生之旅時，用來證明自己的身分。透過這個標籤，我們立即和埃及早期的國王拉近距離——他們是西元前三千年左右新文明的統治者，建造出最偉大的紀念性藝術與建築物。

我所能想到最接近這種標籤的現代物品是識別證，就是上班族掛在脖子上、用來進出辦公室的證件；不過，我們無法馬上知道這種標籤是要給誰看，是給來生路上的神祇？還是不知路途的鬼僕？

製作標籤時，要先割破河馬的牙齒，在缺口塗上黑色樹酯，使黑色的圖樣和乳白色的牙齒，形成美妙的對比。

法老出現以前，埃及是一個分裂的國家，一邊是面對地中海的尼羅河三角洲、東西走向的海岸地帶；另一邊是沿著尼羅河、南北走向的領土。由於尼羅河年年氾濫、作物年年豐收，因此充足的糧食不但能餵飽快速成長的人口，還常有剩餘，可以用來貿易。不過，在洪水平原區外，就完全沒有多的肥沃土地了，在人口不斷成長、可耕地又有限的情況下，埃及經歷了無數征戰與衝突，直到西元前三千年左右，三角洲居民被從南方上來的民族征服。

你可以把統一後的早期埃及社會想成是現代定義的國家，而鄧王身為最早期的領袖，必須像現代國家的領導者一樣，處理所有掌控大局和協調內部的問題。

或許你不認為從鞋子上的標籤能看出他做了什麼，但鄧王的鞋可不是一般的鞋，而是地位崇高的象徵，他的掌鞋大臣是宮廷中的高官。因此，我們看到標籤背面清楚說明這位法老如何運用權力，就不覺得奇怪了；而這種五千年前鄧王時代發展出來的模式，居然能與今天的世界產生共鳴，也不足為奇。

標籤的另一面是鞋子主人的圖像，鄧王戴著王室頭飾，一手拿著權杖，一手拿著鞭子，呈戰鬥的站姿，雄糾糾的重擊著伏在他腳前蜷縮的敵人。當然，我們第一眼一定是尋找畫面上鄧王的鞋子，但很掃興，他腳上沒穿鞋子。

這塊小標籤是人類史上第一幅統治者圖像，很值得注意、但也許有點令人沮喪的是，從一開始，統治者就希望展現以最高統帥之姿征服敵人的樣子。這是權力透過形象投射出來最原始的方式，其中有一些大家很熟悉、卻又覺得困擾之處，就是這張標籤的簡單形式和刻意運用的大小比例，讓人不禁聯想到現代的政治漫畫。

但對製作標籤的人來說，這是一項極為嚴肅的任務：必須讓國王看起來所向無敵、半神半人，並顯示唯有鄧王能保證埃及人可以從統治者身上獲得他們想要的東西，例如律法與秩序。在法老的領土上，人人都被期待要循規蹈矩，接受清楚的埃及人身分，因此，這塊涼鞋標籤也傳達出「違抗者會付出很高、很痛苦的代價」的訊息。

這個訊息不只透過圖象，也透過文字來傳達。標籤上有一些早期的象形文字，刻上鄧王的名字，在他和敵人之間，還有一句令人膽寒的話：「他們不可生存。」意思是這些人即將被消滅。所有殘忍的政治宣傳手段表露無疑：泰然自若的統治者以勝利之姿，對抗異族失敗的醜惡敵人。我們不知道敵人是誰，但標籤右側刻著一句「第一次痛擊東方」的話。由於畫面下的沙地往右邊上升，一般都推測敵人來自埃及東方的西奈（Sinai）。

鄧王統一的埃及王國所脅迫、管轄的領域大得驚人，國力鼎盛時，領土幾乎囊括從三角洲到現代蘇丹的整個尼羅河流域，加上東方以西奈為邊界的廣大地區。我問英國考古學家托比．魏金森（Toby Wilkinson），要靠什麼力量，才能建立這麼大的國家：

這是埃及歷史的早期，國家還在鞏固、統一當中，但相較於鞏固領土，鞏固意識型態和心理層面更形重要。國王和手下顧問努力強化埃及的國家意識，也強化人民對政權的支持。我認為，他們就像歷史上所有的世界領袖一樣，知道要團結國家和人民，最有效的方法是對外國的共同敵人發動戰爭，不管敵人是確有其事還是捏造出來的。因此，戰爭在鞏固埃及的國家意識方面，的確扮演重要的角色。

這真是讓人氣餒又耳熟的策略。你贏得民心的方式，是把焦點放在國外的威脅；只是用來粉碎敵人的武器，轉而對付國內的反對者也同樣方便。向國外侵略的政治宣傳，得靠國內強力的維安能力支持。

因此，現代國家的組織在鄧王時代已經建置完畢，這點對藝術和政治都產生長遠的影響。只有這麼大的權力，才能推動早期法老發起的龐大建築計畫。鄧王精美的墳墓，是用從千百英里外運來的花崗岩蓋成，在他之後，還有更豪華的金字塔出現，這完全是因為埃及法老對子民的身與心，都具有無邊的控制力。鄧王的涼鞋標籤，可說是持久的政治力量高階課程的縮影。

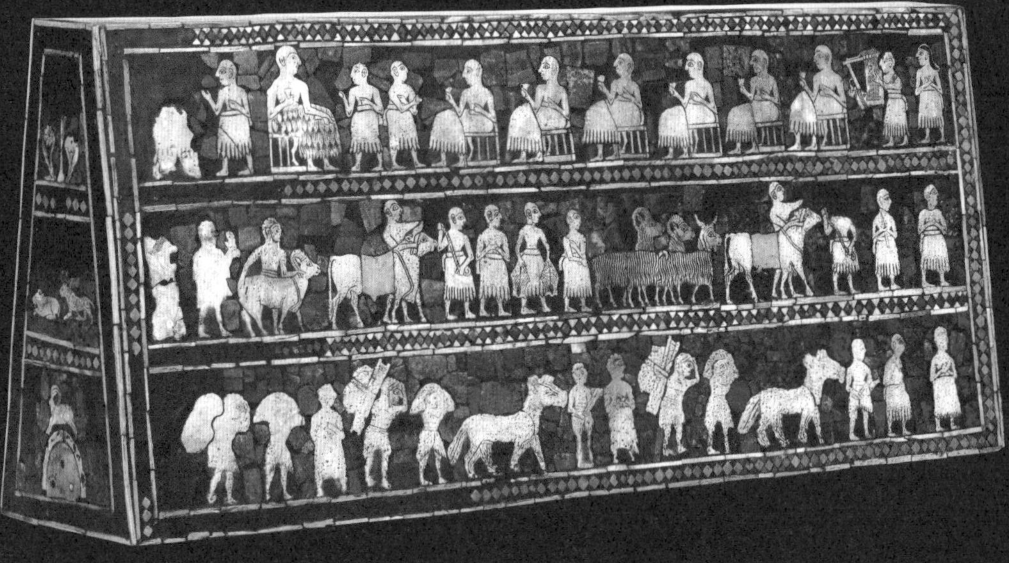

▼一口箱子，成了為錢戰鬥的旗幟

12 烏爾旗

鑲有馬賽克的木箱；發現於伊拉克南部烏爾王陵；西元前二六〇〇年—西元前二四〇〇年；
高二十一・五公分、寬十二公分、長四十九・五公分。

幾乎所有大城市的中心，在繁華與富饒、權力與鑽營之間，都會看到紀念大量亡者的紀念碑，巴黎、華盛頓、柏林和倫敦都是這樣。例如倫敦白廳大道（Whitehall）、離唐寧街（Downing Street）財政部與國防部只有數公尺遠的地方，就有一座紀念碑，紀念二十世紀兩次大戰中死亡的幾百萬人。

為什麼要選在市中心紀念亡者？有一種說法是為了維護城市代表的財富與權力，我們必須願意保衛自己的城市，免於遭到覬覦者的侵略。本章的文物來自歷史上最古老、最富庶的城邦之一，它似乎就很明確的指出，城邦獲取財富的力量，和發動與打贏戰爭的武力密不可分。

城邦興起於大約五千年前，當時世上好幾條大河的流域，見證了人類發展的快速變化。才幾百年時間，肥沃的土地就因為農耕的成功變得人口稠密。如同前面提到的，尼羅河流域人口大幅增加，促使埃及人建立統一的國家；而底格里斯河與幼發拉底河之間的美索不達米亞，也因為農獲的富餘支持人口孳生，導致有三萬到四萬人共居一地，這個規模空前、最早的城邦也

和平的一面：國王和親信宴飲之際，
百姓獻上魚、肉和其他農產品。▶

因此形成。

要讓這種規模的居民同心協力，顯然需要新的權力與控制方式。美索不達米亞在西元前三千年左右想出來的制度，已證實非常強韌，他們建立的都市模式延續至今，這麼說毫不誇張：世界各地的現代城市基因裡，都有美索不達米亞的影子。

美索不達米亞最早期的城邦當中，蘇美人（Sumerian）的烏爾城（Ur，中文版《聖經》又譯吾珥）最富盛名，因此，一九二〇年代英國偉大的考古學家李奧納德．伍萊（Leonard Woolley）選擇烏爾城進行開挖，一點也不意外。伍萊在烏爾城發現了原本只存在想像中的王陵。陵墓中葬著一位皇后和幾位殉葬的女僕，她們都穿戴著黃金飾品。陪著她們一起入土的還有奢華的頭飾、一架由黃金和青金石（lapis lazuli）做成的豎琴、世上已知最早的棋盤遊戲，還有一塊伍萊最初形容為匾牌的神祕物品：

在墓室的更深處，有一樣值得注意的東西，是一塊匾牌，木頭材質，長四十九．五公分、寬二十一．五公分，兩面都貼著由貝殼、紅色石頭和青金石構成的馬賽克圖案。木頭已經腐朽，因此到現在為止，我們對這些圖案代表的含意還是幾乎一無所知，不過上頭有一排排人類和動物的圖形，這片匾牌經過清理和修復後，想必會成為這個墓葬中最好的文物。

這是伍萊的發現中最讓人感興趣的文物。這塊「匾牌」顯然是藝術傑作，但它的重要性不在於美不美，而是能透露這些美索不達米亞的早期城邦如何運作權力。

伍萊發現的文物約為小型手提箱大小，但頂端逐漸變細，所以看起來像極了巨大版的瑞士三角巧克力（TOBLERONE），上面裝飾著滿滿的小馬賽克圖案。伍萊稱它為「烏爾旗」，因為他認為這件文物可能是部隊行進或作戰時，高高掛在旗杆上的軍旗。大英博物館沿用了他的命名，但我們看不太出來，這樣的東西怎麼會歸類為旗幟呢？上頭的圖案顯然是讓人從近距離看的。有些學者認為這件文物可能是存放樂器或什麼貴重物品的箱子，但事實究竟如何我們根本無從得知。我請教拉米亞·蓋蘭尼（Lamia al-Gailani）博士的看法，她是目前在倫敦工作的伊拉克籍考古學家，她告訴我：

很不幸，我們不知道蘇美人用這件文物來做什麼，但我覺得它代表整個蘇美人，既有關戰爭也有關和平。這件文物色彩豐富，顯示蘇美人到過哪些遠方——青金石出自阿富汗、紅色大理石出自印度，所有的貝殼都出自波斯灣。

這一點至關重要。到目前為止我們看過的文物都是用單一材料做成的，不是石頭就是木頭、不是骨頭就是陶土，全是製作者在住處附近可以找到的材料。現在，我們第一次看到由好幾種不同材料製成的物品，具有異國情調的材料是長途貿易取得的，只有把不同材料黏合一起的瀝青是當地的產物，瀝青也透露了石油的蹤跡，而石油是美索不達米亞（今伊拉克）目前最重要的財富來源。

什麼樣的社會能以這種方式蒐集這些材料？首先，這個社會需要夠多的農產品，也需要權

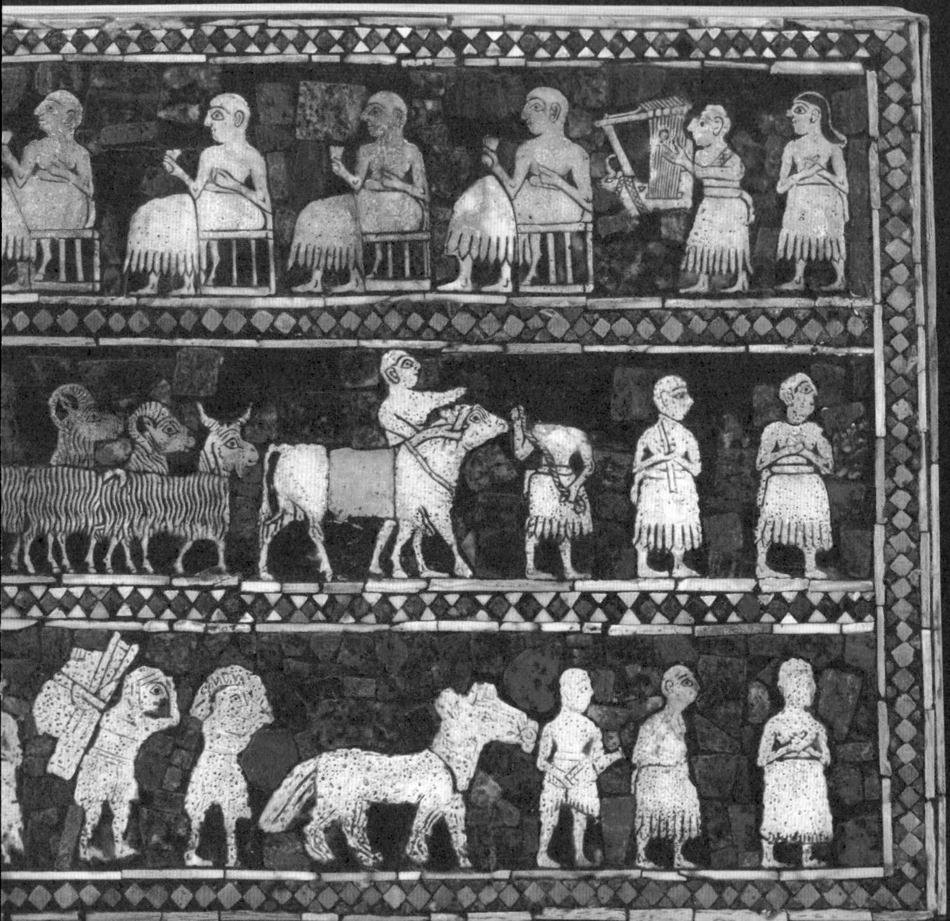

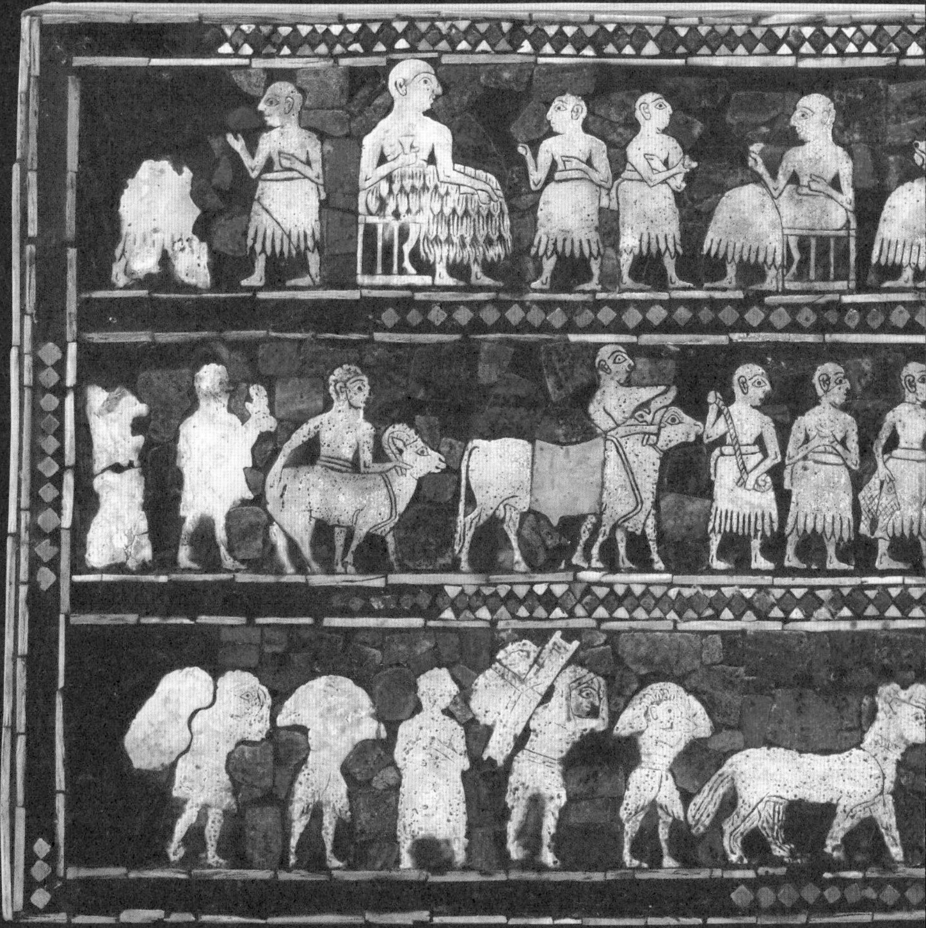

力和控制的組織，領導者才能調度剩餘的農產，透過已經擴大的貿易路線換取外國物資。剩餘的農產品也能餵飽、支持那些非務農的人，包括祭司、士兵和行政官僚，更重要的是精通製作烏爾旗這類做工繁複的奢侈品的工匠，你在烏爾旗上看到的，正是這些人。

箱子上的圖案安排像是由上而下的三排連環畫。其中一面畫的肯定是統治者夢想中稅收制度運作的情形：下頭兩排人民安靜的排隊，準備進貢農產品、魚類、綿羊、山羊和公牛，最上排是國王和菁英（很可能是祭司）正在享用課徵得來的物品，一旁還有人演奏豎琴。你不可能找到比烏爾旗更能清楚說明烏爾權力機構如何運作的東西了——土地勞動者扛著收成獻上，菁英卻能和國王一起喝酒。

和第十一章的鄧王一樣，為了強調國王的卓越不群，製作烏爾旗的藝術家把國王畫得遠比其他人大，大到他的頭頂破了圖畫的上緣。在烏爾旗中，我們看見社會組織的新模式。我請倫敦政經學院前院長安東尼．紀登斯（Anthony Giddens）教授，說明這種社會組織的變化：

從農作物有餘裕開始，階級就出現了，因為有一些人可以靠別人的勞動過活；傳統的小型農業社會無法辦到這件事，因為人人都得工作。階級出現後，隨之而來的就是神職的戰士階級、有組織的戰爭、進貢和國家之類的東西——這些都是新形式權力的真實產物，這一切全都息息相關。

當每個人都生產相同產品時，不會有貧富之分，只有過剩農產品出現，某些人不務農也能生活、某些人則必須負責生產過剩農產的情況下，才會有階級制度。這種制度很快就變成權力與統治方式，你會看到自稱擁有神權的個人出現，這種現象會和宇宙論一起出現。這就是文明的起源，卻跟流血、互相角力，以及個人的自我擴張息息相關。

烏爾旗一面展現統治者管理著蓬勃發展的經濟；另一面則是他和軍隊保護著繁榮的經濟。這讓我回到起初的想法：人一旦開始有錢，就必須打仗才能繼續有錢下去，這似乎是亙古不變的真理。國王既是公民社會的統治者，也是發動戰爭的總司令。烏爾旗的兩面其實很巧妙的點出早期的軍事與經濟關係，也說明經濟的繁榮經常要靠醜惡的暴力支撐。

我們更仔細的觀察戰爭場景（見下頁圖）：國王的身形一樣比其他人大，他的頭再度碰到畫面的上緣；只有他穿著及地長袍，手上拿著一支大長矛。他的手下指揮著戰囚受死或成為奴隸。戰敗者和勝利者的長相神似，因此這幾乎能確定是近鄰兩邦之間的戰爭——在美索不達米亞毗鄰的城邦為了爭奪統治權，彼此經常頻繁作戰。失敗者被剝光衣服，凸顯他們戰敗的屈辱，看到他們的樣子，不免令人感到痛心。

最下面一排畫的，是一些已知最古老的戰車圖像，事實上，這些戰車比起任何以輪子驅動的車輛都還要古老；這幅圖的繪畫手法，也是後來成為經典繪畫方法的首例：藝術家畫出拉著戰車的驢子，從步行變成小跑步、再變成全力奔跑，速度越來越快。在電影問世前，沒有任何藝術家的技術能與之相比。

一九二〇年代伍萊在烏爾發現王陵的前幾年，正是第一次世界大戰結束、鄂圖曼土耳其帝國瓦解、現代伊拉克建國的最初幾年。新成立的伊拉克有一個重要機構，就是巴格達的伊拉

▼戰爭的一面：國王巡視戰虜之際，
戰車碾過敵軍。

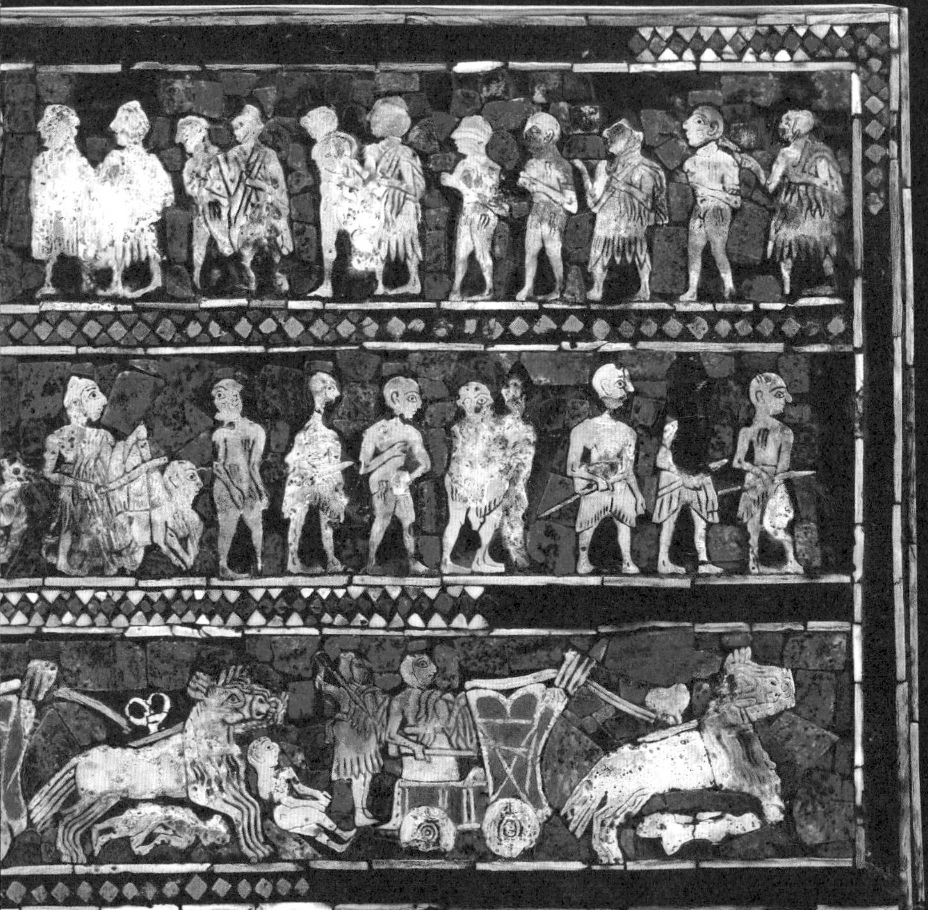

克博物館，從烏爾城挖掘出來的大部分文物都由這所博物館接收，烏爾城的古物從出土那一刻起，就和伊拉克的國家認同建立強烈的關聯性。因此，在最近的伊拉克戰爭（二〇〇三—二〇一一年）中，巴格達博物館的古物被搶劫，震撼了所有伊拉克人民。我再度引述蓋蘭尼博士的看法：

身為伊拉克人，我們認為這些文物是世界上最古老文明的一部分——這樣的文明在我們的國家，我們都是這個文明的後代。我們認同相當多留存至今的蘇美文物……因此，上古史可說是今天把伊拉克團結起來的構成要素。

因此，伊拉克的未來，有一部分的關鍵是美索不達米亞的過去。考古學與政治的關係就像城邦與戰爭一樣，應該會繼續緊緊相連。

13 印度河圖章

石製圖章，出自巴基斯坦（旁遮普省）印度河流域的哈拉帕；
西元前二五〇〇年—西元前二〇〇〇年；高二．四公分、寬二．五公分、長一．四公分。

我們從前面兩件文物看到城邦與國家的興起，但是城邦與國家也會衰亡。現在我們要來到一座城邦，它不但已經消失，更是一個在人類記憶中消失超過三千五百年的文明，其衰亡大部分要歸咎於氣候變遷。

這個在巴基斯坦和印度西北部重新發現的人類文明，是二十世紀的考古盛事，到了二十一世紀，我們繼續拼湊證據。這個消失的世界是印度河文明，重新發現這個文明的故事，要從一枚用來蓋在溼泥上的圖章說起。

我們已經探索過最早的城邦與國家如何沿著世界上的大河成長，還有當時的人如何控制這種人口與財富集中的新社會。大約五千年前，印度河和今天一樣，發源自西藏高原、流向阿拉伯海，印度河文明就是在這片富庶、肥沃的洪水平原上茁壯，全盛時期版圖將近二十萬平方英里（按：約臺北市區的兩倍大）。

那裡出土的文物揭露了整座城邦的規畫，以及強勁而龐大的國際貿易模式。中東和中亞都

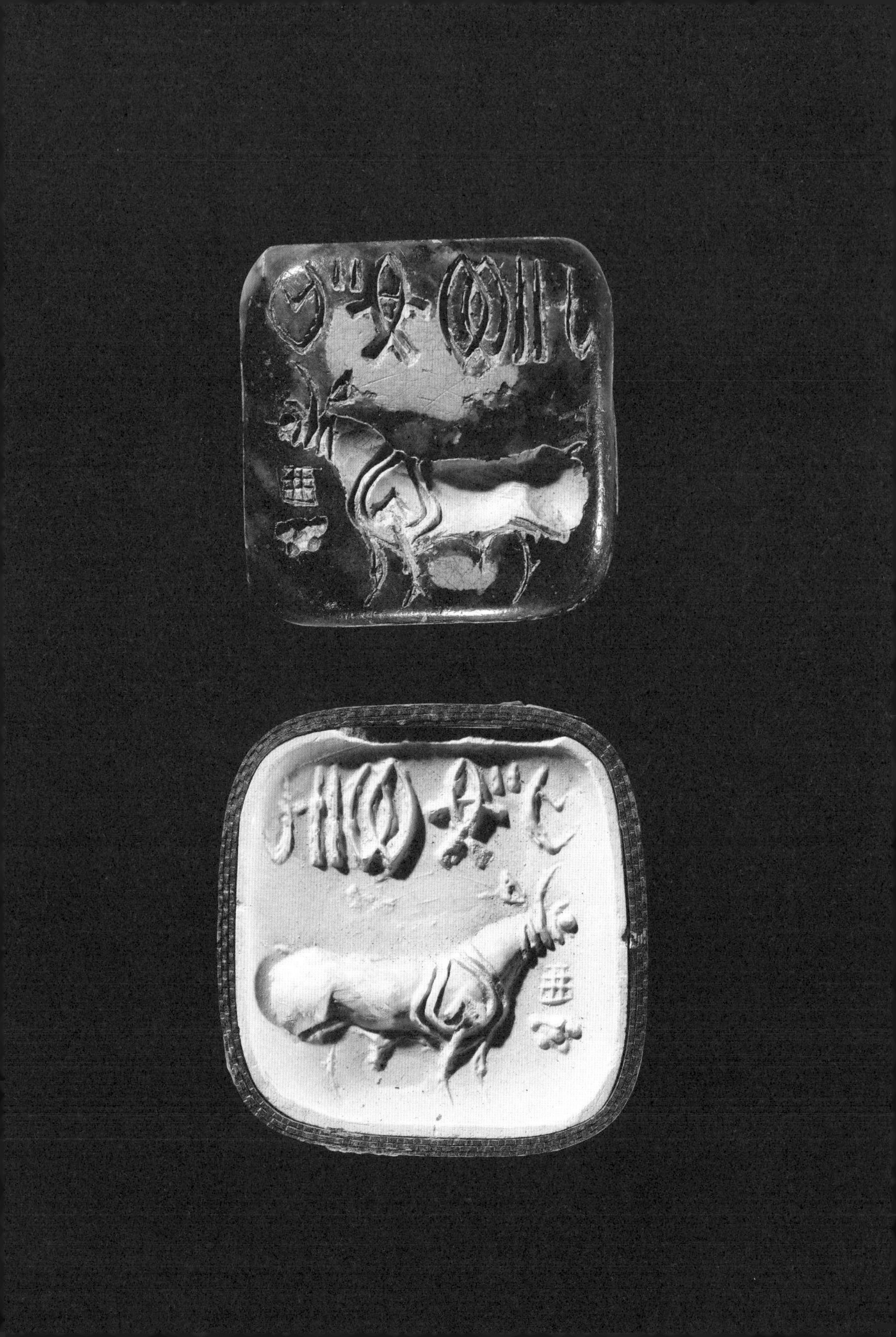

曾發現過來自印度河流域的石頭圖章，但本章的圖章是在印度河流域找到的。

大英博物館收藏了些許石頭圖章，這些圖章是用來蓋在蠟或泥土上，目地是主張所有權、簽署文件或在包裹上做記號。這些圖章製作於西元前二千五百年到西元前二千年左右，大致都是方形，大小和現代的郵票相當，以容易雕刻的滑石製成。這些圖章雕工卓越，上面的動物圖案十分優美，包括大象、公牛、母牛與獨角獸交配而生的動物，還有我最喜歡的，一隻蹦蹦跳跳的犀牛。從歷史的角度來看，當中最重要的圖章無疑是刻了狀似犀牛的母牛圖案，就是這枚圖章促使考古學家發現整個印度河文明。

這枚圖章是一八五〇年代在哈拉帕鎮（Harappa）附近發現的，哈拉帕當時是英屬印度殖民地，位在現代巴基斯坦拉合爾城南方大約一百五十英里處。往後的五十年，大英博物館又陸續收到三枚類似的圖章，但沒人知道這些圖章是什麼，也不知道它們是何時何地製作的。到了一九〇六年，這些圖章引起印度考古考察部（Archaeological Survey of India）總幹事約翰・馬歇爾（John Marshall）的注意，他下令在找到第一枚圖章的哈拉帕遺址上開挖，結果挖出來的東西改寫了世界史。

馬歇爾的團隊在哈拉帕發現一座巨大城邦的遺址，後來又發現附近的許多城邦，所有城邦存在的時間都可以回溯到西元前三千到西元前二千年之間。這項發現把印度文明的歷史大幅往前推，推到前人想像不到的時期。這裡無疑是一座高度發展的都市中心，有著貿易、工業，甚至文字，年代與古埃及或美索不達米亞大約同期，地位也不相上下——卻完全被後人所遺忘。

印度河流域最大的城邦，如哈拉帕和摩亨佐達羅（Mohenjodaro），人口有三萬到四萬人，

上為印模，下為印文。▶

是根據嚴密的網格布局興建的，附有仔細規畫的住宅建築計畫，甚至包括家庭給水管在內的先進衛生系統，可說是現代都市計畫專家的理想。建築師理察・羅傑斯（Richard Rogers）十分欣賞這些城邦：

當你面對一塊沒什麼限制或建築物、像白紙一樣的土地時，你第一件事就是開始在上面畫方格，因為你希望擁有這塊土地，而方格是擁有這塊土地、在上頭建立秩序的方式。建築學其實是在空間上創造秩序、和諧、美感和韻律，這些你都能在哈拉帕中看見，他們就是這麼做的。哈拉帕古城還帶有美的要素，你可以從他們的雕像中看出這一點——他們具有美學、秩序和經濟意識，這些直接穿越五千年，和我們今天所做的事產生關聯。

如同我們在埃及和美索不達米亞看到的，一座村莊要進展到城邦，通常需要一位舉足輕重、能強勢主導和調配資源的統治者。但是印度河流域這些具有高度秩序的都市到底由誰統治，至今仍不清楚，因為找不到跟國王或法老有關的證據，事實上，根本找不到任何跟領導者有關的證據。我們可以這麼說或比喻：這主要是因為我們不知道屍體埋在哪裡，印度河文明沒有埃及或美索不達米亞那麼奢侈的墓葬，不能告訴我們許多和掌權者以及和他們所控制社會有關的事情。我們必須斷定：印度河流域的人民很可能把死者火化了，雖然火化有很多優點，但請容我這麼說，對考古學家來說，火化是一種致命的損失。

從印度河這些大城邦留下來的東西來看，沒有一樣顯示曾經遭到戰火洗禮或受到戰爭威脅，城邦裡的武器不多，也沒有建構防禦工事的跡象；有一些大型的公用建築，但是沒有一棟看來像是皇室宮殿，富人和窮人的住宅看起來也沒什麼差別。看來這是一個以截然不同的模式建立的都市文明，既不頌揚暴力，個人權力也沒有過度集中。這樣的社會有可能是根據共識、而非壓制為基礎建立的嗎？

要是我們能解讀這枚圖章和其他類似圖章上的文字，應該可以更了解這個印度文明。圖章上動物圖像的上方，是一系列的符號：其中一個看起來像橢圓形的盾牌，有些看來像是火柴棒般的人形，還有些單一的線條，以及一個直立的長矛形狀，但這些東西是不是數字、標誌、符號或語言？我們毫無頭緒。從一九〇〇年代初期開始，大家就一直努力想破解這些符號的意義，現在更採用電腦協助；但我們根本沒有足夠的材料、較長的文字、雙語的文本，來取得更有力的進展。

這些圖章上往往都有穿孔，可能是方便主人攜帶。圖章很可能是蓋在貿易貨品上，因為伊拉克、伊朗和中亞都發現過這種圖章。西元前三千年到西元前二千年間，印度河文明是由複雜、但井然有序的城邦構成的龐大網路，和外界建立繁忙的貿易關係，所有城邦看起來都很繁榮。到了西元前一千九百年左右，這個文明走到盡頭，城邦變成土丘，連世界早期偉大都市文明的記憶都消失無蹤。

我們只能試著推測其中的原因。支持龐大建築業的磚窯，需要木材當柴火，可能導致森林遭到破壞，也造成環境上的大災難。更重要的是，氣候變化似乎造成印度河的支流改道或完全乾涸。

開始挖掘印度河文明時，整個南亞次大陸都是由英國統治，領土包括今天的巴基斯坦和印度，印度河文明專家、德里大學教授納陽約．拉希里（Nayanjot Lahiri）用下面這段話，為這次發掘對現今這兩國的重要性做了總結：

一九二四年這個文明曝光時，印度是殖民地，因此這項發現出土後，印度的國家榮耀與國家意識高漲，認為印度人即使不比殖民者優秀，也至少和殖民者並駕齊驅，因此，英國人其實應該離開印度。《拉卡納報》（*Larkana Gazette*）就清楚的表達了這種情緒——拉卡納正是摩亨佐達羅所在的地區。

印度獨立後，只剩下北部的古加拉特一處和另外幾處印度河文明遺址，因此迫切需要發現更多的印度河文明遺址。今天印度有幾百處印度河文明遺址，除了古加拉特，還有拉加斯特罕（Rajasthan）、旁遮普、哈里亞納（Haryana）、甚至北方省（Uttar Pradesh）等地，這是印度考古學界的重大成就。

專家最初挖出來的哈拉帕和摩亨佐達羅兩座大城，今天是在巴基斯坦境內，後來和印度河文明有關的最重要研究，是由巴基斯坦考古學家拉菲克．穆加爾（Rafique Mughal）完成（他目前是波士頓大學教授）。他在巴基斯坦和科里斯坦（Cholistan）發現將近二百處遺址。但我個人覺得，巴基斯坦基本上對伊斯蘭文明的傳承有興趣多了，因此我認為，和巴基斯坦相比，印度對印度河流域的古文明比較有興趣。

這裡沒有競爭的意味，只是我想到印度、巴基斯坦和印度河文明時，總有一種強烈的感覺，原因不外乎這些偉大的遺跡、遺址上發現的文物、陶器、珠子等，現在分別屬於兩個國家。其中若干最珍貴的文物，實際上已經分成兩半，著名的摩亨佐達羅腰帶就是一例，這條腰帶不再是一件文物，而是分成兩半，就像獨立後印度分成印度和巴基斯坦一樣，這些文物也都面臨相同的命運。

我們需要對這些偉大印度河城邦了解更多，目前我們的所知仍然持續增加，但如果我們能解讀圖章上的符號，一定可以獲得重大突破，我們必須等待這一天的到來。同時，這些偉大的都市社會居然會完全消失，也是一種令人不安的警訊——讓我們了解到，今天我們的都市生活，包括我們的文明，是多麼的脆弱。

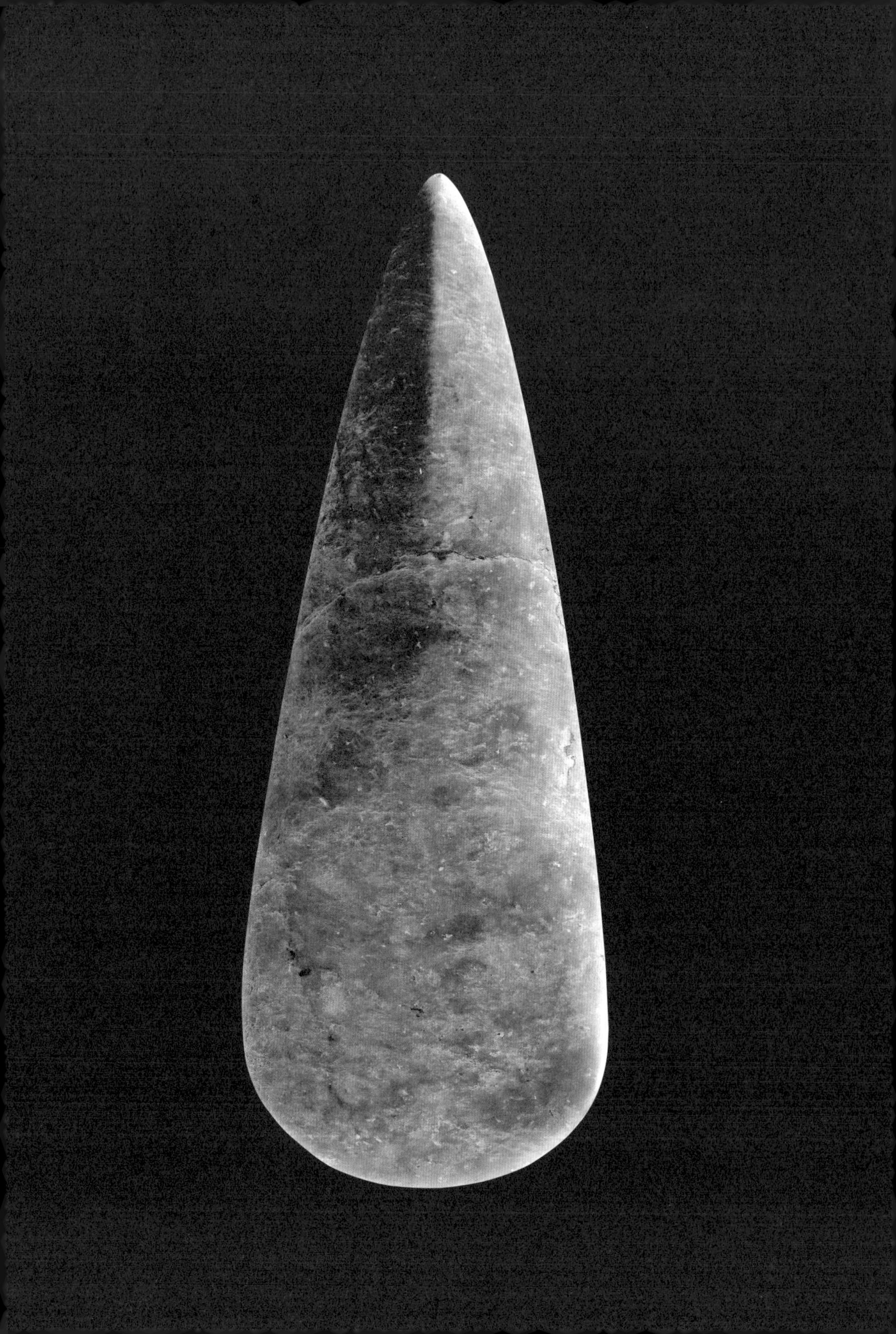

▼對「玉」要慎重恭敬的理由

14 玉斧

於英國坎特伯里附近出土；西元前四〇〇〇年—西元前二〇〇〇年；
高二十一・二公分、橫長八・二二公分、厚一・九公分。

在歷史的多數時刻，住在英國就像處在世界邊緣，但這不代表英國與世隔絕。我們已經探索過五千年前的城邦與國家如何沿著世界上的幾條大河，在埃及、美索不達米亞、巴基斯坦和印度建立與發展。這些地方的領導和建築風格、文字和國際貿易網路，讓他們能夠學習新的技巧，利用新的材料。

但大河流域以外的世界，情形卻不同。從中國到英國，人類繼續過著小規模的農耕社會生活，沒有新興的大都市中心帶來的問題或機會。他們與大河居民共有的，是對外國奢侈品的喜好。長久以來，拜行之已久的貿易路線所賜，連位處歐亞大陸板塊極外緣的英國居民，都能得到想要的東西。

大約西元前四千年，坎特伯里（按：位於英格蘭東南部）居民最想要的東西，是一種磨光的玉斧。乍看之下，這支玉斧跟大英博物館收藏的幾千隻石斧極為相似，不過這支玉斧比大多數的石斧都薄、也較寬，看起來幾乎是全新的，而且還很鋒利。這支玉斧的形狀像淚滴，高約二十一公分，底部寬度約八公分，摸起來清涼、平滑，讓人覺得很舒服。

本書一開始時已經大略提到，斧頭在人類的故事中占有特殊地位。近東（按：現被納入定義更廣的中東）的農業革命花了好幾代的時間傳入整個歐洲大陸，最後在六千年前左右，移民者乘著用獸皮包覆的小船，帶著作物種子和家畜，抵達英國和愛爾蘭海岸。他們發現這裡密林遍布，石斧可以用來清出空地，讓他們播種和放牧家畜。這群移民用斧頭為自己打造新的木造天地：他們砍倒樹木，搭蓋籬笆、闢建小路、興建房舍和製造小船。他們應該也是第一批建造紀念碑（如最早的史前巨石陣）的人。石斧是革命性的工具，讓我們的遠祖可以在英格蘭開闢出綠意盎然的土地。

這種斧頭通常都有斧柄，也就是裝上長長的木柄，像今天的斧頭一樣使用。但是我們很清楚，這支斧頭根本沒有裝斧柄，事實上，這把斧頭毫無磨損的跡象，要是我用手指小心撫摸斧刃，甚至觸摸不到任何細微的缺損。它長而平坦的表面異常平滑，依舊發出閃亮、類似鏡面的光澤。

結論再明顯也不過了：這把斧頭沒有人用過，當時的人打造這把斧頭，根本不是要拿來使用，而是拿來欣賞的。英國約克大學教授馬克．艾德蒙茲（Mark Edmonds）說明古人如何打造這麼華麗、名貴的東西：

如果你有幸觸摸這種斧頭，用手感受它的平衡、重量和光滑，就會知道石斧經過高度磨光。要讓石斧發出這種光澤，得用石頭磨了不知多少小時，再用細砂或泥沙混水去磨光，再放在手裡來回摩擦，這時可能會添加油脂和樹葉。這樣又不知道用掉多少個工作天，斧刃因此變得很鋒利，尖端很有彈性。但磨光也能強調形狀、控制狀態，讓斧頭發出玉石特有、綠黑相間的色澤，讓人一眼就能辨識出來，在視覺上非常引人注目。對這把斧頭來說，這些視覺享受可能和斧刃的鋒利度一樣重要。

然而，這把斧頭最振奮人心的，不是它的做工，而是它的材質。它沒有英國常見石頭和燧石的灰褐色調，反而呈現十分漂亮的綠色，這是一把「玉」做的斧頭。

對英國人來說，一想到玉就會把它當成遠東或中美洲的外國產物，中國和中美洲文明都認為玉比黃金更珍貴，這些產地離英國有好幾千英里遠，因此多年來，考古學家都不知道歐洲的玉產自何處。但歐洲確實有產玉，二〇〇三年，距今不過幾年前，在玉斧完成大約六千年後，終於有人發現這種寶貴玉石的正確產地，是在義大利。

考古學家佩特瑞坤（Petrequin）夫婦花了十二年時間，辛苦調查和探索義大利阿爾卑斯山脈和北部的亞平寧山脈，終於發現一處史前採玉場，這柄玉斧所用的材料就是從那裡來的。皮耶．佩特瑞坤（Pierre Petrequin）說明他們的探索經過：

我們在巴布亞新幾內亞考察過，得知那裡的玉材產自高山，因而得到靈感，爬到阿爾卑斯山脈的高處，希望找到歐洲玉石的產地。一九七〇年代，很多地質學家都說玉匠應該只會利用河流和冰河從高山上沖刷下來的玉石塊，但實際情形並非如此。我們爬上更高的地方，在海拔一千八百到二千四百公尺處發現砍劈石材的場地，也發現玉石的確實來源，那裡仍有人類使用過的痕跡。

例如，有一些體積很大、單獨擺放的石材，明顯可以看出有人在此火燒石頭，好讓工匠敲下大片石塊、進行加工。因此石塊上略為凹陷的地方，實際上是疤痕，下方還有大量碎塊。

每一塊玉的地質特徵，都可以精確辨識和比對。佩特瑞坤夫婦不但發現大英博物館的玉斧和義大利阿爾卑斯山脈有關，也發現玉石的地質特徵數據極為精確，可以確認玉斧所用石材，是從哪一塊大石頭上敲下來的。同樣驚人的是，皮耶．佩特瑞坤也能查明這把玉斧同類產品──英國多賽特郡（Dorset，位於英格蘭西南部）出土的另一件漂亮玉器──的地質學特徵：

坎特伯里玉斧和多賽特郡出土的玉斧，取自同樣的岩塊，人類顯然是在不同的時間，可能相隔好幾百年，來到這塊岩塊上採石，但因為玉石的獨特成分，我們現在可以說……不錯，是同一塊……都是從舊岩塊中鑿下來的！

大英博物館玉斧所用的石材，是六千年前從這塊岩塊上鑿下來的，今天這塊岩塊仍然高聳在山上，偶爾會高出雲端，我們極目所見，可以看到壯麗的景色。採玉人似乎刻意選擇這個特別的地方──他們原本可以輕鬆的採集山腳下散落的玉石，卻爬上雲端採玉，這或許是因為，他們認為這是從俗世與神明、祖先所屬的天界中間地帶採玉，覺得這塊玉石具有特殊力量，而對之特別慎重、恭敬。

石匠、採石工人採下玉石原石後，必須把石材辛苦搬下山，運到能夠加工的地方。這段旅途艱巨而漫長，要靠腳力和小船協助。但是大家想要的這種大石塊，卻是在大約二百公里外的地方發現的，這段跋涉的路程是驚人的成就。有些石材甚至必須搬動更遠的距離，義大利阿爾卑斯山脈的玉石流傳到整個歐洲北部，有些甚至在斯堪地那維亞半島落腳。

這把玉斧所經歷的特殊旅程只能透過推測，但我們的推測是有根據的。玉的質地非常堅硬、很難加工，因此塑造玉器的形狀必須花費極大的功夫。這把玉斧最先可能是在義大利北部粗雕，然後搬運千百英里、橫跨歐洲，送到法國西北部，或許在那裡打磨。會這麼推測，是因為這把玉斧和法國不列塔尼（Brittany）南部發現的幾把斧頭很像，加上那裡似乎流行擁有玉器這種奇珍異寶。不列塔尼的居民甚至在龐大石墓的牆壁上裝飾著斧頭的浮雕，艾德蒙茲教授談到其中的含意時說：

> 斧頭除了實用功能，還有更進一步的意義，這種意義來自玉斧在什麼地方發現、從誰手上取得、在何時何地製作等依附著它們而出現的故事。
>
> 有時候，斧頭是工具，在攜帶與使用的過程中被遺忘了；有時候，斧頭是崇高的重要象徵，用來提醒我們一些更遼闊世界的故事；有時候，你得拿斧頭去換東西，對方可能是鄰居、盟友或吵架的對象；斧頭也可能用在一些特殊狀況，如追悼死者或其他必須用斧頭才能應付的情形。斧頭必須像屍體一樣分解，或像屍體一樣埋起來。在英國，被這樣處理的斧頭即使沒找

到上千支、至少也有上百把：埋進墳墓、藏在舉行慶典儀式的場地，甚至丟到河裡面。

本章的玉斧沒有磨損跡象，一定是因為主人並不準備用這把斧頭。這把斧頭的製作目的不是用來砍伐山林，而是當成社會地位的銘記，發揮令人愉快的美感功能。斧頭能以這麼完好的狀況保存至今，表示六千年前的人類和今天的我們，都認為這把斧頭確實很美。我們對奇珍異寶的喜愛確實其來有自。

▼管理一個城市的最有力武器

15 早期的寫字板

泥板，發現於伊拉克南部；西元前三一〇〇年—西元前三〇〇〇年；長九・四公分、寬六・八公分、厚二・三公分。

想像一下，一個沒有任何文字的世界，會是什麼樣子？你當然不必填寫一堆表格，例如繳稅單；但也不會有文學、先進的科學和歷史了。事實上，我們根本無法想像這種世界。不論是現代生活還是現代政府，幾乎都建立在文字的基礎上。

人類所有的重大發展中，文字確實是非常重要的一環；我們甚至可以說，文字對人類社會演進的影響，遠勝過其他任何發明。問題是，文字是在何時、何地、以何種方式出現的？我們所知最早的文字範例，是大約五千年前，一座美索不達米亞城邦製作的泥板——製作烏爾旗（見第十二章）的人，也留下了最早的文字範例。

本章介紹的寫字板，上頭肯定不是偉大的文學作品，而是啤酒與官僚制度誕生的相關內容。文字刻在一塊小泥板上，泥板出土自今天的伊拉克南部，尺寸約是九公分乘七公分，形狀大小有如今天的電腦滑鼠。

我們可能認為泥土不是理想的書寫工具，但幼發拉底河與底格里斯河畔的泥土已證實非

常寶貴，能用於各種用途，從興建城邦到製造陶器，甚至包括製作這塊表面能快速書寫的寫字板。從史學家的角度來看，泥土最大的優勢就是能長久保持良好狀態，不像中國用來書寫的竹簡容易腐化，也不像紙張容易遭受破壞，經過日晒的泥板在乾燥的土壤中可以保存好幾千年，這就是我們至今還能讀到這些泥板的原因。大英博物館收藏了將近十三萬片從美索不達米亞出土的寫字板，並有世界各地的學者來到這裡研究這批收藏。

專家還在努力研究美索不達米亞早期的文字歷史，但已經能從這種烤乾的長方形泥塊中，看出幾點明顯的事實：你能清楚看出蘆葦尖筆在柔軟的泥塊上壓出的記號，泥塊烤硬後呈現漂亮的橘黃色。如果輕敲泥板，你可以聽到泥板發出非常堅固的聲音，這就是泥板能留存下來的原因。但即使是烤過的泥板也不可能永久保存，萬一曝露在溼氣中更是如此。大英博物館的重要工作之一，就是必須經常用特殊的窯爐重新烤過這些泥板，讓泥板的表面維持堅固，才能保存刻在泥板上的資訊。

這塊記錄啤酒配給量的寫字板分成三行，每行四格，每個格子裡刻有當時使用的代表符號。閱讀每一格符號時，要從上到下、由右到左，然後再看下一格。這些符號是象形文字，也就是畫出該物品、或是與該物品相關的圖案，因此啤酒的符號是尖底直豎的罈子，是當時實際用來儲放啤酒配給量的容器。「配給量」這個詞是一顆人頭的形狀、加上一個似乎是用來喝酒的碗來表示；每個格子裡的符號都附加了圓形和半圓形的符號，用以記錄配給量。

你可以說這種紀錄嚴格來說不能算是真正的文字，比較像是幫助記憶、承載各種複雜訊息的符號集。文字真正的重大突破，出現在首次有人了解圖畫般的符號，如泥板上代表啤酒的符號，不但可以用來表示圖案的形狀所代表的事物，也可以用來表示跟圖案同音的事物。當文字變成表音符號後，就能帶來各種新溝通方式的可能性。

大約五千年前，世界最早期的城邦與國家，在富饒的大河流域中開始茁壯，該如何管理這樣的新社會，是領導者的重要工作。要用什麼方法，將自己的意志不只加諸於幾百位村民、而是幾萬個城邦居民呢？幾乎所有的新統治者都發現，除了武裝力量跟官方的意識型態，如果要控制這種規模的人口，必須把事情寫下來。

我們往往認為文字跟詩歌、小說或歷史等我們稱為文學的事情比較有關；但早期的文學事實上是透過口述流傳下來的，透過記憶、再用朗誦或吟唱方式表達。真正寫下來的是無法記憶、不能變成韻文朗誦的事物，因此，幾乎各地的早期文字都與紀錄和計算有關，或是像這塊寫字板一樣、用來記錄啤酒的配給量。

啤酒是美索不達米亞的主要飲料，分配給工人飲用。金錢、法律、貿易、就業等，才是早期文字記錄的內容，而就是像這塊寫字板上的這類文字，最終改變了國家控制與國家權力的本質。要到後來，文字的用途才會從記錄配給量變成發抒情感，換句話說，會計人員遠比詩人更早利用這種寫字板。寫字板徹頭徹尾是官僚制度的事物，我請教英國文官首長古斯．奧唐納（Gus O' Donnell）爵士的看法，他說：

這塊寫字板是最早的文字紀錄，它同時也透露了早期國家興起與茁壯的故事。你必須設立文官部門記錄正在進行的事務。這塊泥板很明顯是記錄國家發給幾位工人完成工作的報酬。他們需要記錄政府開支、需要知道發出去多少錢——他們需要秉公處理。

西元前三千年，美索不達米亞各個城邦國家的統治者，發現如何利用文字記錄各種日常行政、維持大型廟宇的運作，或查核商品的流向和存量。大英博物館收藏的早期泥板，大多像這塊泥板一樣，出土於現代巴格達到巴斯拉（Basra）約一半路途上的烏魯克（Uruk）市，烏魯克是美索不達米亞的大型富庶城邦，當時因為發展得太大、太複雜，無法單靠口語來統治。奧唐納解釋：

這是一個經濟尚處在最初階段的社會，沒有鈔票或錢幣，要如何避開這種問題？泥板上的記號告訴我們，他們用啤酒來付錢。這裡沒有資產流動的危機，因此他們想出不同的方法來解決沒有貨幣的問題，同時找出讓國家如常運作的辦法。你可以看出，隨著社會的發展，這件事變得越來越重要。查核與記錄的能力——知道你花了多少錢、換來什麼東西——是現代國家的關鍵要素，此時已經出現了。對我來說，這塊寫字板的重要性，好比世上第一本內閣祕書長的筆記本。

當文字開始全面發展，並以表音符號取代了象形功能，當時抄寫員的生活一定非常刺激。新的表音符號的創造過程可能相當快速，而且肯定會隨著符號的發展被記錄下來，這可說是最早的字典了。這為文字、事物和兩者之間的關係開啟了分類、並持續下去的求知過程。我們這塊記錄啤酒配給量的小小寫字板，用直接而快速的方式，讓我們以相當不同的方式思考自己和周圍的世界。

加州大學柏克萊分校哲學教授約翰．瑟爾（John Searle）說明文字成為文化的一部分時，人腦會出現什麼變化：

> 文字對於創造我們認定的人類文明至為重要，文字具有我們甚至不知道的創造能力。我覺得，如果你認為文字只是把資訊保留到未來的工具，你就完全不了解文字所引發革命的重要性。文字對人類的整個歷史，帶來了兩點絕對決定性的影響。
>
> 第一是複雜的思想，當你只能利用口語時，能做的事情會受到限制，例如不能進行較高階的數學運算，或形式比較複雜的哲學論證，除非你能夠找到記錄和查看的方法。因此，認為文字只是為未來記錄過去、現在事實的方法並不正確，事實上，文字具有極大的創造力。
>
> 但是，文字還有第二個同樣重要的特質：你用文字書寫時，不只是記錄已經存在的東西，還創造包括金錢、企業、政府、複雜社會形式之類的新實體，文字對所有這一切都至為重要。

文字似乎在美索不達米亞、埃及、中國和中美洲等這些人口不斷孳生的地區，各自獨立出現，但哪一個民族最先有文字的問題，卻引發激烈的辯論和對立。看來目前是美索不達米亞人領先，只不過這點可能只是因為他們的證據——泥板——能留存下來的關係。

我們看到埃及和美索不達米亞的統治者起初借用武力，設法脅迫、控制人口更多的新城邦居民，但他們發現，文字是更有力的社會控制武器，連蘆葦筆都變得比刀劍更有力。

第 4 篇

科學與文學的起源

西元前兩千年～西元前七百年

世界各地相繼興起的城邦與國家，帶來了許多重大成果，包括世界最早的書寫文獻出現，及科學與數學知識的發展。早期的城邦與國家並非孤立的存在，它們透過海路與陸路廣大的貿易網路互相交流。儘管如此，當時多數的人口還是散居各地，但他們製作出許多精美的文物，尤其是青銅與黃金製品，這些材料可以長久保存。許多文物顯然是為了向臣民、訪客展示權力而製作的，也可能是為了讓後世子孫留下深刻的印象。

▼一篇史詩，證明東西方起源相同

16 大洪水記錄板

刻有文字的泥板，出自伊拉克北部摩蘇爾（Mosul）附近的尼尼微古城；西元前七〇〇年—西元前六〇〇年；高十五公分、寬十三公分、厚三公分。

《聖經》裡諾亞方舟和大洪水的故事早已融入英語當中，任何一個英國孩童都能告訴你，當時動物是一對一對登上方舟的；但對許多其他社會來說，大洪水發生的時間遠早於《聖經》的年代，因而出現一個大哉問：我們現在知道大洪水，是因為以前有人把這件事寫下來；不過，人類是何時開始想把事情記錄下來的呢？

倫敦布倫斯伯里區（Bloomsbury）的居民經常走進大英博物館隨意逛逛，大約一百四十多年前，有一位名叫喬治．史密斯（George Smith）的居民常常利用午餐後的休息時間造訪博物館，他在離博物館不遠的印刷廠裡當學徒，迷上了博物館裡的美索不達米亞古代泥板，著迷到自修學會解讀上面的楔形文字，甚至成為當代重要的楔形文字學者。一八七二年，史密斯研究了一塊從尼尼微（Nineveh，今伊拉克）出土的泥板，這塊泥板就是本章的主角。

大英博物館收藏了大約十三萬片美索不達米亞泥板，陳列這些泥板的展廳放滿了從地板頂到天花板的架子，每個架子上都有一個狹長的木盤，盤子上最多放置十二塊泥板，大部分泥板都已是碎片。

一八七二年，有一塊泥板引起史密斯的注意。這塊泥板高約十五公分，是用深褐色泥土做的，上頭密密麻麻寫滿了分成兩欄的文字，遠遠看去，有點像舊式報紙的小廣告專欄。泥板原本應該是長方形的，但有些地方已經隨著歲月而剝落。

後來，史密斯破解了泥板上的文字，上頭的訊息撼動了《聖經・舊約》中一個偉大故事的基礎，使大家開始質疑《聖經》經文的真實性。

泥板上的內容與洪水有關：一名男性聽從了神的指示，造了一艘船，送家人和動物上船，因為即將發生會消滅地表所有人類的大洪水。史密斯覺得這則故事很像諾亞方舟，最重要的是，這個古老神話的時間比諾亞方舟還要早。以下是《聖經》提及諾亞方舟的片段（見〈創世紀〉六章十四節到七章四節）：

> 你要造一隻方舟……凡有血有肉的活物，每樣兩個，一公一母，你要帶進方舟……我要降雨在地上四十晝夜，把我所造的各種活物都從地上除滅。

再看看以下這段敘述，這是史密斯從泥板上看到的：

> 拆毀房子，造一艘船！丟掉財富，追求活命。拋棄財產，拯救生命。把所有生物的種子帶上船！你要建造的船尺寸必須完全相同：長度和寬度必須相同。船上要蓋屋頂，就像下方的海

洋，神會降下大量的雨。

希伯來文寫成的《聖經》故事，居然早就出現在美索不達米亞的泥板上，這項發現實在驚人。我們從當時的紀錄可以看出，史密斯很明白這一點：

史密斯拿著泥板，開始閱讀上面的文句，這些文句是管理員清理泥板後才顯露出來的。當他看到文句所描寫的傳奇故事時，說：「我是兩千年來第一個讀到這個故事的人！」他把泥板安放在桌上，在展廳裡興奮的又跳又跑；讓在場的人更吃驚的是，他開始脫衣服！

這項發現的確值得你我脫衣慶祝。這塊現在通稱為「大洪水記錄板」的泥板，書寫於西元前七世紀的伊拉克，時間比現存最古老的《聖經》版本還早了四百年。我們是否能夠因此而認為，《聖經》裡的洪水故事根本不是神的奇異恩典，只是一則全中東都知道的普通傳奇？

這是十九世紀徹底改寫世界史的重要時刻。史密斯出版這塊泥板的文字紀錄時，只比達爾文出版《物種起源》（*On the Origin of Species*）晚了十二年。這麼做形同打開了宗教上的潘朵拉盒子，哥倫比亞大學的比較文學教授大衛．丹羅西（David Damrosch）評估洪水記錄板造成的驚人衝擊時指出：

一八七〇年代的人對《聖經》歷史深感困惑，《聖經》內容的真假引發極多的爭論。因此，當史密斯發現這個大洪水的古老版本，顯然遠比《聖經》版本更古老時，立刻造成轟動。當時全球各大報都以頭版大篇幅報導了英國首相葛萊斯頓（W. E. Gladstone）前來聽史密斯演說新發現一事，其中包括《紐約時報》在內。《紐約時報》還指出，這塊泥板可以朝兩個不同的方向解讀——它到底是證明了《聖經》的真實性？還是顯示《聖經》只是傳說？史密斯的發現導致質疑《聖經》歷史真實性的爭論越演越烈，也為達爾文、進化論和地質學的爭論增添了更多火藥。

如果發現你所閱讀的宗教經典源自不同信仰、年代更悠久的社會時，你會作何感想？我請教英國首席猶太教士約納山·沙克斯（Jonathan Sacks）爵士這個問題，他回答：

> 這兩則故事中顯然有一個核心事件，就是大洪水，這可能是該地區所有人共有的記憶。不過，較古老的洪水故事版本提到：控制自然界絕大力量的神祇很不喜歡人類，但認為人類「或許是可以矯正的」；而《聖經》重述這個故事時，卻用了獨一無二的方式來說：上帝之所以引發洪水，是因為世上充滿了暴力，使得這個故事變得帶有道德教訓意味，這一點是《聖經》的安排。
>
> 這是從多神教變成一神教的澈底躍進：從很多力量、很多神祇互相競爭的天地，變成整個宇宙是單一理性創造意志力量所創造的世界，人類只崇拜一種力量，《聖經》也堅持這種力量必須公正、但是有時候帶有同理心。因此，我們越了解《聖經》反對什麼，就越能深入了解《聖經》。

不過，這塊洪水記錄板不光對宗教史很重要，也是文學史的重要文獻。它來自西元前七世紀，但我們現在知道大洪水故事還有另一種版本，比這塊泥板早了將近一千年，後來被說書人編進知名的世界文學第一部偉大史詩《吉爾伽美什史詩》（*Gilgamesh*）。

吉爾伽美什是一位英雄，他踏上追尋永生與自覺的偉大旅程，途中遇到妖魔與怪獸，但克服了所有的危險，最後就像所有的史詩英雄般，必須面對最艱巨的挑戰──他自己的本性和死亡的命運，史密斯的洪水記錄板恰是這個故事的第十一章。《吉爾伽美什史詩》具備了一切好故事所需的要素，同時也是文字故事的轉捩點。

在中東，文字的出現稍早於算數，其發明是為了方便官僚記錄，主要是記錄國家的運作實務；另一方面，故事通常以口傳或歌唱的形式流傳，而且必須透過背誦來學習。到了四千年前左右，開始有人寫下類似吉爾伽美什這樣的故事，作者因此得以塑造、修改和確認英雄內心深處的希望和恐懼──作者可以直接傳達他對故事的特殊觀點，以及他個人對故事的理解，故事也不會經常被別的說書人直接改編。文字的出現促使寫作從集體創作變成個人創作。

還有一件事同樣重要：文字版本可以翻譯，因此一個特別的故事可以有好幾種語言的譯本，這樣的文學最後可能變成世界名著。丹羅西教授針對這一點，說出他的看法：

> 現在文學課程普遍把《吉爾伽美什史詩》列入必讀書目，這部史詩顯示了某種早期的全球化，是古代第一部廣泛流傳的世界文學作品。今天我們讀《吉爾伽美什史詩》時最棒的地方就是，如果我們回溯得夠久遠，就會發現中東和西方的文明之間沒有衝突。我們會發現《吉爾伽

美什史詩》是共同的文化起源，這部史詩的分支包括《荷馬史詩》、《一千零一夜》與《聖經》，我們的全球文化確實是由此一脈相承而來的。

藉著洪水記錄板所代表的《吉爾伽美什史詩》，文字的本質從記錄事實的工具，變成探究思想的工具。文字也改變了人類的本質：像《吉爾伽美什史詩》這樣的文學，不但能讓我們探索自己的思想，也能進駐他人的思想世

▼ 大洪水記錄板上，以溼泥刻寫出精美、細小的楔形文字。

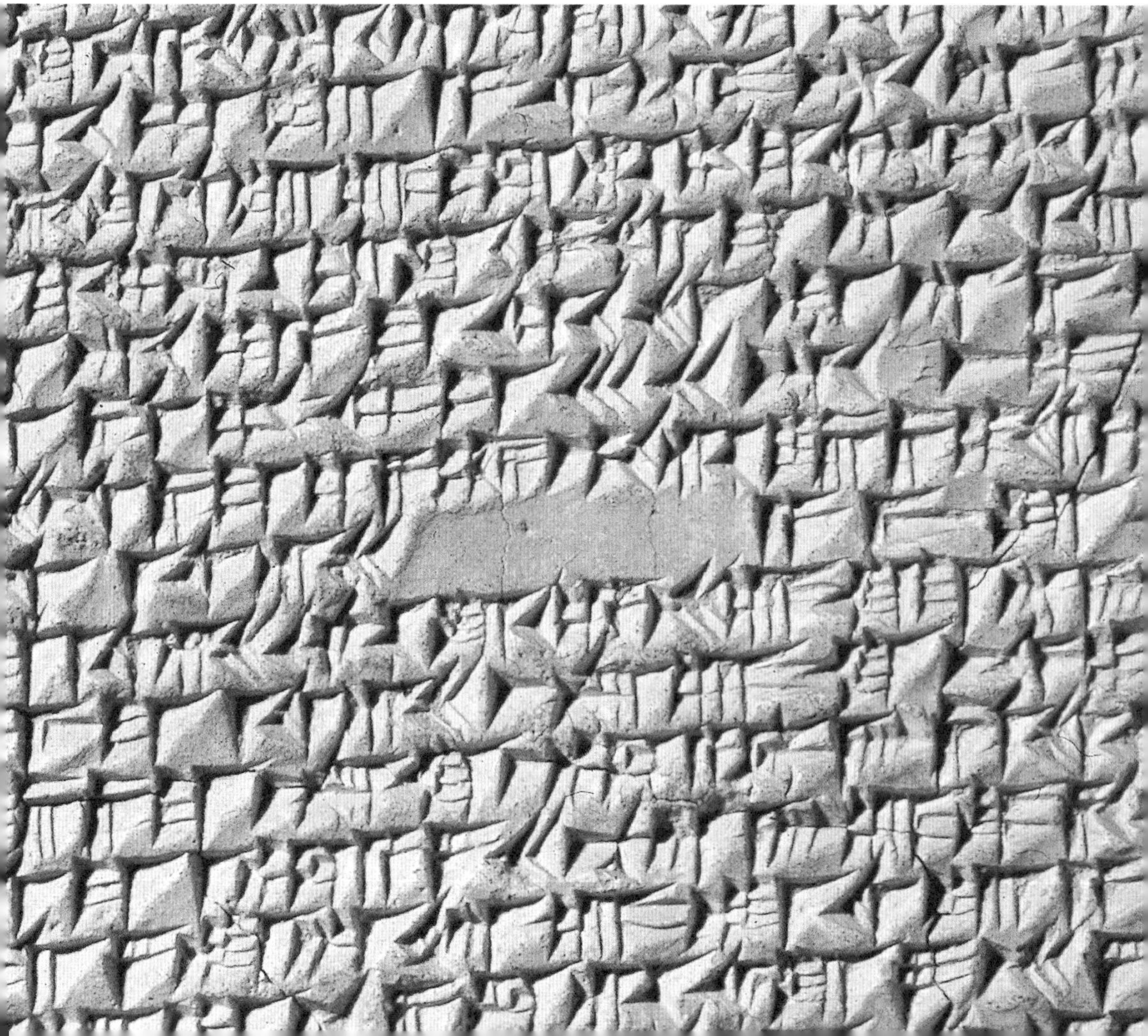

界。這點當然也是大英博物館的目標，事實上，我打算透過文物摸索出人類歷史的脈絡，這將提供我們其他生活方式的機會。

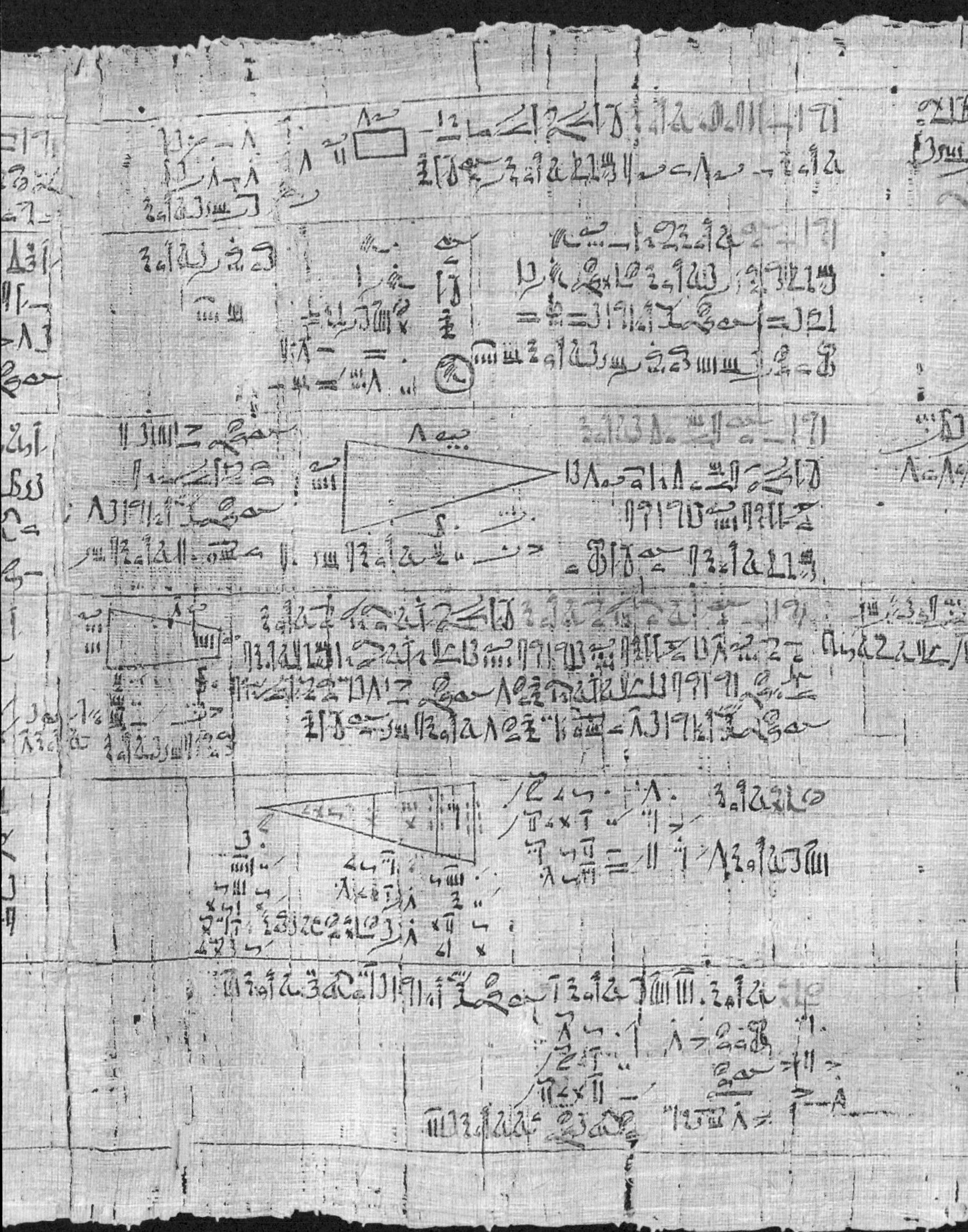

17 蘭德數學莎草紙書

莎草紙書，發現於埃及底比斯（盧克索附近）；約西元前一五五〇年；（大）長三十二公分、寬二百九十五．五公分；（小）長三十二公分、寬一百一十九．五公分。

七間屋子裡，每間屋子有七隻貓，每隻貓抓到七隻老鼠，每隻老鼠吃掉七穗玉米，每穗玉米拿來播種，會產出七加侖的穀物。把以上提到的東西數量全部加總後，請問一共是多少？

蘭德數學莎草紙書（Rhind Mathematical Papyrus）上記錄了幾十個類似的題目，這些題目一樣難解、也一樣仔細寫下解答和運算過程，像教科書一樣清楚。這是古埃及流傳下來最知名、以莎草紙記錄的數學文獻，也是我們了解埃及人如何思考數字的主要來源。

蘭德莎草紙書會讓我們覺得，數學不像一門需要不斷思索與運算的抽象學科，因為我們可以從中一窺、分享埃及行政官員日常會碰到的頭痛問題。

就像國家審計部的行政官員看起來總是憂心忡忡，熱切的想要確保每一分公帑都花在刀口上，因此莎草紙書上會有題目跟算式，能算出多少數量的穀物能做出多少加侖的啤酒或多少條麵包，或是你買的啤酒跟麵包有沒有摻假。

蘭德數學莎草紙書的一部分，說明如何計算三角形面積。▶

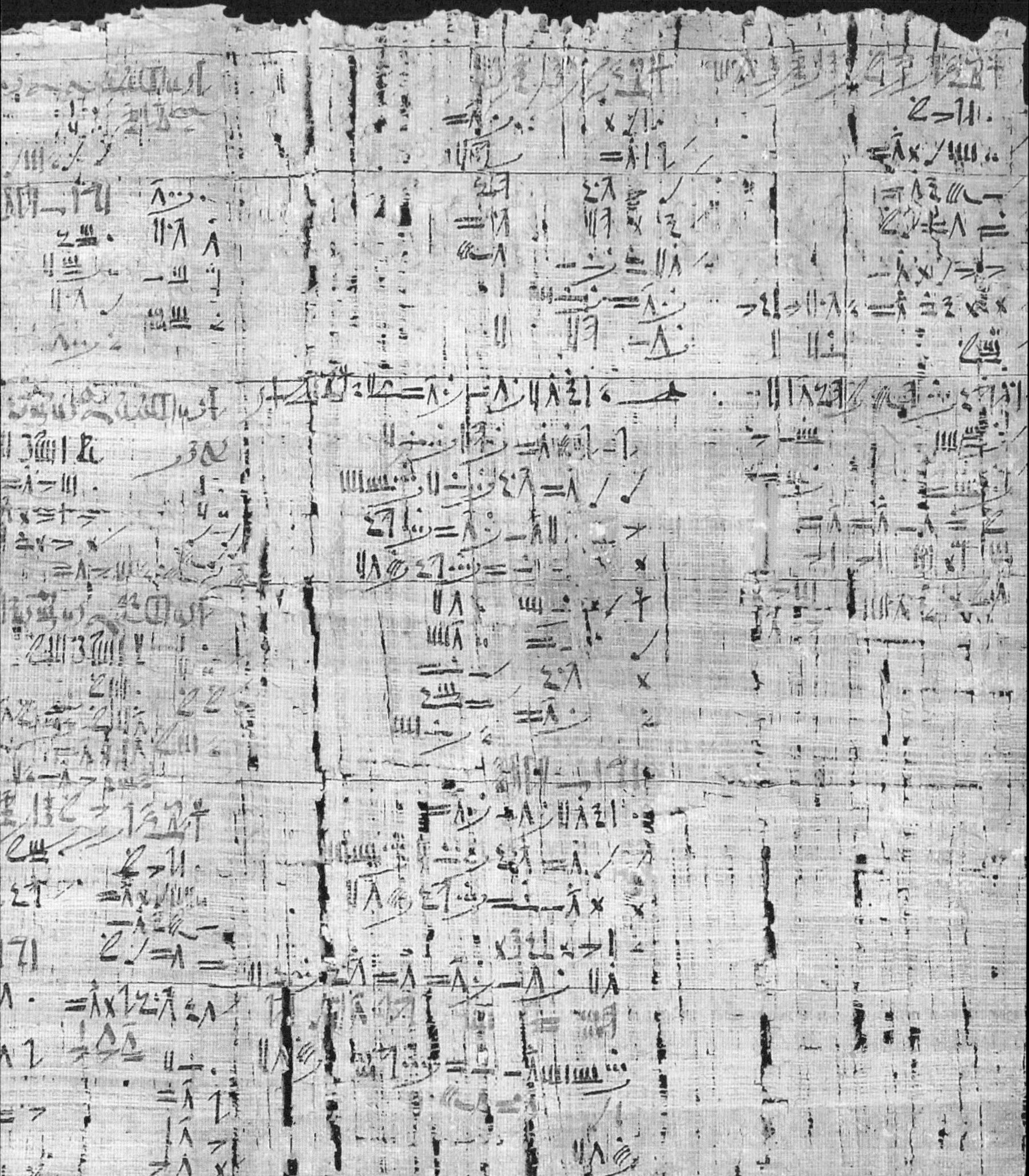

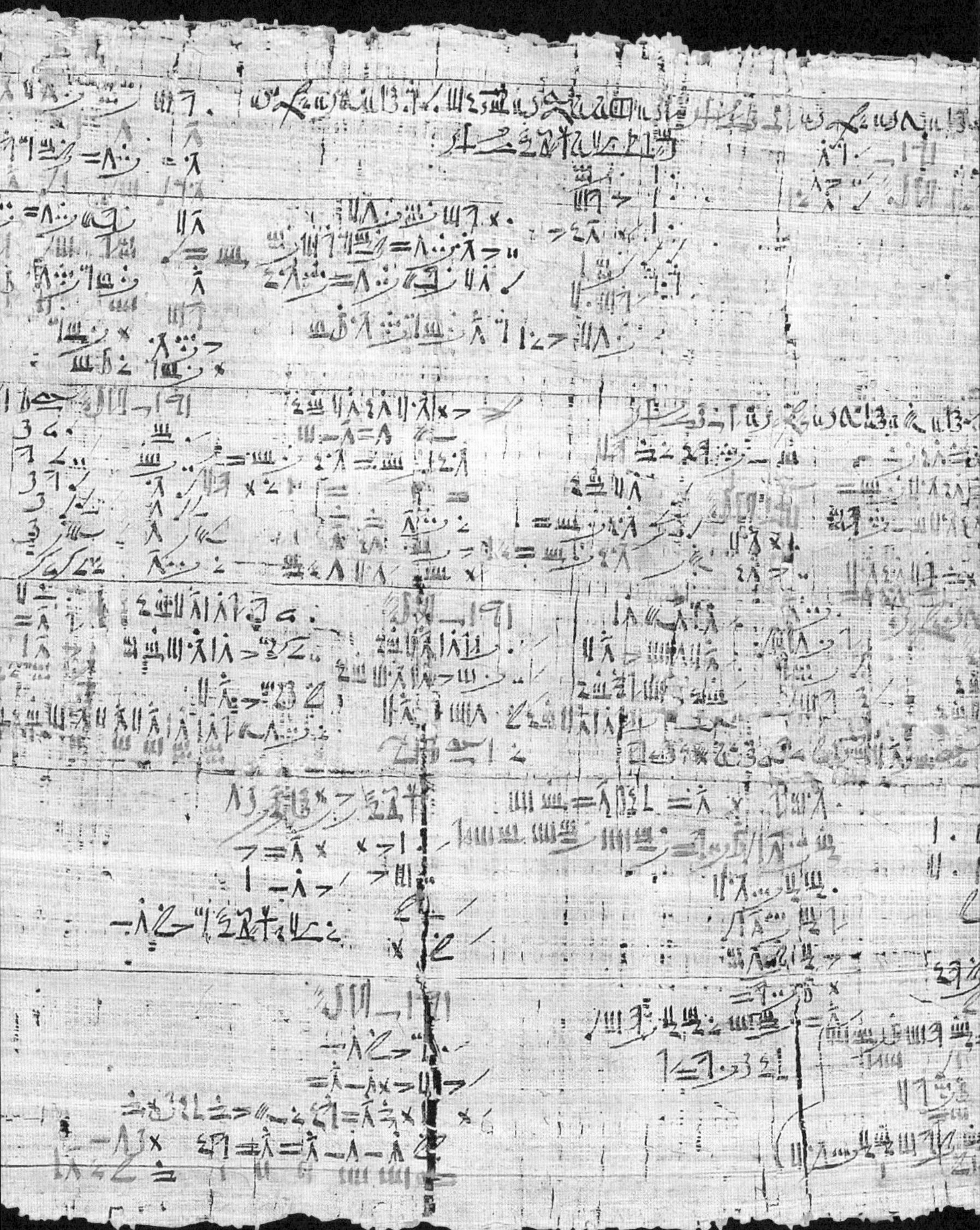

整卷蘭德數學莎草紙書上列了八十四個問題，都是在不同情況下，如何套用來解決各種行政問題的計算方法，例如怎麼算出金字塔的坡度，或是各類家禽需要多少食物。莎草紙書大多用黑色顏料書寫，但題目跟答案則用紅色來寫。（見跨頁）有趣的是，莎草紙書用的不是象形文字，而是用一種寫起來更快、也更簡單的行政速記符號。

這份莎草紙書取名為蘭德，和亞伯丁的律師亞歷山大・蘭德（Alexander Rhind）有關。一八五〇年代，他到埃及避寒，因為那裡的乾熱天氣有助於緩和他的結核病。他在盧克索買到這份莎草紙書，結果發現，這是我們所知全埃及、也是全世界最大的上古數學課本。

莎草紙對溼氣和光線極為敏感，因此被存放在大英博物館的莎草紙廳裡。那裡相當乾燥、悶熱，最重要的是夠暗，否則莎草紙在溼氣中會腐爛，在亮光中則容易褪色。這是我們在大英博物館裡所能營造最接近埃及古墓的狀況，符合莎草紙大部分時間都存放在古墓裡的特點。

這份莎草紙書原來的長度大約五公尺，通常捲成卷軸的樣子，今天這本莎草紙書分成三片，比較大的兩片藏在大英博物館，裝裱在玻璃下面，便於保存（第三片藏在紐約的布魯克林博物館）。它的高度大約三十公分，如果仔細看，可以看到植物纖維。

莎草紙的製造過程相當費工，卻很容易懂。莎草是蘆葦的一種，盛產於尼羅河三角洲，可以長到四・五公尺高左右。工人把這種植物的草心切成條狀，再浸泡、壓在一起，紙張就成形了。接著將紙張弄乾，再用石頭磨平。由於莎草的有機纖維不需要黏膠就會緊緊黏在一起，產生適合書寫的表面，因此後來莎草紙渡過地中海，一直到大約一千年前為止，都廣受歐洲人的喜愛。事實上，歐洲大部分語言中「紙」這個單字，字源都是莎草紙。

（跨頁）莎草紙書中有八十四道數學題目，以紅墨水表示題目或答案。▶

可是莎草紙很昂貴，一捲像蘭德莎草紙書一樣五公尺長的紙捲，要用兩個銅德本（deben，埃及當時沒有貨幣，而是用固定重量的金銀銅作為交換物品的基準，一個德本約合九十一公克）才能買到，等於是買一頭小山羊的價格，因此有錢人才買得起莎草紙。

為什麼要花這麼多錢，買一本滿是數學難題的書？我認為原因是擁有這本莎草紙書，算是對個人職涯很好的一項投資，好比說有利於在政府體系謀個一官半職。古埃及已經是複雜的社會，需要能夠監督建築工程、安排付款、管理食物供應、運籌部隊調動、計算尼羅河洪水水位等的人才。簡單來說，就是想要成為埃及法老手下的抄寫員，必須能證明自己的數學能力。就像當時的人說的：

> 這樣你才有資格打開金庫和穀倉，才能從穀物運輸船或穀倉的入口領走穀物，才能在舉辦盛宴的日子裡，算出需要多少供奉神祇的祭品。

蘭德莎草紙書裡包括了所有須知，可說是西元前一五五〇年前後埃及公務員的應試寶典。就像今天保證你迅速功成名就的自助教材，這本書在封面上利用了紅色大字，寫著一個大膽的書名：

> 正確的計算高招：掌握所有含意、通曉一切難題與祕密。

換句話說，這本書的書名就像在對你說：「我是數學應試寶典，買下我，你就可以坐享榮華富貴。」

埃及人的計算能力在這類蘭德莎草紙書的訓練下，廣受古代世界推崇，例如柏拉圖就曾大力鼓勵希臘人效仿埃及人，他認為：

> 埃及教師利用算術的規則與練習，教出好學生，讓他們準備擔當統帥、領導軍隊、推動軍事遠征的重責大任，並把所有學生教成對自己和別人更有用、擁有極為廣泛知識的人。

但如果大家同意這種訓練比較像在製造令人敬畏的「國家機器」，那麼希臘人到底向埃及人學了什麼，還有待辯論。問題在於，流傳至今的埃及數學文獻非常少，很多文獻已經腐爛。因此，雖然我們假設埃及曾經有過蓬勃發展的高等數學，卻苦無證據。萊斯特大學（University of Leicester）教授克里夫・李克斯（Clive Rix）強調蘭德莎草紙書的重要性：

> 傳統觀點一直認為，希臘人的幾何學是向埃及人學來的。希羅多德（Herodotus）、柏拉圖和亞里斯多德等希臘作家，都提過埃及人高明的幾何解題學技巧。
>
> 如果沒有這本蘭德數學莎草紙書，我們對埃及人數學發展的了解其實很少。代數就是我們現在說的線性代數和直線方程式，埃及人有一些我們所說的等差級數，這種東西稍微高深一點；幾何學則是非常基礎的數學。這卷莎草紙書的原始抄寫人亞摩斯（Ahmose）告訴我們怎麼

計算圓的面積、三角形的面積。裡頭沒有什麼東西會難倒一般學過中學數學的學生，大部分問題的難度都比這種水準還要低。

但這沒有什麼好奇怪的，因為會拿起蘭德數學莎草紙書來讀的人，本意就不是想當數學家。他們只需要具備一定的數學知識，足以處理困難的實務問題就夠了，例如怎麼平均分配給工人的食物，假設一年有十加侖的動物油脂可以用，那一天可以分配多少？當時，十除以三百六十五這樣的問題，就跟現在一樣難算；但如果你要讓工人有穩定的精力補給來源，這個問題就變得很重要。劍橋大學古代數學專家艾蓮娜・羅森（Eleanor Robson）解釋：

每一個人寫數學習題的出發點，都是要學習成為能讀寫、會計算的主管、官僚或抄寫員，他們同時學習專門技巧和數字、重量與尺寸的管理，以協助宮廷和廟宇，管理他們龐大的經濟體系。其中一定發生過許多次與數學相關和解決問題的討論，例如怎麼管理金字塔和廟宇這種超大型的建築工程、怎麼管理工程所需要的眾多人力，和怎樣餵飽所有的工人。

比較高深的數學討論是如何進行、傳達的，後人只能猜測。流傳到我們手中的證據支離破碎得令人生氣，因為莎草紙很脆弱，很容易碎裂，在潮溼的環境下會腐爛，又很容易被火燒毀。我們甚至不知道蘭德莎草紙書是從哪裡來的，但是墳墓算是一個滿肯定的答案，因為我們曾發現私人圖書館和它主人一起埋葬的例子。

既然欠缺證據讓埃及的數學和鄰邦一較高下，就很難澈底了解西元前一千五百五十年前後，埃及的數學具有多大的代表性。羅森告訴我們：

我們能拿來和這本數學書比較的唯一證據，出自當時位在伊拉克南部的巴比倫，因為這兩國是當時唯二實際運用文字的文明。我敢說，當時很多生活在其他文明的人類，都會計算、會運用數字，但就我們所知，他們並沒有用文字記錄下來。不過我們對巴比倫人的了解比埃及人多很多，因為前者把事情寫在泥板上，泥板和莎草紙不同，即使放在地下幾千年，還能保持非常良好的狀態。相較之下，我們僅

▼「七間屋子，每間屋子裡有七隻貓……。」

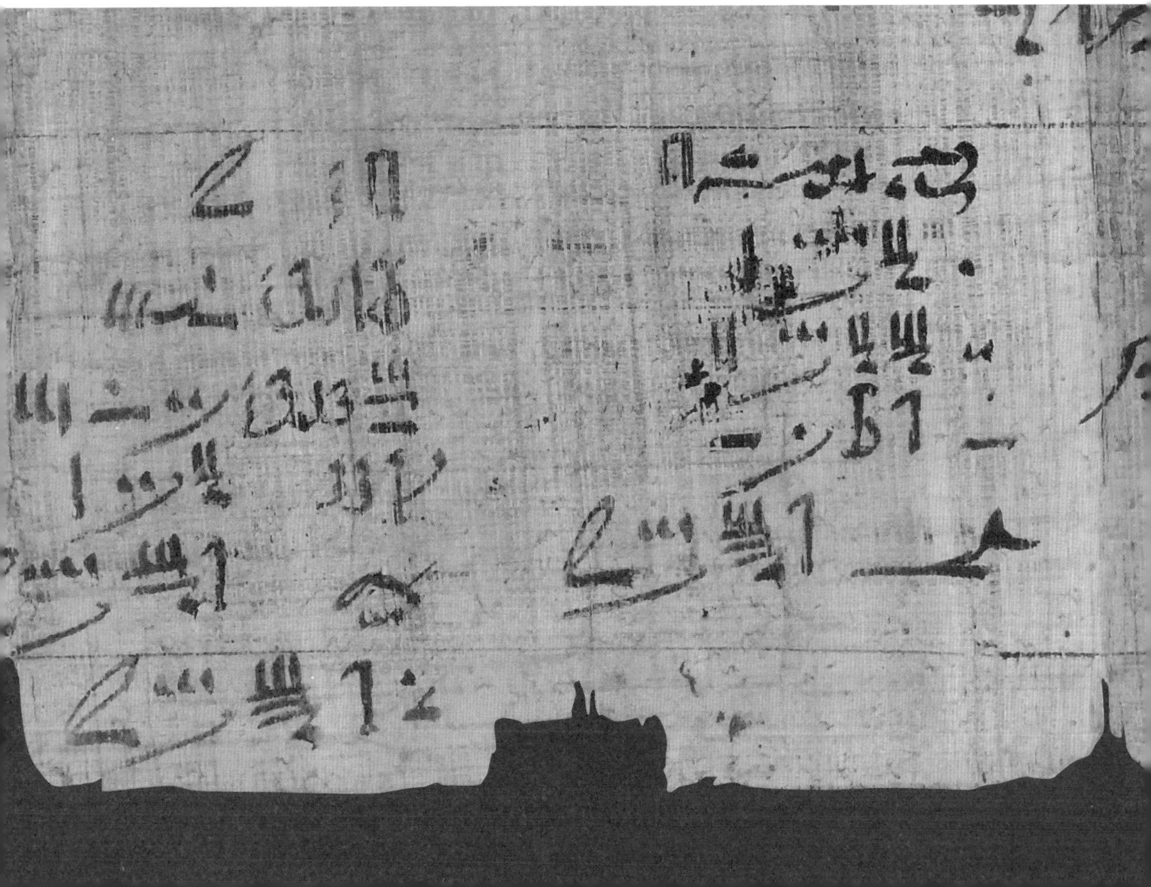

擁有大概六片、頂多十片和埃及數學有關的文字，蘭德莎草紙書是其中最大的。

對我來說，這本莎草紙書最值得注意的，是可以近距離觀察法老統治下奇怪的日常生活細節，尤其是飲食方面。我們從莎草紙書上得知：如果以「填鴨」的方法養鵝，需要的穀物是自由放養的五倍。這麼說來，埃及人是否吃鵝肝醬呢？古埃及似乎也採用欄舍式的飼養方法，因為書上告訴我們，把鵝關在籠子裡（應當是不能隨意走動）需要的食物只有自由放養的四分之一，因此從養肥到出售所需的成本應該會便宜許多。

從啤酒和麵包的記載和想像中的鵝肝醬，我們看出這個悠久而強大的國家具有後勤基本結構，能動員大量人力物力，進行公共工程和作戰。對當時的人來說，法老統治的埃及是天朝上國，建築和雕像的規模極為龐大，讓所有中東的訪客嘆為觀止，即使今天的我們也一樣。埃及就像當時和現在所有成功的國家一樣，需要能夠運算數學的人。

如果你還在思考本章一開始的貓、老鼠和玉米穗的問題，告訴你，答案是一萬九千六百零七（按：計算方法是 $7+7^2+7^3+7^4+7^5$）。

18 米諾斯跳牛飛人

公牛與特技演員銅像，發現於希臘克里特島；西元前一七〇〇年—西元前一四五〇年；高十一．一公分、寬四．七公分、長十五公分。

米諾斯（Minos）跳牛飛人是一尊小型的青銅雕像，樣子是一個人飛跳到公牛上方。這尊雕像是大英博物館米諾斯文物館的特藏品，出自地中海的克里特島，製作時間距今大約三千七百年前。

這隻公牛和飛人都是青銅做的，兩者加起來的寬度大約五公分，高度介於十到十三公分。公牛全力奔跑，四腳向外伸展、頭部昂起，飛人以極為優美的前空翻姿態，跳到公牛上方。

這個人很可能是個年輕小伙子，他抓著公牛的牛角、身體往上翻，因此我們可以看到他的身體完全拋在半空中。兩個弧形的雕像互相呼應，男性身體向外彎成弧形，對應著牛背向內彎的弧形，形成一尊既精美又充滿活力的雕像，立刻帶我們進入克里特島歷史的真實與神話中。

對我們而言，這尊雕像呈現「抓住牛角、制服公牛」的樣子，意思是：面對人生中重大的道德問題時，我們理應堅決面對、破除萬難。但考古學家的看法是：大約四千年前，這個文明似乎迷上了與公牛對立的想法和行動。他們為什麼這樣做，是這個位處歐亞非十字路口的社會諸多的祕密之一，這個社會在塑造我們今天所謂的「中東」上扮演重要的角色，也是荷馬用抒情文字描述的社會：

> 暗酒色的大海汪洋，聳立著克里特島之鄉，
> 富庶美麗的天堂，蔚藍海水擁抱四方；
> 眾多人口與城邦，用各種語言交談……
> 偉大的城邦克諾索斯雄踞一方；
> 米諾斯九歲登基為王，與強大的宙斯密切交往。

在希臘神話中，克里特島國王米諾斯和公牛的關係錯綜複雜。他的父母是眾神之王宙斯與美麗公主歐羅巴，宙斯為了誘惑歐羅巴，把自己變成公牛。同樣的，米諾斯的妻子後來對一頭非常漂亮的公牛，產生了不合常理的熱情，這種執迷的結果，就是生下牛頭人身的怪獸米諾托（Minotaur）。米諾斯對自己的怪獸兒子感到丟臉，因此把他關在地底的迷宮裡。

住在迷宮的米諾托每年都要吃雅典人進貢的童男童女，直到希臘英雄特修斯（Theseus）把他殺死為止。千百年來，特修斯和米諾托的故事——描述人先是隱藏、轉而對抗、殺掉自己身上怪獸的故事，透過古羅馬詩人維吉爾（Virgil，西元前七十年—西元前十九年）、奧維德（Ovid，西元前四十三年—西元十四年）、希臘作家布魯塔克（Plutarch，西元四十六年—西元一二五年）等人一再描述，是希臘神話、佛洛依德心理學和歐洲藝術中十分重要的一環。

這些故事讓考古學家十分著迷，一百多年前，亞瑟．伊凡斯（Arthur Evans）到克里特島探險，島上的公牛、怪獸、宮殿和迷宮深深縈繞在他的心頭，他決定在克諾索斯（Knossos）開挖。因此，我們雖然不知道西元前一千七百年左右、創造這種富裕文明的民族叫什麼名字，但伊凡斯認為他開挖的是米諾斯人的世界，從此以後，考古學家就稱這個民族為米諾斯人。

伊凡斯在大規模開挖時，發現了龐大複合式建築的遺跡，裡頭有陶器和珠寶、雕刻過的石印、象牙、黃金、青銅器，還有彩色壁畫，多以公牛為描繪對象。他希望運用大家熟悉的神話，解釋他的發現，也想知道公牛在克里特島的經濟和儀式生活中，扮演什麼角色，因此，他對在離克諾索斯有一段距離的地方發現的「米諾斯跳牛飛人」，特別感興趣。

一般認為，這件文物出自克里特島北海岸城市雷坦能（Rethymnon），最初很可能是放在山上的神廟或洞穴聖所中。在克里特島很多神聖的地點，經常發現這類文物，顯示牛在當地的宗教儀式中扮演重要角色。從伊凡斯以來，很多學者都試圖解釋這些圖像這麼重要的理由，他們不但想知道這代表什麼意義，更好奇當時的人是不是真的能辦得到。

伊凡斯認為這是崇拜母神的部分慶祝活動，許多學者不同意，但普遍都認為「跳躍過公牛」是宗教性的表演，可能包括把公牛獻祭，偶爾跳牛者甚至會死亡。這尊跳牛飛人裡的公牛和跳牛者，確實都在做非常危險的動作，畢竟這種運動今天在法國與西班牙的部分地區都還存在，我敢說，要跳到公牛上方，一定需要好幾個月的訓練。西班牙當代跳牛飛人賽吉歐．戴佳多（Sergio Delgado）解釋：

> 人和公牛像在玩一場遊戲，每次總是如此。只是你找不到學習跳牛的學校，要學，只能學著了解公牛、了解牠在競技場中會有什麼反應，你只能憑經驗得到這種知識。
>
> 有三種主要技巧要學習：第一種是「消滅牛的力量」（kidney cut，直譯為腎切）；第二種是「躲閃」；第三種是「跳躍」，主要是用各種不同的形式，跳到公牛身體上。
>
> 跳牛像鬥牛一樣，牛在比賽前不能受傷，也絕對不會死在競技場上；我也和鬥牛士一樣，冒著生命危險，經常遭到牛撞擊和戳刺。牛是無法預測的，牠是採取主動的一方，而我從未失去對牛的敬意。

許多學者都認為，這座小雕像製作時，克里特島的「跳牛」很可能具有宗教意義，連製作雕像所用的寶貴青銅，都代表奉獻給神祇的意義。這和延續到現代對牛的尊敬，形成了絕佳的呼應。

雕像大約在西元前一千七百年、考古學家所說青銅器時代中期製作，這時的金屬製造科技進步驚人，改變了人類塑造世界的能力。青銅是銅與錫的合金，不但堅硬許多，砍切的效果也比銅或黃金更佳。人類發現青銅後，大多拿來製造工具和武器，這段期間延續了一千多年。不過，青銅也可以用在非常精美的雕刻品上，因此經常用來製作帶有奉獻意味的寶貴物品。

大英博物館的公牛雕像是以脫蠟法（lost-wax casting，又稱失蠟法）製作的。工匠首先用蠟做出自己想像中的模型，接著在蠟模外面包覆泥土，再放進火裡，把泥土烤硬、蠟烤熔。下一步是讓熔化的蠟流掉，再將青銅合金倒進模子裡原來放蠟的地方，形成和蠟模同個樣子。等到合金冷卻後，再敲開模子、露出青銅，進行最後的加工、磨光、刻字或挫平，雕像就完成了。雖然跳牛飛人雕像已經腐蝕得很嚴重、變成綠褐色，不過它剛完成時一定非常精美。青銅當然不可能像黃金那樣閃閃發光，卻有一種非常吸引人的光澤。

製作這座發亮雕像的青銅，引領著這隻公牛從神話世界走進歷史天地。光是發現這座雕像用青銅製作的，就很令人驚訝，因為克里特島既不產銅、也沒有錫，也就是沒有製作青銅所需的原料。

這兩種原料都必須從很遠的地方運過來，銅來自西亞島國賽普勒斯（Cyprus，原意就是「銅島」），或地中海東岸。但錫的供應產地更遠，從土耳其東部、甚至可能從阿富汗沿著貿易路線運來，又因為強盜出沒，必經的貿易路線常被切斷，使錫的供應經常不足。

實際上，從這座雕像可以看出當時的人的確為了錫的供應不足很傷腦筋。青銅合金中的錫顯然不夠，這是雕像表面略顯坑坑洞洞，也是整個結構比較脆弱、牛的後腿斷掉的原因。

即使合金的比例不如理想，我們還是從外來的錫與銅出現在克里特島得知，當時的米諾斯人已經到處遷徙、從事航海貿易。的確，克里特島是東地中海龐大貿易與外交網路中的要角，經常進行以金屬為主的貿易，而且全靠海運進行。英國南安普頓大學（Southampton University）海運考古學家露西・卜露（Lucy Blue）博士進一步告訴我們：

克里特島米諾斯時代的這座青銅小雕像是很好的指標，證明青銅是一種重要商品，是整個東地中海地區迫切需要的材料。不幸的是，能證明這些貿易活動存在的沉船殘骸有限，其中一艘是在土耳其外海發現的烏魯布倫號（Uluburun）。烏魯布倫號裝載了十五噸貨物，其中九噸是銅錠。這艘船也載了很多其他貨物，包括波羅的海生產的琥珀、石榴、開心果和一大堆手工製品，包括青銅和黃金小雕像、不同材料做成的珠子，與大量工具與武器。

富裕的米諾斯文明如何進行這種貿易，還有很多謎團待解。伊凡斯用「宮殿」這個字眼，說明他認為挖出來的許多大型建築是王宮，但事實上比較像是宗教、政治與經濟中心，這些複雜的建築用來舉辦多種活動，其中一棟負責管理貿易與農產品、組織大量工匠織布，加工進口黃金、象牙和青銅。如果沒有這麼多技術工人，就不會有跳牛飛人雕像。

克諾索斯宮殿的壁畫裡有很多人聚集，顯示這些地方也是慶典和宗教的中心。儘管這裡已經開挖了一百多年，米諾斯文化仍是令人興奮的謎團，我們所知還是零碎得令人沮喪。類似這座青銅小雕像的文物，讓我們得以了解克里特島歷史中的一個相貌——它重要的金屬工藝技巧，在未來的幾百年將改變全世界。

此外，這座雕像也證明了神話中的克里特島具有永恆的魅力，是我們面臨最令人困擾的人獸關係的地方。一九二〇和一九三〇年代時，畢卡索希望找出改變歐洲政治本質的野性元素，他憑著直覺求助於米諾斯時代的克里特島宮殿、地下迷宮、人和公牛之間的衝突，以及至今困擾著我們所有人的……神話中和牛頭人身怪獸米諾托之間的戰爭。

▼三千六百年前的工藝，嘆為觀止

19 莫爾德黃金披肩

精美的黃金披肩，發現於英國威爾斯北部的莫爾德；西元前一九〇〇年—西元前一六〇〇年；高二十三．五公分、寬四十六．五公分、深二十八公分。

英國威爾斯的那群採石工一定認為，整件事像是當地的古老傳說成真。他們到布林尼爾愛利隆（Bryn-yr-Ellyllon）的一塊地開採石頭，這個地名的意思是仙女山丘或小妖精山丘。傳說天黑之後，月光下會出現一個鬼魅般男孩、穿著閃閃發亮金色衣服的幻像，這種傳聞次數太多，多到讓遊客天黑後不再靠近這個山丘。

採石工挖進一座大土丘後，發現一座襯著石頭的墳墓，墳墓裡有上百顆琥珀珠子、好多塊青銅碎片和一具骸骨。骸骨上包著一塊已經壓壞的神祕物品，是一大塊裝飾精美卻已經壓裂的純金破片。

這塊令人屏息的物品，是一件黃金披肩，更正確來說，可能是件短式黃金披風外套。我們這裡仍然稱它為披肩，它是金箔打造、用來包覆人的肩膀，寬約四十六公分、深大約三十公分，連頭穿戴，向下到肩膀，下緣大約可以到胸部的中央。

你仔細看就會發現，披肩是用一整片極薄的金箔打造而成的，它使用的金塊，大小和乒乓

球相當。從金箔的內部往外敲打所形成的整體效果，是不同形狀的珠串經過安排和逐層變化，從一邊的肩膀通到另一邊的肩膀，展現出環繞身體的樣子。你現在看著這件披肩時，一定會覺得披肩的做工極為繁複、樣子至為華麗，當時挖出披肩的採石工一定驚嘆不已。

一八三三年，採石工在布林尼爾愛利隆發現這件披肩。他們不受之前鬼魅傳說的影響，找到這件金光閃閃的財寶後，興奮得不得了，熱切的分配這些金箔的碎塊，讓這塊地的佃農得到最大塊。

整個故事很可能就此結束，因為一八三三年時，遠古墓葬的發現不論多麼奇特，能享有的法律保障並不多。墓葬位在莫爾德市（Mold）附近，離威爾斯北部海岸不遠，這樣的地點表示，外面的世界會繼續忽略這個墓葬的存在，但之所以沒有發生這種結果，要歸功當地教區牧師克勞（C.B. Clough）的好奇心，他寫了一篇關於這個發現的文章，引起遠在好幾百英里外的倫敦文物學會（Society of Antiquaries of London）的興趣。

採石工把這個墓葬的寶物分出去的三年後，大英博物館從那位佃農手中，買下第一片、也是最大的一片金箔。克勞牧師記錄的精美黃金文物，包括整個骨骸，幾乎都已經消失不見，只找到三大片、十二小片壓扁、壓平的碎片。大英博物館又花了一百年的時間，蒐集到夠多的殘片（有些到現在還找不到），才開始澈底重建這件四分五裂的寶物。

過去這些碎片做成什麼樣的東西？什麼時候做好的？穿戴它的是什麼樣的人？十九世紀考古學累積更多的發現後，答案開始明朗，莫爾德墓葬的時代可以追溯到大約四千年前，也就是最近才判定的銅器時代。

但是，我們一直要到一九六〇年代，才首度有能力把這些黃金碎片拼湊起來。文物維護人員所能掌握的東西，只有像紙一樣薄、已經壓平的碎金箔；有些碎片比較大、有些比較小，上面布滿裂縫、缺口和小洞，全部加起來的重量大約是半公斤。重建工作有如立體的拼圖，解決問題所需要的功夫，不亞於重新學習已經失傳好幾千年的古代金工技術。

我們不知道這件披肩是誰製作的，但知道他們擁有非常高超的技巧，好比一群銅器時代歐洲的卡地亞（Cartier）或蒂芙尼（Tiffany）工匠。什麼樣的社會能做出這樣的物品？從這件披肩十足華美和複雜的細節可以看出，它想必出自一個具有極多財富和權力的中心，這個地方或許媲美當時埃及法老的朝廷，或是米諾斯時代克里特島的宮廷。製作這麼複雜圖案，還需要細緻的構圖與規畫能力，表示這個地方擁有悠久的奢侈品製作傳統。

但考古學家發現指出，當時英國沒有任何明顯的宮殿、城市或王國存在，我們現在可以看到巨石陣、看到埃夫伯里（Avebury）同心圓巨石群之類龐大的儀式紀念碑，也可以找到幾百處石頭排成的圓環、幾千處墓葬堆構成的景觀。但供人居住的房子很少留存下來，從少數留下來的房子可以看出，當時的人住得極為簡樸，只是蓋了茅草屋頂的木屋，通常代表當地是由酋長領導的部落農耕社會。

過去大家常常認為，史前的英國社會是原始人聚居的地方，沒有可以辨識的文明。因為找到的定居地點很少，只有墓葬堆可以研究，有這樣的推論十分合理。但是近年來，一方面是因為發現莫爾德黃金披肩之類的罕見文物，我們已經用大不相同的眼光來看待這些社會。這件披肩雖然獨特而複雜，卻只是告訴我們，當時英國社會在製造和社會結構兩方面，一定已經非常進步。

這些文物就像第十四章坎特伯里發現的玉斧，告訴我們這個地區不是孤立的，而是更廣大的歐洲貿易網路中的一環。舉例來說，和這件披肩一起發現的一堆琥珀小珠子，想必是來自離莫爾德將近二千英里外的波羅的海地區。

研究這些寶貴的黃金、琥珀和青銅，可以追查出從威爾斯北部延伸到斯堪地那維亞半島，甚至遠及地中海的貿易與交易網路。我們也可以找到促成這種貿易的財富來源，莫爾德埋葬披肩的地方，相當接近歐洲西北部青銅時代最大的大歐姆（Great Orme）銅礦，那裡的銅加上康瓦爾（Cornwall）的錫，英國大部分的青銅器原料，應該都來自這兩地。

大歐姆銅礦開採顛峰期的確切日期，為西元前一千九百年到西元前一千六百年。近來由這件披肩的金工技術和裝飾風格分析顯示，這處墓葬的時間也同屬於那個時代。因此，雖然只是猜測，但穿戴披肩的人，多少和這座銅礦有關，因為銅礦是當時巨大的財富來源，應該也是整個歐洲西北部的主要貿易中心。但用來製造披肩的黃金，也是從遠地貿易運來的嗎？愛爾蘭國家博物館的瑪麗·克希爾（Mary Cahill）博士說：

黃金從何而來？這是個重大問題。我們對早年銅的來源已經很清楚，但是對黃金的本質所知甚少，尤其是出自河流的砂金，早期成品還真有可能在一次洪水中被沖走，這表示要追查產金地點非常困難。因此，我們現在更努力仔細研究金礦砂的本質、研究這些文物，設法在各種分析中找出關聯性，希望能帶我們回到黃金實際生產時正確的地質背景與地質環境樣貌，然後我們希望藉著大規模的田野調查，找出銅器時代早期真正的金礦所在地。

當時一定有一個供應非常充裕的黃金來源，因為披肩所用的黃金數量，遠超過同時期的任何東西，所需的黃金必須花很長的時間蒐集。製作這件文物需要特別高超的技術，不只是披肩的裝飾需要高明的技巧，它的形狀和形式也一樣，如此才能合身。我們可以想像，金匠動工前一定要坐下來，實際研究要怎麼樣打造金箔。打造金箔需要純熟的技術，接著裝飾披肩、接合成品、變成披肩，也大有學問。披肩表現的，不只是打造金匠的技術水準和設計感而已。

儘管我們知道打造披肩的工匠技巧高超，對披肩的主人卻一無所知。披肩本身提供了一些線索，很可能襯了內裡，或許是蓋住穿戴者胸部和肩膀的皮製內裡。因為披肩極為脆弱，對穿戴者手臂和肩膀的動作會造成極大的限制，他們應該難得穿戴一次。不過，披肩上確實能看出有人穿過的跡象，例如它的頂端和下方有一些小洞，推測是用來將它和衣服綁在一起，這樣它的主人才能穿戴，出席慶典場合，可能是久久才一次。

但是，穿這件披肩的人是誰？披肩的尺寸太小，強壯的戰士酋長穿不下，只適合瘦小的人，可能是女性或是十幾歲的青少年。考古學家瑪麗・索倫森（Marie Louise Stig Sorensen）特別說明年輕人在這種早期社會中的角色：

在銅器時代早期，很少人能活過二十五歲。大部分小孩活不到五歲、很多婦女會難產死亡，只有極少數人會活到很老。活到很老的人，在社會上可能享有很特殊的地位。

現代人對小孩的觀念是否適用於那樣的社會，我們其實很難知道。因為平均年齡的關係，那個時代即使才十歲大，也很快就會成為社會中的成人，這點表示，當時大部分的成人是十來歲的青少年。

這種情形挑戰現代人的年齡和責任觀念。在過去的時代，青少年可能已經成為父母親、成人或領導者，因此穿這件披肩的人，可能已經是手握大權的年輕人。不幸的是，我們所需要的關鍵證據，就是發現這件黃金披肩時、套在披肩裡的骸骨，已經被拋棄了，看來骸骨顯然不值錢。因此，現在看到莫爾德黃金披肩時，我都會萌生一股複雜的奇怪感覺：一則慶幸高明的藝術作品能夠流傳下來；一則懊惱披肩四周的東西遭到魯莽丟棄，使得我們對四千年前在威爾斯北部蓬勃發展的神祕、偉大文明，無法得到夠多的資訊。

這也是為什麼考古學家對非法挖掘會如此強烈反彈的原因：寶貴的發現通常會留存下來，但說明這些發現來龍去脈的資訊卻被破壞殆盡。然而，珍寶之所以能成為歷史，就是靠這種看似毫無金錢價值的事物，來分析來龍去脈。

▼敬畏我！

20 拉美西斯二世石像

花崗岩石像，發現於埃及底比斯（盧克索附近）；約西元前一二五〇年；二百六十六·八公分、寬二百零三·三公分。

一八一八年，英國詩人雪萊（Percy Bysshe Shelley，一七九二—一八二二年）從大英博物館的一座重要雕像中得到靈感，寫下他最廣受後人吟詠的詩句：

吾乃奧西曼迭斯，萬王之王：
見吾蓋世豐功偉業，君縱勇武無雙，亦當喪膽！

雪萊筆下的奧西曼迭斯（Ozymandias），其實就是我們所知的拉美西斯二世（Ramesses II），也就是西元前一二七九到西元前一二一三年間的埃及國王。他的巨大頭像有著沉著、威風的臉龐，從高處俯視遊客、傲看四方。

石像初抵英國時，是當時民眾見過的最大埃及雕像，也是讓民眾體認埃及驚人成就的第一件文物。雕像光是上半身就高達二·五公尺，重約七噸。這位國王深諳大規模的力量、引人敬

畏的意圖，可說是前無古人。

拉美西斯二世統治埃及長達六十六年，支配富裕繁榮、帝國力量強大的黃金時代。他很幸運，歲數超過九十歲、子女近百人，在他統治期間，尼羅河洪水幫忙促成一連串的豐收。他也締造了許多豐功偉業，西元前一二七九年一即位，就對北部和南部發動戰爭、在整個國土豎立滿滿的紀念碑，被後世譽為成功的統治者，後來多達九位法老沿用他的名號。一直到一千多年後的埃及豔后克麗歐佩特拉時代，人民還是把他當成神一樣崇拜。

拉美西斯善於自我行銷，無所不用其極的宣傳自己。為了節省時間和金錢，他乾脆換掉既有雕像的銘文，改刻上自己的名字、宣揚自己的功業。他也在王國各處興建龐大的新廟宇，例如在尼羅河岩岸上，建有阿布辛貝（Abu Simbel）神廟，也在那裡的岩石中雕出自己的巨型石像。這種做法啟迪了後代很多人模仿，當中以拉西摩爾山（Mount Rushmore）上巨型的美國總統雕像最出名。

他在埃及最北面向中東與地中海鄰邦的地方興建新都，滿合宜的命名為「偉大、戰無不勝的拉美西斯二世之家」。他還有一項驕傲的成就，是在今天盧克索附近的底比斯，興建自己的紀念建築群。那個地方不是他死後要埋葬的墳墓，而是他在世時接受瞻仰、死後永世被當成神祇一樣崇拜的廟宇。那裡今天叫做拉美西斯神殿，占地極廣，大約有四個足球場大，上面蓋有神廟、宮殿和藏寶庫。

拉美西斯神殿有兩座庭院，我們館藏的這座雕像原來在第二座庭院的入口處。雖然這座雕像很雄偉，卻只是眾多雕像中的一座。拉美西斯的雕像在整個神殿區裡一再複製，來參拜的官員和祭司看到這麼多代表大權在握的雕像，內心一定深感震撼。創作英國最著名公共雕塑〈北方天使〉（Angel of the North）的雕刻家安東尼・葛姆雷（Antony Gormley），談到拉美西斯巨型雕像的力量：

身為雕刻家，我認為雕塑是傳達活人生理時間與萬古地質時間之間關係的工具，這點是雕像作品具備恆久性質的基本條件。雕像恆久遠，壽數有盡時。從某個角度來看，埃及雕像都具有和死亡對話、和另一個天地對話的特質。

其中有些相當謙虛之處，就是慶祝人類團結力量大的意味。這是埃及建築與雕像另一個特點，它們需要動用極多人力，因此也是慶祝眾人能夠創造驚人成就的成果。

這點很重要，雕像上祥和的笑容，不是單一藝術家的創作，而是來自整個社會的成就，是驚人、複雜工程與運籌程序的成果。從很多方面來看，這比較像是眾人合力興建高速公路，而不像製作藝術品。

雕像所用的花崗岩是在亞斯文（Aswan）採集的，那裡位在南方的尼羅河上游，距離神殿區超過一百五十公里。因為雕像是由一整塊巨型岩石切割，最初的重量大約有二十噸。石塊先經過大致的粗雕後，放在木製滑動架子上，由一大群工人拖著，從採石場送到尼羅河上的木筏，順流而下運到盧克索，再從河上拖到拉美西斯神殿，進行精工雕琢。

即使要將這尊石像豎立起來，都要耗費龐大的人力和組織。人力必須經過訓練、管理、協調，就算工人不支薪或是無償工作的奴隸，都至少要讓他們食宿無虞。要做出這座雕像，一定需要認識文字、善於計算、協調非常良好的官僚體系，同樣的，這套體系也必須管理埃及的國際貿易，建立與裝備埃及軍隊。

拉美西斯無疑具有優秀的能力和實質的成就，但也像所有高明的宣傳大師，碰上他事實上不是很成功的地方，乾脆就自行杜撰。他在戰鬥時並不特別勇武，卻能動員相當龐大的軍隊，供應他們充足的武器和設備。不管戰爭的實際結果如何，官方的說法總是拉美西斯凱旋歸來。整個拉美西斯神殿傳達出的訊息一致，就是拉美西斯沉著冷靜，締造豐功偉業。埃及古物學者凱倫・艾克索（Karen Exell）談到自我宣傳大師拉美西斯時說：

> 他深諳能見度是統治成功的核心，因此盡其所能，用非常快的速度，推出很多巨型雕像，他也興建供奉埃及傳統神祇的神廟。有人把這種做法解釋為誇張、炫耀……但是，我們必須從統治者需要什麼的角度，看待這件事。人民需要強大的領袖，這樣的領袖就是能對外代表埃及發動戰爭、對內讓人民處處可見的國王。我們甚至看到能視為「編造」作戰紀錄的例子。拉美西斯即位第五年，在卡迭石戰役（Battle of Qadesh）中和敵人打成平手。他回到埃及後，把這次戰役成果刻在七座神廟中，看起來像是他大獲全勝，光靠他就打垮了西臺人（Hittite）。這一切當然都是編的，但他完全懂得如何利用謊言。

拉美西斯二世不但要說服國人相信他的偉大，也要讓全世界記住埃及的帝國形象。結果連後來的歐洲人也受催眠，西元一八〇〇年前後，法國與英國兩大強國在中東積極競爭，搶著要奪取拉美西斯的雕像。

一七九八年，拿破崙軍隊試圖從拉美西斯神廟搬走這座雕像，卻沒有成功。這座雕像軀幹右胸略為上方的地方，有一個大小和網球相當的鑽孔，專家認為這個洞是這次嘗試留下的痕跡。一七九九年時，這座雕像遭到毀壞。

一八一六年，有一個名叫喬凡尼·貝佐尼（Giovanni Battista Belzoni）的人，他從馬戲團大力士改行成古董經銷商後，用合適的方法把這座雕像的上半身搬走。貝佐尼利用特殊設計的油壓系統，安排幾百個工人，把上半身像放在木製滾輪上，再用繩索拉到尼羅河岸，所用的方法，幾乎和當初把石像拖到拉美西斯神殿的方法完全相同。

雕像完成三千年後，即使搬運一半的雕像，大家就譽之為重大技術壯舉，因此這次的搬運，就足以強力展示拉美西斯的成就。隨後貝佐尼把半身像裝在船上，運到開羅、再到亞歷山卓，最後抵達倫敦時，每一個看到的人都十分震驚，也開啟了歐洲人文化史觀的革命。放在大英博物館的拉美西斯雕像，最先挑戰歐洲人長期認為偉大藝術起源於希臘的觀念。

拉美西斯的成就，不僅在於利用順利運作的貿易網路與租稅制度，維持埃及國王至高無上的地位，也在於利用豐富的資源，建造眾多神廟與紀念碑。他的目的是要創造遺緒，向千秋萬代敘述他永恆不朽的偉大，但是造化弄人，他的雕像產生了正好相反的意義。

雪萊聽聞了如何發現這座半身像、之後運到英國的大規模報導，從中得到寫作靈感。但是他也知道，拉美西斯死後埃及發生的變化：王位先後落入利比亞人、努比安人、波斯人和馬其頓人手中，拉美西斯雕像本身更成為新近侵入的歐洲人爭相擁有之物。

就像葛姆雷說的，雕像恆久遠，壽數有盡時；雪萊的詩作〈奧西曼迭斯〉不僅是緬懷帝國的榮光，也是感嘆世俗權力的變化無常，在他的詩作裡，拉美西斯雕像成了人類所有成就都將成空的象徵。

「吾乃奧西曼迭斯，萬王之王：
見吾蓋世豐功偉業，君縱勇武無雙，亦當喪膽！」
如今一切銷亡，巨大殘骸荒涼，
四周無邊無際，荒蕪淒涼，
唯餘平沙莽莽，綿延無限遠方。

第5篇

舊世界，新勢力

西元前一千一百年～西元前三百年

大約西元前一千年，許多新勢力紛紛在世界各地崛起，壓倒並取代了既有秩序。戰爭以完全迥異於以往的規模操作。埃及受到過去屬國蘇丹的威脅；伊拉克亦興起了新的軍事強權亞述，最後建立了版圖幾乎囊括全中東的帝國；而在中國，外來民族也推翻了屹立多年的商朝，建立了周朝。還有許多經濟上的重大變化：在今天的土耳其和中國開始使用錢幣，促成商業活動的快速發展；同時，南美洲也獨自發展出第一批城邦與複雜的社會。

史詩場面，也是種族大滅絕

21 拉吉浮雕

石板，出自伊拉克北部尼尼微（摩蘇爾附近）西拿基立王王宮；西元前七〇〇年－西元前六九二年；高二百六十九．二公分、寬一百八十．三公分。

西元前七百年時，亞述統治者已經以伊拉克北部為基地，建立了從伊朗延伸到埃及、涵蓋今天中東大部分地區的帝國。我們可以說，這是中東成為衝突和爭霸的單一戰區、這條不歸路的開端。

亞述是當時陸上最大的帝國，也是龐大戰爭機器（war-machine，相對於國家機器是對內的機制來說，戰爭機器是對外的機制）的產物。肥沃的底格里斯河流域是亞述帝國的心臟地帶，那裡是發展農業和貿易的理想地點，卻沒有天然的邊界和屏障。因此，亞述人花費巨資，建立龐大的軍隊，保衛國家、擴充領土，並防止敵人入侵。

拉吉（Lachish）現在名叫以德都衛（Tell ed-Duweir），距離亞述心臟地帶西南超過八百公里，卻在耶路撒冷西南僅約四十公里處，在連結美索不達米亞到地中海、富庶大國埃及的貿易路線中，戰略位置重要。直到西元前七百年，拉吉都是銅牆鐵壁似的山城，也是勉強獨立於亞

亞述人放逐拉吉居民。▶

述帝國之外的猶大王國中除了耶路撒冷外的第二大城。

但西元前八世紀的最後幾年，猶大國王希西家（Hezekiah）背叛亞述，這是個嚴重的錯誤。西拿基立王（Sennacherib）動員亞述帝國的軍隊，漂亮出擊，攻下拉吉城、殺死守軍、放逐居民。大英博物館有一件文物，上頭的紀錄是以亞述人西拿基立王之口，說明整件事的來龍去脈：

> 猶大國王希西家不願對我臣服，於是我訴諸武力對付。我拿下四十六座固若金湯的城池，也掠奪了無數分布各地的小城邦；俘虜男女老少二十萬一百五十六人，奪取無數牛、羊、騾、馬、驢和駱駝。

亞述人一長串的戰爭中，拉吉只是其中一個受害的城市。這個故事特別吸引人，是因為我們還可以從另一個角度，也就是《希伯來聖經》得到證實。根據其中〈列王紀〉的記載，猶大國王希西家拒絕向西拿基立王進貢：

> 上主與他同在。他到任何地方都可興盛。他反抗亞述王，拒絕服侍他。

西拿基立王後來凶殘的掠奪猶大城市，還有希西家付出戰敗、投降代價等不愉快的事實，《聖經》對於這部分的史實含糊其辭，其實並不難以理解。

攻城士兵領軍，弓箭手緊跟在後，沿著爬牆木板道攀登。▶

▲ 戰俘與難民遭到驅趕，離開拉吉。

亞述軍事上的大勝利記錄在一塊超過二．五公尺高的淺浮雕上。這塊浮雕放在現代伊拉克摩蘇爾附近的西拿基立王宮一個房間裡，占了從地板到天花板幾乎整片牆。

浮雕原本上了鮮豔的色彩，但即便今天已然褪色，浮雕依舊是震撼人心的歷史文件，好比石頭做成的影片，幾可比擬早期好萊塢動員數千演員陣仗的史詩片。第一幕是大批的軍隊入侵，然後圍攻城鎮、展開血戰；接著是傷亡者與大批無助的流亡難民；最後，我們看到勝利的國王西拿基立，這位讓古代中東聞之喪膽的亞述帝國統治者，耀武揚威的俯視他的戰利品。

這位雕刻家就像戰爭宣傳片的優秀導演，把拉吉戰役當成完美的軍事演習，呈現給大家看。他將城邦設置在樹林和葡萄園之間，下方是亞述士兵、弓箭手和長矛手列隊前進。浮雕接著是一波又一波的亞述士兵登上城牆，最終打敗了猶大人的守軍。下一幕是戰爭後的景象：倖存者能帶多少家當就帶多少，逃出烽火連天的城邦，這可能是現存最早的難民形象，令人心酸。很難不讓人聯想到，幾個世紀以來，這個地區數以百萬計的難民流離失所，而悲劇還在持續上演。

我們請軍人、政治家兼外交家艾希頓（Ashdown）爵士看拉吉浮雕，他對軍事衝突使人類付出的代價體會深刻，特別是他在巴爾幹半島工作的經驗，讓他感觸尤深：

我看到巴爾幹半島到處都是難民營，坦白說我淚流個不停，因為在我眼中，看到的是我的姊妹、母親、妻子和兒女。我看到波士尼亞人驅逐塞爾維亞人，克羅埃西亞人驅逐波士尼亞人，塞爾維亞人又驅逐克羅埃西亞人。最可恥的一次，是一項把一個大型難民營裡的四、五萬名羅姆人（Roma，以吉普賽人較為人所知，自稱羅馬帝國人民後裔）趕走的任務，正好由我率領的北大西洋公約組織部隊負責執行。他們的房子化為灰燼、被趕出家園，而我們袖手旁觀，我不但極度絕望，更深深的感到羞愧。

事實上，從某個角度來看，這片浮雕顯示戰爭不變的本質：戰爭總是會發生，戰爭總是有死亡，戰爭總是會產生難民。難民就像戰爭的殘骸，通常在戰爭過後，漂到哪裡，就丟在哪裡。

我們在浮雕上看到的人民，是戰爭的受害者，因為他們的統治者不願降服而付出代價。車

▲「西拿基立，世界之王……俯視著戰利品從他面前通過。」

上堆滿大包小包家當的家庭展開流亡生涯，而亞述士兵則扛著戰利品，從王座上的西拿基立之下走過。浮雕上的銘文把勝利歸功於西拿基立：「西拿基立，世界之王、亞述之王，高踞王座，克建殊功。」他掌控這座攻陷的城池和戰敗的百姓，以近乎神聖的君王之姿，看著百姓流放。大規模流放是亞述帝國採取的政策，就是將大批令人頭痛的百姓，從他們的家鄉遷移到帝國其他地方。雖然這在後勤補給上是一大挑戰，但是亞述軍隊經過無數次征戰，整個遷移的作業程序已經非常熟練、有效率。

從那時起，人口遷移策略已經變成帝國常見的現象。我們記憶中最接近的例子，或許是一九三〇年代史達林推行的強制遷徙，史達林像西拿基立一樣，將叛亂分子從戰略要地搬離、讓他們遠離家鄉，他深知這麼做的好處。

軍事歷史學家安東尼．畢佛（Antony Beevor）從歷史觀點，為西拿基立和史達林兩位帝國主義惡人定位：

> 我們可以從過去的例子，例如亞述攻破拉吉後放逐猶大人，看出統治者想建立絕對的權力，展現至高無上的權勢。
>
> 到了二十世紀，對史達林和蘇聯之類的統治者和國家而言，背叛，尤其是叛國，變成更重大的因素。史達林懷疑有些人從一九四一年德軍入侵蘇聯後，一直暗中協助德軍，於是放逐了許多民族以示懲戒。
>
> 其中最出名的，當然是克里米亞的韃靼人、印古什人、車臣人和卡爾梅克人，大約三百萬到三百五十萬人遭到流放。一般估計，四〇%的人在遣送過程和到達目的地後的強制勞動中死亡。我所說的到達，是指到達鐵軌盡頭後，就把那些人丟下去，不給任何工具、種子，他們就這樣流落荒漠，難怪死了那麼多的人。有意思的是在基督宗教出現之前的時代，拉吉人民遭到放逐時，還可以帶走羊群，相形之下，後來的流亡者卻不能帶走任何東西。

這樣看來，西拿基立沒有史達林那麼壞，不過這也不是什麼值得高興的事。拉吉浮雕表現了戰敗的淒慘，但焦點不是放在猶大人身上，而是慶祝西拿基立的勝利。浮雕沒有記錄西拿基立不甚光彩的下場：當他正對著授與他王權的眾神祈禱時，兩個兒子暗殺了他，另一個兒子繼承了王位。後來，繼位者的兒子征服埃及，擊敗了塔哈爾卡（Taharqo）法老（見第二十二章）。拉吉浮雕上顯示的戰爭循環——百姓遭到野蠻、殘忍的對待，就要重來一遍。

▼咦？不是埃及人，竟然當上法老

22 塔哈爾卡人面獅身像

花崗石人面獅身像，發現於蘇丹北部的卡瓦（Kawa）；約西元前六八〇年；高四十．六公分、寬七十三公分。

如果你問尼羅河屬於哪一國，多數人會立刻回答是埃及。但其實有九個非洲國家會主張擁有尼羅河，而且隨著水資源日益缺乏，尼羅河所有權的問題已經變成燙手的政治議題。生活在現代埃及，要面對一個關鍵事實：實際上尼羅河大部分流經蘇丹。埃及一直對南方龐大的鄰國蘇丹存有戒心，但歷史上大部分時間，埃及遠比蘇丹強大。然而，正如本章要介紹的文物顯示，大約三千年前，有一段約一百年的時間裡，一切不是這樣。

人面獅身像──獅子身體、男性頭部的雕像──是神話、傳說中的生物，也是埃及皇室和王權的象徵，最著名的當然首推吉薩（Giza）的人面獅身像。

跟吉薩的人面獅身像相比，本章的人面獅身像非常小，大概和獵犬差不多大。但它特別有趣，不光是因為它是人和獅子的組合，更是因為它融合了埃及和現今蘇丹北部的庫什（Kush）王國的風格。石像由黃棕色花崗石雕成，至今還保存良好。獅子健壯的背部、頸部上的鬃毛，以及強而有力的前爪，都是正統的埃及形式──但是，人的面部卻不是典型的法老輪廓，無疑

是非洲黑人的臉，這尊人面獅身像是黑人法老的形象。刻在這尊石像胸前的象形文字說明了這一點：這是庫什、埃及聯合王國統治者，第四任法老、偉大的塔哈爾卡王的肖像。

我所描述的是西元前七百年的世界，當時人口很少，大概只有今天全球人口的一％，但是大規模的激烈衝突時常可見，到處都是戰爭。這段期間的特色，就是歷史悠久的財富與文明中心，被較窮困的邊陲民族所占領。就埃及而言，就是南方的鄰邦庫什王國攻克並統治了法老的強大王國。

數千年來，埃及把庫什視為富裕但棘手的殖民地，當地資源豐富、生產黃金和象牙，而且是重要的奴隸來源。在這種近乎殖民的關係中，埃及就像主人。但是到了西元前七二八年，權力此消彼長，埃及開始分裂轉弱，庫什王皮安基（Piankhi）趁機揮軍北上，一一攻占埃及城市，澈底征服了北方，控制從現今喀土穆到亞歷山卓的整個大帝國。為了治理這個新國家，庫什人創造了新的國家身分，就是埃及和庫什的混合體。

化身為大英博物館人面獅身像的塔哈爾卡王，是庫什最重要的君王，他為這個龐大的新王國開啟了一個黃金時代。他的成功來自吸收、採納埃及的風俗習慣，而不是把庫什風俗習慣強加在埃及人身上。他甚至模仿埃及金字塔，在庫什建造金字塔、信奉埃及的阿蒙神（Amun），根據埃及風格修復神殿，他的官員使用埃及象形文字。

這是我們在成功的征服中一再看到的模式：征服者使用人民熟悉、既有的權力象徵和詞彙，也順理成章的繼續使用百姓習慣的語言。塔哈爾卡人面獅身像刻意結合兩種不同的傳統，不只讓庫什君王身兼傳統埃及法老的雕像引人注目，也成為政治手段的教材之一，這項做法在短時間內帶來極大成功。

世人早已遺忘蘇丹曾短暫征服埃及的歷史，埃及正史也故意忽略庫什這一段，把庫什統治期間輕描淡寫的稱作第二十五王朝，靜靜的放入埃及亙古不間斷的歷史中。但是現在學者積極重新評估庫什的歷史定位，蘇丹歷史多少也會改寫。

如此的重新發現與重新評估，大英博物館有位策展人扮演著極為重要的角色，他是蘇丹頂尖的考古專家德瑞克．威爾斯比博士（Dr Derek Welsby）。他在尼羅河沿岸挖掘多年，也在喀土穆北邊、人面獅身像所在地的卡瓦研究多年。這座人面獅身像造在塔哈爾卡重修的神殿入口。德瑞克形容他挖掘地點工作環境，讓我們了解庫什那個地方的大致情況：

當地通常熱得離譜，甚至在冬天溫度最低的時候還是很熱。清晨時很冷，氣溫會低到攝氏四、五度，還得對付強風；不過到了上午十一點，又會回升到三十五或四十度，氣溫變化非常劇烈。

塔哈爾卡王在庫什的中央卡瓦所建造的神殿，是純粹的埃及風格。事實上，埃及工匠和建築師是從下埃及（Lower Egypt）的首都孟菲斯，奉令到庫什的中央建造。然而，埃及影響的只有庫什文化的外觀，非洲當地文化在庫什時代一直延續不斷。

過去大家認為，庫什人只是盲目抄襲埃及的一切，現在我們可以看出他們做了篩選，他們選擇可以擴大視野、提高統治者地位的事物，保留了許多本地文化的元素。這一點在庫什人的區域特別明顯，這個地區不但有阿蒙這樣的埃及神祇，也有獅神阿皮德馬克（Apedemake）之類的本地主要神明，有時候，兩種神祇會在同一座廟裡接受膜拜。

塔哈爾卡的人面獅身像擺在神殿裡，只有統治者、祭司、庫什和埃及高官等近臣看得到。庫什人在內殿看到非洲黑人的特徵感到安慰；埃及人因為特有的埃及圖像特色感到自在。

塔哈爾卡人面獅身像不只是代表比較細膩的南北融合的政治意象，也結合了當時和更遙遠的過去。

這隻獅子鬃毛和耳朵的樣式，非常類似一千年前、埃及第十二王朝所造的人面獅身像。傳達的訊息很清楚：黑人法老塔哈爾卡，和統治過整個尼羅河流域的眾多埃及偉大君王並列。

塔哈爾卡急於把埃及領土擴充到西奈半島和東北邊界，這種過於侵略性的政策，引爆他和亞述王西拿基立（見第二十一章）的衝突。大約西元前七百年，庫什人和猶大王希西家結盟，並肩作戰。

但是挑戰亞述的結果，最後導致塔哈爾卡覆滅。十年後，亞述人來找他麻煩，意圖奪取埃及的龐大財富，雖然塔哈爾卡這次擊退了亞述人；但亞述人很快又捲土重來。西元前六七一年，亞述人迫使塔哈爾卡逃回南方的故鄉庫什，他的妻子和兒子卻落入敵手。經過亞述人的數次追擊後，塔哈爾卡遭到放逐。

在埃及悠久歷史的中，庫什人的短暫統治只是一段不到一百五十年的小插曲，卻足以提醒我們，現在蘇丹和埃及的邊界不但是地理上的斷層，也是政治上的斷層，這條斷層線經常分隔尼羅河流域的人民，也經常引發紛爭。我們會在之後再度看到這條斷層線（見第三十五與九十四章），羅馬帝國和大英帝國會再度血洗埃及和庫什這條紛擾多多的邊界。

地理環境決定了這裡永遠會有個邊界，因為先有個大瀑布將尼羅河分成幾條狹小、多石、難以航行的通道，使得南北交通困難重重。對非洲人來說，尼羅河從來就不只是埃及的河流，現代的蘇丹人和早期的塔哈爾卡一樣，強烈主張尼羅河的所有權。蘇丹出生的政治評論家札納布·巴達維（Zeinab Badawi）認為，這是兩個非常相似民族間發生磨擦的原因：

我認為蘇丹和埃及政府沒有重大的意識型態差異，兩個民族之間反而有很密切的關係。埃及和蘇丹之間最大的摩擦和潛在衝突來源，一直環繞著尼羅河以及河的利用，很多北蘇丹人會覺得尼羅河流經蘇丹的長度比埃及多。蘇丹是非洲最大、世界第十大的國家，有西歐那麼大。蘇丹有尼羅河流經，北蘇丹人對埃及或許抱著兄弟鬩牆的情緒，抱怨埃及怎麼把尼羅河當成埃及的；蘇丹多少覺得自己才是尼羅河真正的守護者，畢竟尼羅河的流域大部分都在蘇丹。

也許這就能解釋，為什麼在不到三千年前的塔哈爾卡人面獅身像上結合蘇丹和埃及，遠比在政治動盪的現實世界容易的原因。近代考古學的偉大成就之一，就是恢復庫什的歷史，重現生活在帝國邊緣卻活力充沛的民族，如何征服帝國，並善用帝國的傳統。

幾乎同一時間，中國也發生類似的故事，下一章介紹的文物，就來自中國。

▼鍋底朝天時，舉世皆知我奉天承運

23 西周康侯簋

青銅簋，發現於中國西部；西元前一一〇〇年—西元前一〇〇〇年；高二十三公分、寬四十二公分、口徑二十六・八公分。

你跟亡者多久吃一次飯？這似乎是個怪問題，但如果對象是中國人的話，就沒那麼意外了。因為許多中國人至今還是相信，過世的家人會在另一個世界看著全家，幫助（或妨礙）他們的命運。人死後，親屬會在下葬時備妥各種生活必需品，如牙刷、錢、食物和水，現在可能還會加上電腦或信用卡。

很令人洩氣（或者安慰）的是，中國人與西方人的死後生活似乎很像，但有一點非常不同：中國人非常尊敬死者，一場準備齊全的告別式只是開始，多少世紀以來，為祖先舉辦、同時和祖先共享的祭典，一直是中國人生活的一部分。傑西卡・羅森（Dame Jessica Rawson）教授是英國著名的考古學家、漢學家，也是中國古代銅器專家，她甚至認為：

中國最主要的古老宗教信仰，包括準備食物祭拜亡者的儀式。中國最早的商朝（約西元前一五〇〇年—西元前一〇五〇年）和周朝（大約西元前一〇五〇年—西元前二二一年），製造

了大量精美的青銅器，用來裝盛食物酒水，以便在一週或十天一次的祭拜中使用。

他們相信如果備妥酒水飯菜，讓祖先接收、並好好享用後，祖先就會保佑後代子孫。我們看到的這些青銅器，是價值高昂的生活用品，而不是喪葬用品。據說當菁英階層的重要人物死後，還是會繼續準備酒食祭拜祖先，更確切來說，是以盛宴來取悅祖先。

本章要介紹的這件豪華青銅器，製造於大約三千年前，名字叫做簋（讀作「鬼」）。簋上通常刻有金文，金文現在是中國史料的關鍵來源，這件銅器就是這樣的一份文件。這個簋可能是一組銅器、好比現代廚房裡必備的平底鍋具組中的一件。我們不知道一組通常有多少件，但在為亡者準備的宴席中，每件銅器應該都有清楚的用途。

這件銅器大概有一個大型潘趣酒碗（punch bowl）大小，口徑約二十七公分，旁邊是兩個彎曲把手，上下各有一圈精緻的花紋裝飾，但最突出的特徵無疑是把手，分別是一隻大型猛獸，長了獠牙、雙角和四方形的巨大耳朵，正在吞食一隻小鳥，猛獸嘴裡還能看見小鳥喙。

這樣的青銅器在古代中國最具有象徵意義，做工也最繁複。首先必須提煉含銅和錫的礦石，再鑄造融化的銅，中國當時這項技術領先全球。簋的鑄造並不是一體成型，而是在不同的模子鑄造不同的部分，最後再結合在一起，組成複雜細膩的藝術品，當時全世界只有中國能製造出這種禮器。製造青銅器所需的純粹工藝、辛勞和花費，使這些銅器的價值高貴無比，適合在莊嚴肅穆的儀式中使用。

子孫在家祭的儀式中要敬獻酒食給保佑他們的祖先，但規模更大的宮廷則是舉行祭天儀

式。簋用來向祖先和過往世界說話，也用來強調擁有現在的天命，在中國動亂、轉變的時刻，天上與地下權力的連結非常重要。

商朝大約在西元前一千五百年取得政權，中國第一批大城市開始成長。商朝首都安陽位在中國北部的黃河流域，占地三十平方公里，人口十二萬，算是當時世界最大的城市之一。商朝的城市生活非常規律，用的是十二個月的曆法、十進位的度量衡，有徵兵制和中央稅收制。包括首都在內的大城市是財富中心，也是傑出的藝術品如陶器、玉器、特別是青銅器的製造地點。但之後，在大約三千年前，從地中海到太平洋的舊社會紛紛崩潰，由新興勢力取代。

商朝立國大約五百年後，遭到來自西邊中亞草原的周朝推翻。周朝就像大約同時征服埃及的蘇丹庫什人，以邊疆民族之姿推翻安定富庶的中央。周朝最後推翻整個商朝，和庫什人一樣，不只是奪取整個國家，也奪取了商朝的歷史、圖像和儀式。周朝繼續支持各式的藝術創作，也延續對中國政治威權非常重要的儀式——用簋祭拜天地鬼神，證明上天支持新的朝代。

檢視簋的內部，會有一個驚喜，就是這個地方讓簋成為權力工具和禮器。簋在使用時，底部通常會被食物覆蓋，不過它的底部有一段金文，跟現代中文不太一樣，說明這個簋是特地為推翻商朝的周朝戰士所做的。在那個年代，任何的書面文字都很有分量，但青銅器上的金文更具權威。這段金文紀念周朝擊敗商朝的最後勝利：

王來伐商邑。誕令康侯啚于衛。沬司土疑暨啚。作厥考尊彝。

（按：大意是周王伐商後，封康侯於衛地，沬司土疑在衛國建立後，做此簋紀念亡父；國

簋裡面底部的金文，
說明這是紀念周王平定商人叛亂的禮器。▶

在西周是指「城」。）

從以上文字可知，委託製造簋的人名叫沐司土疑，目的是紀念死去的父親；同時以忠誠的周人身分，紀念周王在西元前一五〇〇年左右平定商邑的叛亂後，封弟弟康侯於衛。相較於寫在竹簡或刻在木頭上的文字早已腐朽，這種鑄刻在青銅器上的金文是現在最重要的史料來源，我們可以透過金文重建商與周之間持續不斷的爭執。

比較弱小、科技落後很多的周族，為什麼能打敗強大且有組織的商族，至今還不是很清楚。周族似乎有種特殊能力，能吸收、整合盟邦，成為協調一致的攻擊武力，但最重要的是，他們相信這是上天的選擇。他們首度推翻商朝、統治商族時，就像其他征服者一樣，認為自己是在替天行道，因此深信自己是天下的合法繼承人——跟以往不同的是，他們以控制思想的形式，清楚的表達這種信念，而這種對天命的信念，最後成為中國政治史的中心思想。

周朝是第一個正式提出天命觀的朝代。中國人認為上天會保佑、支持公正的統治者；統治者若不敬天、不稱職會觸怒神明、收回祂的天命。因此商族戰敗一定是因為失去天命，而傳給了有德的勝利者周朝。從此天命變成中國政治生命的特徵，支撐著統治者的權威，還說明了改朝換代的原因。倫敦大學考古學家汪濤博士（Wang Tao）這樣形容：

天命改變了周朝，因為這讓他們可以統治其他民族。弒君、殺害尊長是最大的罪行，但如果是為了天命，就可以被原諒。這個概念等於西方民主概念中圖騰的性質。在中國，如果有人違反天命或民心，上天會以凶兆示警，例如打雷、下雨或地震。中國每次發生地震，政治領袖就會感到害怕，因為他們認為這是上天對他們違反天命的反應。

這樣的簋在中國廣大的地區相繼出土，代表周朝繼續擴大，大到將近商朝兩倍大的領土。不過，這塊領土治理不易，周朝的治理能力也不穩定。然而，周朝的國祚和羅馬帝國一樣長，是中國時間最長的朝代。

除了天命，周朝還留給中國另一個永續的概念：三千年前，他們將領土命名為「中國」，從此中國人認為中國是世界的中心。

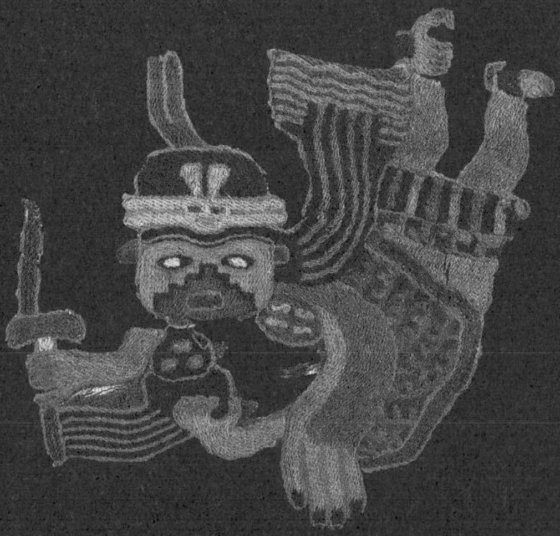

▼血祭、刺繡、秘魯木乃伊

24 帕拉卡斯紡織品

紡織品殘片，發現於秘魯帕拉卡斯（Paracas）半島；西元前三〇〇年—西元前二〇〇年；長八公分、寬八公分。

觀察衣物對任何嚴謹的歷史研究來說，都是很重要的一環。可惜衣服不能永久保存，會破、會裂、會被蟲蛀，跟石頭、陶器、金屬相比，衣服根本不適合拿來當成「用物品說世界史」的開場白。

這點令人惋惜，卻一點也不奇怪。本書用其他文物說了一百多萬年的故事後，才以衣服來探討經濟體系、權力結構、氣候和風俗習慣，還有生存者如何看待往生者的歷史。也因為衣服保存不易，我們看到的紡織品，自然只是殘留的片段。

西元前五百年的南美洲，就像同一時期的中東一樣，正在經歷重大轉變。紡織品在南美各種繁複的公開儀式扮演主要角色；然而，南美的古代文物通常不如人面獅身像那麼容易保存。直到今天，我們雖然繼續對美洲有新的認識，但由於沒有遺留下來的文字記載，和亞洲相比，南美洲的一切仍顯得很神祕。我們只能努力的從片段的證據，例如本章介紹這些二千年以上的布料，來解釋當時人類的行為和信仰世界。

在大英博物館中，這些布料存放在特別控制的環境裡，從未長時間取出、暴露在自然的光線和溼度中。布料特別的樣子非常吸引人，每塊長度近十公分，用美洲駝或是羊駝的毛，以花莖針步（stem stitch）刺繡上去，這兩種動物都是早早就被馴服的安地斯山原生動物。圖案是從披肩，或是斗篷上小心裁剪下來的。圖案上的生物看起來不太像人類，因為牠們長的是爪子，不是手腳。

乍看之下，這些怪物好像很可愛，有的留著長長的辮子、有的留著髮結，身體在空中翱翔，頭髮也隨風飄揚；但仔細一看，卻令人不安，因為牠們竟然揮舞著刀子、手上還抓著割下的人頭。但更讓人震撼的，是這些布料精細的手工，還有至今依然亮麗的顏色，藍、粉紅、黃、綠色，精心的編排在一起。

這些寶石般的殘片，是在帕拉卡斯半島，也就是今天秘魯首都利馬南方大約二百四十公里處發現的。帕拉卡斯人在安地斯山和太平洋之間的狹長地帶上，編織出最鮮豔、最複雜、最獨特的紡織品。這些早期的秘魯人好像把所有的藝術創造力，全都投注在紡織品裡頭。對他們而言，刺繡可能等同於同一時期中國人的青銅：是各自文化中最貴重的材質，也是身分地位的象徵。

我們現在看得到這幾塊保存良好的布料，是因為布料埋在帕拉卡斯半島乾燥的沙漠底下。同時期的幾萬里外，古代埃及的紡織品也因為類似的沙漠乾燥氣候得以保存下來。當時的秘魯人也和埃及人一樣，會把屍體製成木乃伊保存。衣服不只是用來日常穿著，也用來包裹木乃伊，這正是帕拉卡斯這些紡織品的作用。

加拿大紡織品專家瑪莉．佛雷姆（Mary Frame）研究這些秘魯傑作超過三十年，她從這些壽衣中發現了特殊的社會結構：

有些包裹木乃伊的布料非常長，其中一條長達八十七英尺。要把絲線編織成這麼長，是項需要聚集許多人合作完成的大工程。光是這樣一匹布就能繡上五百個圖案，以固定的花樣、重複的顏色刺繡上去。社會階層大幅反映在布料上。有關布料的一切都有一定的規矩，什麼人可以用什麼纖維、顏色和質料的布，都嚴格控管。有分階級的社會總有這樣的傾向——以紡織品之類的重要物品，來反映屬於哪一個社會階層。

據我們所知，這時秘魯還沒有文字，這些紡織品可說是這個社會主要的視覺語言。這麼鮮豔的顏色，襯著以黃灰色為主調的帕拉卡斯半島沙地背景，一定很顯眼出色。但這些顏色想必不容易調製。鮮紅色系是由植物的根萃取出來、深紫色取自海灘上的貝殼。底布想必是棉布，先紡染過後，再用織布機織成。圖案則先畫好輪廓，再用不同顏色，精準的刺上衣服和臉部特徵之類的細節，推測是由年輕工人完成，因為這項工作需要好眼力。

生產、製作這種紡織品，需要不同技能的大量勞工合作，包括負責畜養動物、取得毛料的勞工，還有種植棉花、蒐集染料和實際參與布料加工的許多人。能動員這些資源、投入這麼多心力在壽衣上，社會一定相當富裕、也很成熟。

包裹木乃伊，也就是將帕拉卡斯社會菁英分子埋葬前的程序，涉及繁複的儀式。首先，裸露的屍體要用繩索以坐姿固定。接著把棉團（偶爾用黃金）包好，放進屍體的嘴裡，若是地位較高的人，會用黃金面具縛在臉的下半部。完成後用一大塊刺繡精美的棉布將屍體包起來——我們的殘片應該是這樣來的。接著再將包好的屍體以坐姿放進淺的大籃子內，籃內放著貝殼項鍊、獸皮、從亞馬遜河流域來的羽毛，加上玉米、花生等食物作為陪葬。最後，用一層層的棉布將屍體、供品和籃子包起來，形成巨大的圓錐形木乃伊布包，有時寬度可達一．五公尺。

我們無法真正了解布上刺繡的怪物代表什麼，他們顯然是在空中飛翔、張牙舞爪。我們不難想像牠們應該不是人類，而是地獄來的妖魔鬼怪。既然牠們帶著刀、拿著人頭，或許是血祭的儀式。

可是這種殺戮到底是為什麼？又為什麼要繡在布料上？我們面對的是構造複雜的神話信仰，畫面驚險萬狀，說有多危險就有多危險，這可說是一件訴說生死的刺繡品。佛雷姆解釋：

> 人頭、傷口、奇怪的姿勢，好像是在刻畫人類轉換到鬼魂的階段性變化。鮮血和生育，似乎是和這些變化混合交替呈現出來的主題。大家把這些紡織品當成祈求豐收的供品。秘魯的土地非常貧瘠乾燥，因此人民非常注重可以帶來豐收的儀式。農作物的生長需要水分，大家認為鮮血比水分更能促進農作物的生長。

一千八百年後，第一批歐洲人抵達中南美洲時，發現此地的社會結構以血祭為中心，目的是確保風調雨順、五穀豐收。這四小片刺繡因此帶給我們相當多的訊息，可以作為推斷帕拉卡斯人的生死大事和信仰的依據，但是除此以外，刺繡本身也是件偉大的創作，堪稱是針織品的傑作。

就算帕拉卡斯這樣先進的美洲社會，當時的規模也遠不如我們探討過同年代的中東和中國。像印加這樣的帝國，還要經過很多世紀後才會出現。但是，帕拉卡斯在二千多年前生產的刺繡，卻是世界公認最傑出的作品之一。現代秘魯人把這些刺繡視為國家整體的一部分，決心恢復傳統的刺繡工藝，將現代秘魯人連結到過去古老、原生、完全與歐洲無關的那一面。

▼鹽巴鍊金，國家出面保證

25 克里薩斯金幣

金幣，鑄造於土耳其；約西元前五五〇年；
高一公分、橫長二公分。

「像克里薩斯王（Croesus）一樣富有」，這句話流傳了千百年，到今天，在有些打著讓人快速發財的投資廣告上還時常可見。但是，有多少說這句話的人會想到當初那位克里薩斯王？這位國王非常富有，就我們所知，他也很滿意自己的財富，直到臨終前他的命運遇到大轉折。

克里薩斯王是古代里底亞（Lydia）王國的國王，位於現代土耳其西部，是大約三千年前在中東興起的新勢力，就是這些金幣使里底亞和克里薩斯王這麼富有。這些金幣是一種新型態的文物，是能用來交換其他物資的貨幣。

我們早已習慣用一片小小、圓圓的金屬購買需要的東西，以至於忘了貨幣很晚才出現在世界歷史舞臺上。有超過二千年的時間，世界各國推動複雜經濟體系和國際貿易往來，並不靠貨幣機制。舉例來說，埃及人利用以銅和黃金標準重量為基礎的精密制度，衡量價值。

但隨著新的國家和新型貿易方式崛起，大家開始使用貨幣。令人驚訝的是，貨幣幾乎在世界兩個不同的地方同時、分別獨立出現。中國人開始把縮小版的刀鏟當作現代的貨幣一樣使用；地中海濱的里底亞人開始鑄造和現代貨幣相去不遠、實際上就是硬幣的圓形貴金屬。

早期的里底亞硬幣有各種尺寸，從現代英鎊一分錢大小，到和一顆扁豆大小相當的都有。硬幣形狀也不一樣，最大的硬幣好像阿拉伯數字的八，中間稍微壓縮進去的長條形，上面刻了一隻獅子和公牛，雙方似乎在對峙，隨時準備作戰。

這些錢幣大約在西元前五五〇年的克里薩斯時代鑄造。據說克里薩斯王在曾屬於邁達斯王（Midas）的河流發現黃金，邁達斯王就是希臘神話中能點石成金的國王。這個地區盛產的黃金，對土耳其西北部貿易中心的里底亞首都薩第斯（Sardis），的確極為有用。

小型社會不太需要貨幣，大家相信鄰居、朋友會以任何相當的勞力、食物或物品互相交換。只有在像薩第斯這樣的大城市，和素昧平生、無法信任的陌生人交易時，才會需要用到貨幣。

里底亞在金幣出現前，通常用貴金屬交易，就是用金塊、銀塊。形狀無關緊要，只要重量、純度夠就可以。但是有個問題。在天然狀態下，金銀礦石經常混在一起，甚至會混入較不值錢的其他金屬。要一一檢驗金屬的純度很麻煩，可能會耽擱所有交易。在克里薩斯之前大約一百年，里底亞人和鄰近一帶居民發明貨幣後，金屬的純度仍然是一大問題，大家使用天然生成的金銀合金，不是純金、純銀，要怎麼確定錢幣的成分和價值呢？

里底亞人終於想出澈底解決的辦法，加速了市場成長，從中發了大財。他們想到的解決方法，就是由國家鑄造純金、純銀貨幣，相同的幣值，重量都一致，價值就可以絕對信賴。如果由國家出面掛保證，這種貨幣就可以不需經過檢驗，民眾可以安心使用。里底亞人到底是怎麼做到的？古代金屬專家保羅・克拉德克（Paul Craddock）博士解釋：

里底亞人無意中想到，可以由國家或是國王發行標準重量和純度的貨幣。貨幣上面的印記就是重量和純度的保證。如果國家保證純度，意味著國家有能力增加或去除金礦中的某種成分。

在技術上，去除鉛或銅這樣的元素還不太難。不巧的是，自然界中和黃金結合的主要元素是銀，當時還沒有人可以將銀從金礦中分離出來。銀對化學品的反應相當遲鈍，金更遲鈍。里底亞人於是直接把礦場採來的細金粉，打成非常薄的大塊舊金片，跟普通的食鹽、也就是氯化鈉，一起放在鍋裡加溫到攝氏八百度，最後就可以得到相當純的黃金。

里底亞人就這樣學會鑄造高純度的金幣。他們也開始僱用工匠，在金幣上壓鑄標誌，說明重量和價值。早期的金幣沒有壓鑄任何文字，金幣上的日期和銘文是後來才有的，但是由考古證據發現，鑄造時間是西元前五五〇年左右，大約是克里薩斯統治中期。

克里薩斯金幣用獅子來標明重量，金幣小、價值就跟著變小，上頭獅子身體部位也跟著變小，例如最小的錢幣只壓鑄獅子的前爪。新的里底亞錢幣鑄造法把檢驗錢幣重量、純度的責任，由商人轉移到統治者身上，這種轉變，使首都薩第斯成為做生意很方便、迅速而非常有吸引力的城邦。

因為人們信賴克里薩斯金幣，即使不在里底亞境內，大家照樣使用這種金幣，為克里薩斯帶來新的影響力：財力。信任當然是鑄造貨幣的關鍵，必須接受金幣上面標明的價值和內含的保證。克里薩斯創造世界第一種可靠的錢幣，金本位從此開始，也因此賺到驚人財富。

有了這筆財富，克里薩斯得以在以弗所（Ephesus）建造亞底米神廟（Temple of Artemis），重建的亞底米神廟成為古代世界的七大奇觀之一。但是克里薩斯有這麼多錢，有帶給他快樂嗎？據說有位睿智的雅典政治家警告他，一個人不管多麼有錢有勢，不到臨終前，不能論定他是否快樂。

里底亞雖然強大富裕，但東邊快速擴張的波斯強權仍不時威脅。於是克里薩斯王尋求著名的德爾斐神諭（Oracle at Delphi）的指示。神諭就像典型的神明預言一樣，模稜兩可的指出在這場衝突中，有一個偉大的帝國會滅亡。結果滅亡的是他的帝國里底亞，他自己也成了波斯國王居魯士（Cyrus）的俘虜。

事實上，他的下場不算太糟。居魯士很聰明，指派他當顧問——我想是財務顧問。打勝仗的波斯迅速採用里底亞的做法，將克里薩斯金幣沿著貿易路線，散播到地中海和亞洲，在克里薩斯的薩第斯鑄幣廠，鑄造自己的純金、純銀貨幣。居魯士把庫什人征服北方鄰居時吸收埃及文化的方法，照樣複製一遍。

中國和土耳其同時發明錢幣，似乎不是巧合，都反應了三千年前、從地中海到太平洋的世界發生的改變。這些軍事、政治與經濟上的劇變，不只造成錢幣因此鑄造問世，也帶來直到今天仍引起共鳴的新觀念：人民和統治者如何為自己定位。簡單來說，這是現代政治思想的開端，是孔子和古典雅典的範疇。下一階段的旅程，我們要從推翻克里薩斯的波斯帝國開始。

第6篇

孔子時代的世界

西元前五百年～西元前三百年

在這段時間，世界各地的不同文明正在改良管理社會的模式，其遺緒幾千年後仍然具有影響力。當蘇格拉底在雅典教導人如何辯論時，孔子在中國宣揚和諧的政治哲學，而波斯人則找到讓不同的民族在廣闊大帝國共同生活的方法。

此外，中美洲的奧爾梅克人創造出精密複雜的曆書、宗教和藝術，表現中美洲人一千多年的文明特性。北歐當時沒有城市或城鎮、也沒有城邦或帝國，更沒有文字或錢幣；但從當地出土的文物來看，當地文明表達出北歐人對自己在寬廣世界的定位，有著細膩、深刻的視野。

▼史上第一偉大「路」上帝國

26 奧克薩斯黃金戰車模型

發現於阿富汗、塔吉克邊境的奧克薩斯河附近；西元前五〇〇年—西元前三〇〇年；高七・五公分、長十九・五公分。

西元前五世紀，世界各地的社會開始清楚的表達對自身與他人的理解，他們創造並界定了我們現在所稱的治國之道，是後世稱為「思想帝國」（empires of the mind）的時代。

二千五百年前，波斯帝國是世界超級強國，其治國理念與過去的帝國差異頗大。英國艾賽司特大學（University of Exeter）波斯及伊朗研究中心主任麥克・艾克斯渥利（Michael Axworthy）博士指出，過去的帝國通常赤裸裸的建立在強權即公理原則上；波斯帝國則建立在戴著絲絨手套的鐵拳上。

我要透過這輛由四匹金馬拉著的迷你黃金雙輪戰車，探索這個帝國。想像一輛這樣的戰車，馳騁在波斯大帝國的道路上，車上有兩人，一位是站著、手握韁繩的馬伕；另外一位是坐在旁邊長椅上的乘客，他的體型大很多、顯然地位很重要，可能是高階行政首長，代替波斯國王巡視轄下的邊境省分。

的確，發現這個戰車模型的地點，是在帝國國境東方的遙遠省分，在今天塔吉克與阿富

▲ 波斯帝國居魯士的陵寢。

汗交界附近。在那裡出土的奧克薩斯寶藏（Oxus treasure）裡有一大堆黃金、白銀寶物，這個模型是其中之一。一百多年來，奧克薩斯寶藏是大英博物館最重要珍藏之一。

這輛精緻的戰車放在手掌中剛剛好，看起來像是權貴子弟把玩的昂貴玩具。但我們無法肯定這是玩具，也不排除是獻給眾神祈福或還願的供品。不管當時代表什麼意義，我們今天可以藉由這輛車，想像當時帝國的樣貌。

這是一個什麼樣的帝國呢？在伊朗設拉子（Shiraz）北方七十英里，一處低矮駱駝色山坡圍繞的平原，平坦多風、景觀沒有什麼特別，有一座巨大石柱底座聳立在六層巨大石階之上，像是隱士居住的三角牆小屋。這裡是波斯第一位皇帝居魯士的陵寢。二千五百年前，居魯士建立了當時最強大的帝國、永遠改變了人類的世界——或者至少是全中東。

這個遼闊的帝國以現代伊朗為中心，西起土耳其、埃及，東到阿富汗、巴基斯坦。要控制這個帝國，必須有空前無敵的陸地運輸，波斯可說是歷史上第一個偉大的「路」上帝國。

波斯帝國不是我們一般印象中的帝國，反而更像是幾個獨立王國的結合。居魯士自稱王中之王（Shahanshah），由此可見，這是由邦國結盟而成的邦聯，各自有統治者，但是由波斯來嚴密控制。這樣的做法容許地方高度自治和差異性，與後來的羅馬模式迥然不同。歷史作家湯姆·賀蘭德（Tom Holland）進一步說明：

> 波斯占領的方式，好比清晨薄霧籠罩在邦國的周圍，感覺得到它的存在，但絕不會不舒服。羅馬人則是鼓勵被征服者認同征服者，到最後，羅馬帝國境內的所有人都自認是羅馬人。波斯人採取非常不同的方法，只要繳稅、不造反，沒人會去管你。雖然如此，但是要征服如此遼闊的帝國，不可能不流大量的鮮血。如果有人膽敢反抗波斯國王，一定會被消滅。

軍隊會沿著又直又快的帝國道路，消滅令他們頭痛的人，但是因為有一部巨大且有效的國家機器，帝國境內的流血事件通常都得以避免。「王中之王」最終掌控一切，但在地方上，卻由一位總督（satrap）代理，負責緊盯轄下王國的一切事務，執行法律、維持秩序、收稅以及徵招軍隊。

我們正好從這裡回到原來討論的黃金戰車模型，因為車上的乘客應該是總督，正在巡視各地。他炫耀似的穿一件看起來就很貴的時髦外套，看他的頭飾，就知道這人習慣發號施令。還有，戰車適合長途跋涉，輪輻和馬一樣高，顯然是為長途旅行設計。

看一個國家的交通運輸系統，可以了解這個國家，而戰車透露很多關於波斯帝國的訊息：公共安全有保障，民眾不需要武裝護衛就可以長途旅行，而且相當迅速。戰車配有特別培育的健馬，加上大而平穩的輪子，可說是當時的法拉利、保時捷。寬廣的泥路在各種天候都可通車，沿途設有密集的驛站，帝國絕對可靠的郵政業務，讓中央的政令經由騎士、跑者和快遞信差，得以迅速傳達到全國各地。當時的外國人看到這樣的成就，大為驚豔，包括希臘歷史學家希羅多德：

> 世界上沒有人跑得比波斯信差還快……據說信差和馬駐紮在沿路上，數目和在路途需要的時日一樣多，每天一人一馬。沒有什麼事情可以阻止信差在最短時間跑到指定的驛站，不管是颳風下雨，還是日出日落。

這個戰車模型不光透露出旅行、通訊的訊息，我們還可以看到波斯帝國接受差異性的核心觀念。雖然戰車模型在伊朗東方邊境、靠近阿富汗的地方發現，但從金屬加工技術來看，這是在伊朗中部製造。馬伕和乘客穿的，是米堤人（Medes；《聖經》譯為米甸人）服裝，米堤人是居住在現今伊朗西北部的古代民族，戰車前方則大大的展示埃及神祇貝斯（Bes）的頭像。貝斯是個有弓形腿的侏儒，不像是保護神的最佳選擇，但是他保護兒童和落難百姓，也是保佑戰車長途旅行安全的好神。他就像是現代守護旅行者的聖克里斯多福（St. Christopher），或是汽車後視鏡上懸掛的平安符。

但是，埃及的神為什麼會跑到阿富汗邊境來保護波斯人？這正好表現出波斯帝國對不同宗教的寬容大度，當他們攻克某支民族後，有時甚至還吸收、採納他們的宗教。這個異常包容的帝國，也很樂於在正式公告上使用外國文字。希羅多德又說：

沒有一個種族比波斯人更樂於接受外國的風俗民情，例如，他們穿米堤人的服裝，因為比較好看，他們的士兵也穿戴埃及的甲冑。

由這個小小戰車模型，我們看到一個多重信仰和多元文化面向，結合組織完善的軍事武力、延續兩百多年的靈活帝國制度。波斯皇帝在人民面前呈現出寬恕、包容的形象，不論實際上是不是如此。

西元前五三九年，居魯士侵略靠近現今巴格達的巴比倫時，他以巴比倫的文字發出一份誇大、寬容的赦令，把自己形容成他所征服人民的保護者。他要恢復各種神祇的宗教，允許之前巴比倫人擄獲的奴隸返回祖國。居魯士說：

我的士兵大舉和平進駐巴比倫時……我不允許任何人恐嚇脅迫人民……為了促進人民福祉，關心人民的需求和所有的聖殿……我會釋放所有奴隸。

居魯士征服巴比倫後，猶太人是他精明的政治判斷最出名的受益者。猶太人在上一個世代被巴比倫王尼布甲尼撒（Nebuchadnezzar）俘虜，現在獲准返回耶路撒冷重建聖殿，他們永遠不會忘記這項德政。在《希伯來聖經》中，居魯士是受聖靈感動的善人和英雄。

西元一九一七年，英國政府發表聲明，協助猶太人在巴勒斯坦建立家園，當時整個東歐將居魯士圖像與英王喬治五世相片並列。我們可以說，沒有多少政治上的交易，在二千五百年後還能收到這樣的好處。

奇怪的是，波斯人並沒有留下太多如何治理波斯帝國的資料，我們多數的資料來自希臘。希臘和波斯是世仇，我們這樣做，就像是透過法國了解大英帝國。幸好現代考古學提供許多新的資訊來源，近五十年來，伊朗人也重新發現、重述自己偉大的帝國歷史，今天凡是拜訪伊朗的人，都可以感受得到這一點。艾克斯渥利這樣解釋：

> 伊朗人對自己的歷史極為自豪……那是一種與複雜性自在相處的文化，是曾經面對不同種族、宗教和語言引起的複雜性後，找出方法、找出彼此關係，重新組織過的文化。這種方式不見得是鬆散或對立的方法，而是合理的將各個元素結合在一起。伊朗人熱切盼望，大家了解他們淵遠流長的歷史和古老的文化遺產。

艾克斯渥利提出「思想帝國」，為這幾章討論的主題做了很好的總結。但用「思想邦國」（states of mind）可能更貼切，因為我一直在透過探討古代文物，指出不同民族如何設想理想的邦國。我用戰車模型探討波斯，接下來還要用一座神廟探討希臘。希臘、波斯交戰多年，可想而知他們對邦國的觀點截然不同。正因為雙方交戰，所以會傾向以對立的方式，來定義什麼是理想邦國。

西元前四八〇年，波斯大軍破壞雅典衛城神廟。雅典人在原址上蓋了今天我們所知的帕德嫩（Parthenon）神廟。兩百多年來，沒有多少文物像帕德嫩神廟一樣，被普遍公認是體現一系列觀點的建築，接下來我要討論一件用來裝飾神廟的文物。

27 帕德嫩神廟雕刻：人頭馬與拉畢斯人

大理石雕，出自希臘雅典帕德嫩神廟；約西元前四四〇年；
高一百三十四．五公分、寬一百三十四．五公分、厚四十一．五公分。

西元一八〇〇年前後，大英帝國駐鄂圖曼土耳其帝國大使額爾金（Elgin）伯爵，從雅典帕德嫩神廟廢墟搬走幾件大理石雕，幾年後，這些藝術品在倫敦公開展示。對大多數的西歐人來說，這是他們第一次近距離觀賞希臘雕刻藝術，結果大為驚豔，深受這些藝術品呈現的美與活力感動。

但到了二十一世紀，這些以額爾金大理石雕（Elgin Marbles）聞名的藝術品，反而因為成為政治爭議焦點出名。今天多數人認為，大英博物館的帕德嫩神廟雕刻激起一項質疑：該把這些石雕放在倫敦，還是雅典？希臘政府堅持要放在雅典；大英博物館管委會卻認為應該放在倫敦，因為石雕是世界文化不可缺少的一環。

這個問題已經變成各執一詞的激烈辯論，但是我要把焦點放在一件特別的石雕上，拿西元前五世紀的雅典時空和製作背景，來討論其中的意義。

帕德嫩石雕穿插神話和日常生活場景，呈現出由神、英雄與凡人組成的雅典，是所有雕刻中最動人、最振奮人心的作品。這些石雕如今廣為人知、深入人心，以至於現在很難找出在當時造成的影響。不過，就當時人類、尤其是雅典人的身心，一定是相當新的思維詮釋，是有史以來新型視覺語言至高無上的成就。雅典大學（University of Athens）古典考古學教授奧爾嘉・巴拉吉亞（Olga Palagia）這麼說：

> 新風格的概念，就是要創造人體、動作和衣著的新均衡……帕德嫩石雕創造了人體的完美比例。新古典風格的關鍵，就是和諧與均衡，而帕德嫩石雕創造了永恆的雕像，因此可以流傳久遠。

然而，雕刻是在特定時間、為特定目的而製作，可說是當時社會自我意識的歸納。帕德嫩神廟是為敬拜女神雅典娜・帕德嫩（Athena Parthenos，帕德嫩的意思是處女）而建，神廟建在市中心的石頭城堡雅典衛城，除了大廳擺著用黃金、象牙製作的雅典娜女神巨大雕像，神廟裡到處都是雕像。

一走近神廟，就可以看到四周圓柱上，有一系列九十二塊名為排檔間飾（metopes）的方形立體雕刻，就像這棟建築物裡的其他雕刻，原來應該是用紅、藍、金等鮮豔顏色上色。我們選擇了一塊褪色的浮雕，透過它來想像西元前四四〇年左右的雅典。

這些雕刻的主題都跟戰爭有關——奧林帕斯山上的天神與巨人之戰、雅典與亞馬遜之戰，還有人頭馬與拉畢斯人之戰，就是本章要探討的主題。這些雕像幾乎都不需要依靠支撐物，人像大約一公尺高。半人半馬的人頭馬正在攻擊傳說中希臘一族的拉畢斯人。據說，拉畢斯人在國王的婚宴上，做了錯誤的決定，請人頭馬喝酒。人頭馬醉得獸性大發，要強暴婦女，人頭馬領袖還想擄走新娘。接著雙方展開惡戰，最後希臘的拉畢斯人戰勝。

我介紹的這塊特別感人，上頭只有兩個人物，人頭馬擺出勝利姿態，後腳站立，似乎要踩死倒地垂危的拉畢斯人。這塊石雕和無數的帕德嫩石雕一樣，已經毀損，以至於倒在地上拉畢斯人臨死的表情、或人頭馬凶狠的眼神，都看不清楚，但仍不失為精彩動人的雕像。那麼，這代表什麼意思？雅典城邦的觀點，如何透過石雕表現出來？

我們相當肯定，這些石雕透過神話故事，敘述不久前發生的英勇時事。這些雕刻完成前三十年，雅典是希臘境內互相激烈交戰的城邦之一，卻被迫因波斯人入侵希臘領土而結盟。我們看到石雕上希臘人對抗人頭馬，事實上代表希臘人與波斯人的戰爭。劍橋大學（University of Cambridge）古典文學家瑪莉．畢爾德（Mary Beard）談到這些石雕的意義：

> 古希臘人從衝突和輸贏的角度來看待一切事物，是一個充滿對立的社會，雅典人為自己在世界上找到定位的方法之一，就是把他們征服或厭惡的人看成「敵人」，或把他們非人化為「異類」。
>
> 所以，我們在帕德嫩石雕上，看到他們詮釋敵人「差異性」的方法，這類雕刻的最佳詮釋，就是英勇戰鬥是為了確保秩序。我們很容易認同這種感覺，沒有人願意住在人頭馬的世界裡，當然是要住在希臘人、雅典人的世界裡。

對雅典人而言，人頭馬世界代表的不只是波斯帝國，也代表其他敵對的希臘城邦，尤其是經常和雅典交戰的斯巴達。石雕上和人頭馬的鬥爭，變成了雅典這種文明城邦永遠必須戰鬥的象徵，理性的人必須一直對抗非理性的野蠻人。把敵人非人化似乎有點過火，但對交戰國卻是絕佳的動員口號，暗示民眾：如果要避免混亂，理性就必須一而再、再而三的對抗不理性。

我選擇這塊雕刻，是因為它傳達了從短時間來看，理性不一定得勝這樣的痛苦訊息，為了保衛受到理性規範的城邦，必須犧牲一些人民的性命。然而，垂死的肉體刻畫得如此令人感傷，激烈的戰鬥顯得那麼協調，以至於得到最後勝利的，似乎不是昂首闊步的人頭馬，而是讓衝突變成美麗事物的雅典工匠。最後，這塊雕刻似乎告訴我們，才智與理性可以創造出時間無法抹滅的事物，我們不光追求政治勝利，還能從藝術和心靈上得勝。

這是雅典觀點，但是其他希臘城邦如何看待帕德嫩神廟呢？既然稱為神廟，大家或許會認為這是祈福獻牲的地方；事實上，這裡後來變成金庫，用來支援希臘對抗波斯的軍費。

隨著時間流逝，雅典自封為希臘城邦的領袖，這筆基金於是變成雅典向希臘其他城邦要索的保護費，雅典逼迫他們成為大雅典海上強權的附庸國，將其中一大部分基金挪用去興建雅典衛城。畢爾德告訴我們，雅典以外的人對帕德嫩神廟的看法：

如果可能，帕德嫩神廟應該是人人都想唾棄、摧毀的建築物，對雅典的臣民來說，這是一種屈服的表示。帕德嫩神廟工程進行時，雅典有一派人士大聲疾呼，反對資金這樣運用，他們說這樣會把雅典裝扮得跟妓女一樣。我們現在似乎很難認同這種說法，因為帕德嫩雕刻透出莊嚴之美，很難跟責淫聯想在一起，把這樣古典品味的檢驗標準想得如此俗麗，真是令人難過，但當時的確有人這樣想。

帕德嫩神廟有一個特點，就是在不同的時間，對不同的人代表不同的意義。為處女雅典娜興建的神廟，到了後來幾世紀卻成為敬禮天主教聖母瑪利亞的教堂，再來又變成清真寺。到了十八世紀末，更成為土耳其統治下積弱不振雅典城中的廢墟。

到了西元一八二〇、一八三〇年代，希臘贏得獨立，歐洲盟邦卻替希臘安排一位德國皇帝。這個新國家需要重新定義自己想要的社會。巴拉吉亞接著敘述這個故事：

西元一八三〇年前後，希臘復興，我們的皇帝是巴伐利亞來的日爾曼人。這位日爾曼人決定恢復伯里克里斯（Pericles）時代的雅典。我認為這個決定開啟了希臘這個新國家與對帕德嫩神廟永遠的認同。我們從西元一八三四年開始整修帕德嫩神廟，我相信這個過程永遠不會結束。我們會繼續努力恢復、定義帕德嫩神廟的象徵。日爾曼皇帝西元一八三四年播下的種子已經長大、變得非常重要。

到了西元一八三〇年代，這棟偉大建築又得到另一個意義，不是古代城邦的意象，而是現代國家的標誌，並透過大英博物館從西元一八一七年以來所展示的雕刻，成為受過良好教育的歐洲人廣為熟知的象徵。

近代歐洲歷史最大的特點之一，就是有些國家透過歷史上的特定時刻，定義、強化對現在的認同感。過去一百年左右，愛爾蘭、蘇格蘭和威爾斯自認為是和雅典建造帕德嫩神廟同時、在北歐崛起民族的後裔。接下來，我們要探討二千五百年前，希臘人視為野蠻人的北歐民族。

▼北歐絕非蠻族，精品巧奪天工

28 下于茨酒壺

青銅酒壺，發現於法國東北摩澤爾（Moselle）；約西元前四五〇年；
高三十九・六公分、寬十九・五公分。

二千五百年前居住在法國東北部的人類，並沒有留下文字記載，只有希臘人曾帶著輕蔑的語氣簡單帶過。少了他們親自敘述的歷史，我們只能透過他們遺留下來的東西，來了解這些人。很幸運，我們找到許多幫助我們了解早期北歐社會的文物，包括這對令人驚豔的酒壺。

這對酒壺是在法國東北洛林省的下于茨城（Basse-Yutz）附近發現的。酒壺以青銅做成，優雅細緻，大概有兩夸脫大酒瓶大小，可以容納差不多的液體。酒壺形狀像有耳的水罐，上有蓋子和尖尖的壺嘴，肩部寬闊，到了底部逐漸變細，而顯得不太穩。動物和鳥聚在一起的頭部裝飾很特殊，一看立刻就會吸引目光，大家在宴會上使用這些奇巧器皿時一定會注意到。

這些精雕細琢的酒壺，是一九二七年工人在下于茨挖地時，無意中發現的。過去西歐從沒發現過類似的文物，酒壺奇特的風格與裝飾讓專家以為是偽造的。但大英博物館的館員深信，酒壺是真正古物，裡頭藏著一段不為人所知的歐洲歷史，所以用當時的天價五千英鎊收購這對酒壺。

這樣做，對自己鑑定文物的眼光可說是下了很大的賭注，但冒險終於得到回報，研究證實，這對酒壺大約鑄造於二千五百年前，當時的希臘正在興建帕德嫩神廟，波斯帝國正處於顛峰狀態，孔子正在中國作育英才。現在，下于茨酒壺已成為塞爾特藝術早期最重要的文物。

西元前四五〇年左右，北歐沒有鄉鎮、城市、城邦或帝國，沒有文字，更沒有貨幣。從俄羅斯草原到大西洋，只有一些兵農合一的小型社會，靠著綿延幾千里的貿易、頻繁的交戰互相交流。

對多數人來說，當時的生活可能很困苦，但是鐵器時代萊茵河流域上流社會的人，生活可能相當愜意。在發現酒壺這一帶的豪華墳墓裡，還出土馬車與戰車、絲綢流蘇、奇特的帽子、鞋子和衣服，當然還有宴飲所需的一切器具。死亡阻止不了這些北歐人繼續舒服度日，墳墓裡有許多飲酒的器皿，包括碗、釜、飲酒的牛角和酒壺，一應俱全。

很多東西應該是越過阿爾卑斯山交易得來的，有希臘的鍋子和容器，還有義大利北部伊特拉斯坎人製作的酒壺。有人充滿偏見，謬以為這些酒壺的主人是鐵器時代萊茵河流域的暴發戶——身為北歐人，卻以地中海的設計與品味，炫耀自己的教養與胸襟。

這種錯誤觀點首先由希臘人提出，再由羅馬人加以闡釋，造成了二千五百年前到今天的錯誤刻版印象——北歐人粗魯不文、卻仰慕南歐的優雅。這個看法至今仍然影響地中海一帶人民對北歐的定見，甚至影響北歐對自己的認知，千百年來，這種看法造成了莫大的傷害。

下于茨酒壺使用的青銅材料，加上設計與工藝，顯示出希臘人認為北歐人野蠻無文的說法毫無根據，但也顯示北歐人的生活型態。他們小部落群聚，善於運用複雜金屬工藝，製造酒壺

▲ 三隻狗注視著壺嘴上的小鴨。

所用的材料。

他們與鄰近地區的關係很密切，主要材料銅來自南邊的阿爾卑斯山，錫可能來自西邊遙遠的康瓦耳。酒壺底部的花樣，在不列塔尼到巴爾幹一帶很普遍，同時還有受古埃及藝術影響的棕櫚葉圖案。此外，酒壺本身是外來的概念，是當時義大利北部民族創造出來的流行形狀。客人受邀參加新統治者的豪華宴會時，一看到餐桌上面的酒壺，就可以確定主人是富裕、品味良好、高度國際化的人。

每個酒壺上面至少有一百二十片珊瑚，珊瑚很可能來自地中海，但原來和光亮青銅形成鮮明對比的鮮紅色，已經褪成白色。你可以想像一把酒壺豎立在燃燒的火光旁，青銅反映出火焰，更添珊瑚的紅豔，侍者正優雅有禮的倒紅酒、啤酒或蜂蜜酒給尊貴的客人。

酒壺上的動物透露了許多有關製造者的訊息，彎曲的把手是一隻瘦削、修長向前延伸、露出犬齒的狗，口中一條鍊子連接到蓋子。狗是當時狩獵生活的基本配備，蓋子兩邊還有兩隻比較小的狗，三隻狗都注視著壺嘴上的小青銅鴨，這是有趣動人的神來之筆。酒流出來時，鴨子好像在酒河裡游泳一樣。

酒壺的酒倒進酒杯時，賓客很容易看出這些精品是本地製造的，完全不像義大利製品，外型華麗，裝飾獨特，加上動物圖案，顯示這是阿爾卑斯山以北的產品，代表工匠與設計師發揮新一波的創造力，展現罕有的信心與勇氣，結合外來與本地元素，形成新的視覺語言，這件作品已經成為歐洲藝術的偉大表現方式之一。

這麼說來，製造這些神奇作品的飲者到底是誰？因為他們沒有留下文字記載，我們不知道他們怎麼稱呼自己，我們唯一知道的名字是希臘人取的。希臘人稱呼他們為塞爾特人，這是有關塞爾特人的第一次記載，也是我們把酒壺上的新藝術風格稱為塞爾特文化的原因。不過，我們很懷疑創造或使用這種技藝的人會自稱塞爾特人，或者把他們的語言叫做塞爾特語。巴瑞·坎利夫（Barry Cunliffe）爵士曾任牛津大學歐洲考古學教授，他解釋：

我們所稱的塞爾特文化，跟塞爾特人之間的關係非常複雜。在塞爾特文化發展和使用地區，一般人說的是塞爾特語，但這不表示他們自認為是塞爾特人，或者我們可以賦予他們那樣的民族認同，但是他們可能使用塞爾特語，所以可以互相溝通。第五世紀塞爾特文化發展的地區、大約是法國東部和德國南部地區，可能早已使用塞爾特語。

今天被我們稱為塞爾特的民族，居住在不列塔尼、威爾斯、愛爾蘭和蘇格蘭，離製作酒壺的萊茵河谷西邊很遠；但是我們在這片土地上，發現了和下于茨酒壺上的裝飾遙相呼應的藝文傳統。

從十九世紀以來，塞爾特文化連結了這對華麗的酒壺和一千年後在愛爾蘭、不列顛製造的塞爾特十字架、《凱爾經》（*Book of Kells*）和《林迪斯芳福音書》（*Lindisfarne Gospels*）。在包括英倫三島的大部分西歐和中歐地區，不乏共享塞爾特文化的裝飾語彙遺緒，散見於金屬加工、石雕、手抄本書的插畫和鑲嵌。

但是要詮釋這種傳承很難。五世紀希臘人描述的刻板印象，使我們看不清古代塞爾特族的真面目，十九世紀英國與愛爾蘭的刻畫，讓問題變得更為困難。希臘人把塞爾特人刻畫為野蠻、暴戾的民族。幾百年前，同樣不真實的身分取代這種古代刻板印象，變成披上深思熟慮的神祕面紗，和盎格魯撒克遜工業世界的貪婪現實截然不同，也成了愛爾蘭詩人莪相（Ossian）和葉慈（William Butler Yeats）筆下浪漫化的「塞爾特曙光」。

到了二十世紀，這種刻板印象對於塑造愛爾蘭的形象有很大的影響。從那時起，尤其是在蘇格蘭和威爾斯，身為塞爾特人已進一步衍生添加了一些國家認同的含意。

雖然有許多人強烈感受、大力陳述身為塞爾特族群的認同概念，但是經過調查之後，發現這是令人難以理解、不確定、變動的概念。觀賞像下于茨酒壺這樣文物，挑戰在於：如何揭開由民族主義者製造出來的傳奇面紗，讓文物訴說自己的歷史定位和所屬的遙遠世界。

▼用人工堆出山峰，建神廟俯視都市

29 奧爾梅克石頭面具

石頭面具，發現於墨西哥東南部；西元前九〇〇年—西元前四〇〇年；
高十三公分、寬十一・三公分、厚五・七公分。

這個面具是由奧爾梅克（Olmec）人製作，他們從西元前一千四百年到西元前四百年，統治今天的墨西哥大約一千年，號稱是中美洲的母文化（mother culture）。面具是用拋光的綠石頭製作，深色石頭是蛇紋石，上面有像蛇一樣彎曲的白色條紋。和一般雕刻頭像不同，它後半部是中空的，仔細一看，可以發現有穿刺和經歷某種儀式的痕跡。

前面提到的世界歷史文物，帶我們走過波斯帝國的驛道，進入雅典的神話戰爭，看到北歐人的狂飲。每件文物都看出主人的身分和二千五百年前的生活。歐洲和亞洲的自我定義，顯然是透過區分自己和別人的差異，其中少部分是經由模仿，但大部分是透過對立。

我們現在看的奧爾梅克面具，出自美洲墨西哥東南部的低窪雨林，卻呈現出一個完全專注凝視自己的文明，這是和埃及文明一樣古老又綿延不斷的墨西哥文化特點。

英國的學校不太教授中美洲文化的事物，學生可能學過帕德嫩神廟、甚至孔子，但同時期的中美洲有哪些偉大文明，卻沒有學到太多。然而，奧爾梅克人其實是高度發展的民族，建

造了中美洲最早的城市，繪製了天文圖，發明了當地最早的文字，也可能編定了美洲第一部曆書，甚至發明了世界最早的一種球類運動，這種運動流傳久遠，三千年後西班牙人還能看到。這種運動用橡膠球玩，橡膠是從本地的橡膠樹上取得。雖然我們不知道奧爾梅克人如何自稱，但文字記載中，阿茲特克人叫他們奧耳門人（Olmen），奧耳門的意思就是橡膠國度。

奧爾梅克文明相當晚近才在墨西哥叢林出土，一直到第一次世界大戰後，世人才開始研究他們的遺址、建築，特別是雕刻。了解奧爾梅克人生存的年代花了更多時間。

西元一九五〇年代開始，新的碳十四年代測定技術讓考古學家可以估計建築物的年代，從而估算出居民生活的年代，結果顯示這個偉大的文明在三千年前非常鼎盛。這個悠久、古老文明的發現對現代墨西哥的認同影響深遠，我請墨西哥名作家卡洛斯・福恩提斯（Carlos Fuentes），說明這個文明對他的意義何在：

> 這表示我們有令人驚奇的連續文化，很多只有歐洲移民血統、或是沒有濃厚印第安文化背景的拉丁美洲人，無法欣賞墨西哥文化的深厚底蘊，早在西元前十二或十三個世紀，墨西哥文明就已經開始。
>
> 我們自認是這些文明的繼承人，這些文明是我們整體結構的一環、民族組成的一部分。基本上我們是由歐洲與印第安混血組成的國家，印第安文化處處可見，融入文學、繪畫、生活習慣和民間傳說，是我們的文化遺產。
>
> 西班牙文化也一樣，西班牙文化不只是伊比利半島的文化，還包括猶太人和摩爾人的文

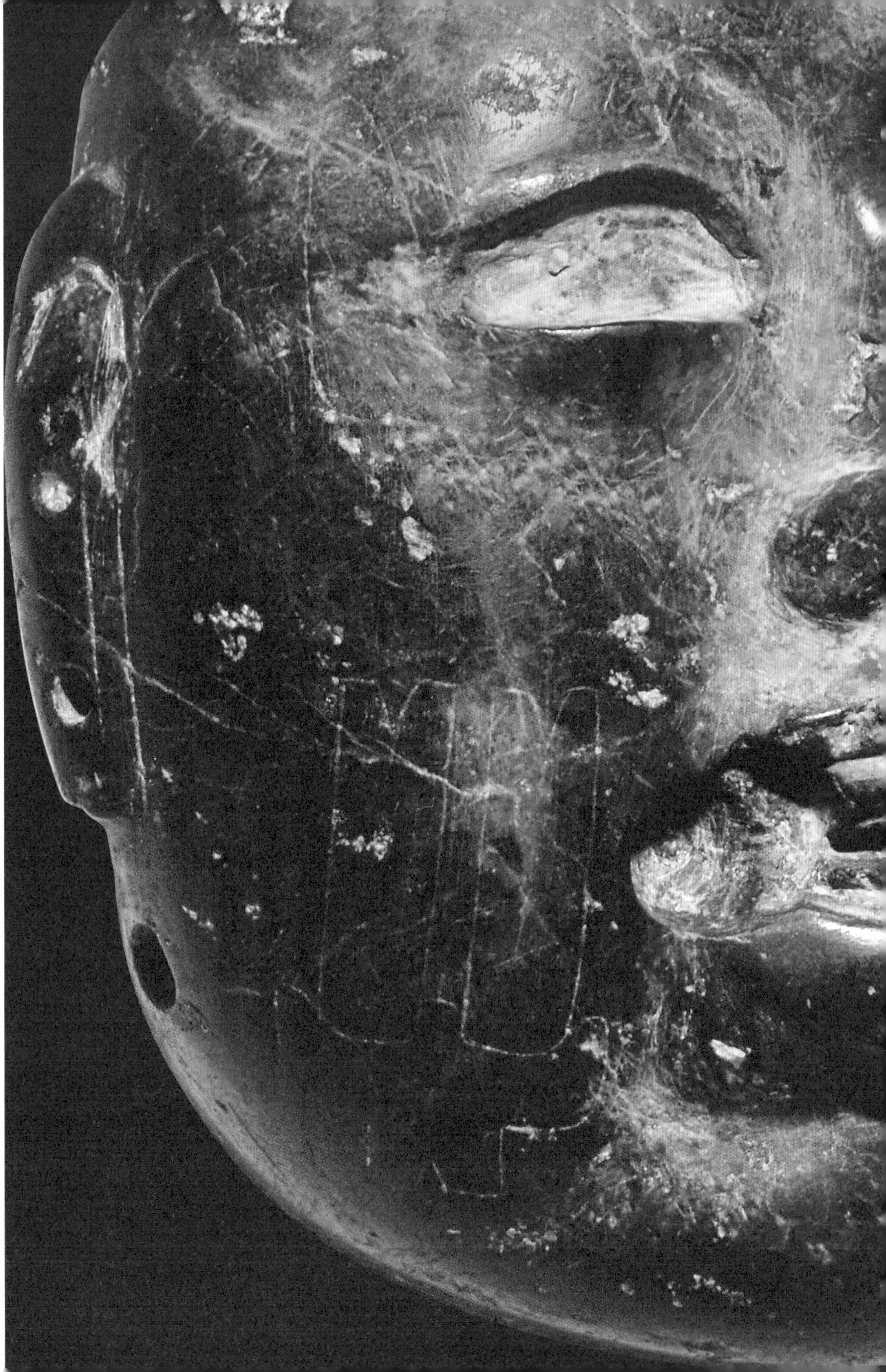

化，因此墨西哥是許多文明的大集合，其中一部分是過去偉大的印第安文化。

奧爾梅克人到底是什麼樣的民族？這個面具顯示的是什麼樣的人？面具怎麼戴？奧爾梅克面具一直讓歷史學家很感興趣，很多學者仔細檢查臉部特徵，研判他們是來新世界殖民的非洲人、中國人、甚至是地中海一帶的人。我認為，如果你認定這張臉孔是非洲或中國臉，你在看了這張面具之後，肯定可以說服自己、從中找出非洲人或中國人的特徵；但實際上，這些特徵十足是中美洲人民的特徵。一直到今天，我們還可以在奧爾梅克人後代居住的墨西哥，看到這樣的臉孔。

大家迫切期待從古代美洲社會找出歐洲或亞洲元素，找出古代往來與影響的證據，這種期待很有啟發性。新舊大陸的文化非常類似，都造出金字塔、木乃伊、廟宇、宗教儀軌，有著功能類似的社會結構與建築物，因此有一段很長的時間，學者很難相信美洲文明能夠獨立發展，但美洲文明的確可以獨立發展。

這個面具只有十三公分高，顯然小到無法戴在人臉上，掛在脖子上或當成頭飾參加某種儀式的可能性大多了。面具的頂端和角落鑽了小洞，可以用絲線穿過，方便綁好。我以歐洲人的眼光來看，臉頰兩邊似乎是兩根蠟燭站立在燭臺上。對奧爾梅克專家卡爾·陶伯（Karl Taube）來說，這四點很可能代表羅盤的基本方位，面具可能是國王的樣貌：

我們看過巨大的頭像、王座和國王的肖像，我們經常有把國王放在世界中心的「中正」觀

奧爾梅克面具臉頰上的刺青圖像。▶

▲ 奧爾梅克文明中心之一，拉凡達廢墟一景。

念，因此在這個精雕細琢的蛇紋石面具臉頰上，四點可能是羅盤上的四個基本方位。對奧爾梅克人而言，他們關心的，主要是以國王為主軸的世界方位與中心。

奧爾梅克人除了崇拜各種神祇，還敬拜祖先，所以這個特別的面具也可能代表歷史上的國王或傳說中的祖先。陶伯注意到，我們發現的很多雕刻上，似乎都是同一張有刺青的臉，因為這個圖案多次出現，他認為可能真的有一個人有這種臉部記號。研究奧爾梅克的專家稱他為雙渦卷王（Lord of the double scroll）。

不管這個蛇紋石面具的本尊是誰，他出現在大眾面前時，一定令人印象深刻。他的耳朵上穿了幾個洞，好像是為了戴金耳環，嘴邊好像有大大的酒窩，應該是代表圓洞。我們現在對於臉上穿洞和飾釘習以為常，但是這些洞比較大，應該是準備配戴塞子用。

在中美洲的歷史上，穿洞與塞子很普遍，以奧爾梅克人的審美觀來看，這樣的裝飾會改變臉部外型。因為奧爾梅克人的骨骸已經被熱帶雨林的酸土完全溶化，我們只能根據這個面具想像他們的長相。但是奧爾梅克人的審美觀可能超越化妝品和珠寶，到達神話和信仰的境界。陶伯進一步說明：

他們常常會修飾頭部，有人認為是頭部畸形，但是我覺得這種說法太沉重。對他們來說，這是美麗的記號，他們會把新生嬰兒的頭綁起來，讓頭變長，有些人會稱之為酪梨頭，但其實他們是要大家聯想到玉米，他們是以玉米為食物的民族。

可惜他們只留下一些銘文或象形文字，而我們對這些文字充其量只能初步解釋。沒有夠多的連續性文字，不能確定這些符號的意義，只能推測奧爾梅克人對神祇和自然循環的看法。不過，他們留下很多附有象徵、符號或象形文字的陶器和雕像，顯示文字曾經在奧爾梅克的心臟地帶盛行一時，總有一天，我們會有更深入的了解。

雖然我們還看不懂奧爾梅克文字，卻可以透過近期出土的城市建築，了解和他們有關的很多事情。拉凡達（La Venta）等靠近墨西哥灣的主要城市，留有階梯式的金字塔，上面有讓人敬拜神明和為國王舉行葬禮的廟宇遺跡，這個地方應該是城市的中心。金字塔頂端通常會建造一座神廟，就像大約同時代的希臘人把帕德嫩神廟造在山上、俯視雅典城一樣。

然而帕德嫩神廟聳立在天然石山上的雅典衛城，奧爾梅克人卻是堆起人工山峰——用平臺來形容實在遠遠不足——來建造俯視城市的神廟。這種城市布局和景觀安排是奧爾梅克的典型，後世馬雅、阿茲特克等多數中美洲城市中心，也都模仿奧爾梅克人的模式，興建一座俯視開闊廣場的神廟，旁邊伴隨著較小的廟宇和宮殿，其中稍加變化而已。

到了西元前四〇〇年，拉凡達和奧爾梅克其他中心全都變成荒城，中美洲居民突然在我們不明所以的情況下，神祕的捨棄了一個人口眾多的城市中心，這種情形多得令人不安。以奧爾梅克為例，原因可能是這個脆弱的熱帶河谷人口過剩，或是地殼變動引起河流改道、火山爆發、或是洋流聖嬰現象造成的暫時性氣候變遷。

但是，奧爾梅克文明的元素在墨西哥中部流傳下來。奧爾梅克核心神祕瓦解後幾世紀，古城迪奧迪華肯（Teotihuacan）出現，城中有一座七十五公尺高的金字塔。從金字塔頂，可以看出迪奧迪華肯的廢墟大小，和當時的古羅馬相當，城中有很多壯觀的大道、較小的金字塔和公共建築。這個城市的形狀大多師法奧爾梅克人的模式，奧爾梅克文化確實是中美洲文化之母，也是影響久遠、後世繼起文明遵循的典範。

30 中國銅鐘

青銅鑄造的鐘，發現於中國山西省；西元前五〇〇年—西元前四〇〇年；
高五十五公分、寬三十九公分、長三十一．五公分。

一九九七年，英國把香港歸還給中華人民共和國時，雙方選擇演奏的音樂都非常有代表性。英方用號角吹奏《最後崗位》（*Last Post*）；中方演奏的曲目，是為當時氣氛打造的《交響曲一九九七：天地人》，其中一段使用古代銅鐘。

英方選擇讓人聯想起戰爭與衝突的獨奏樂器，中方卻選擇一組必須合作彈奏的樂器。只要想像一下，就可以看出樂器的選擇代表雙方截然不同、確定不移的社會運作觀念。銅鐘在中國有幾千年的歷史，代表特殊的意義——也許中國領導人利用這種方式，提醒香港人即將回歸到什麼樣的政治文化傳統。

本章介紹的銅鐘是二千五百年前的文物，和前述典禮上演奏的銅鐘屬於同一時代，我們藉著這個銅鐘，探討孔子心中的理想社會是如何和諧運作。

西元前五世紀，這座銅鐘首次演奏時，中國正處於政治與軍事混亂時期，幾位諸侯爭奪霸權，社會普遍動盪不安。才智之士因此熱烈討論，什麼是理想社會，其中以孔子最為出名、最

具影響力。

因為時代的動亂，孔子理所當然的把安定與和諧擺在第一位。據說他曾說過一句名言，被弟子記載於《禮記》：「夫樂者樂也，人情之所不能免也。」對孔子而言，音樂是和諧社會的意象，更可以帶來美好社會。這樣的世界觀在今天的中國還是得到熱烈的迴響，也與我們要說的銅鐘故事巧妙搭配。

銅鐘是年代久遠的博物館文物，所以我們不能經常用來演奏。這個銅鐘大概有啤酒桶大小，橢圓而不是正圓形，大而美的外觀，令人聯想到超大型的瑞士牛鈴。銅鐘周身圍繞著精緻的帶狀飾紋，一粒粒圓型浮雕，刻畫著龍頭吞噬雁鴨，兩條華麗的龍盤踞頂部，撐住可供懸掛的把手。這個銅鐘不但可以演奏，也宜於觀賞。

銅鐘的主人可能是諸侯，或是眾多侯國中的高官。擁有一組銅鐘、甚至擁有一整個樂隊來演奏，是身分和地位的象徵。銅鐘透露的主要訊息是主人有權有勢，也可能代表主人的社會和宇宙觀。

孔子很重視音樂，把音樂當作教育個人、甚至塑造國家的主要課題。孔子思想的核心，就是個人必須了解、接受自己在社會上的地位。也許因為這種精神，中國銅鐘具有哲學上的象徵意義——調過音的銅鐘依序敲出音符時，反映出銅鐘創造的「和而不同」。作家兼現代中國通伊莎貝兒・希爾頓（Isabel Hilton）進一步說明：

> 孔子的思想非常強調和諧。孔子認為以德行、仁愛、公義來管理人民最為有效；如果領導

人以身作則，人民自然風行草偃。以這些德行來修身養性，自然可以廢棄刑罰，因為領袖是以合理性和羞恥心治國。實施這些概念，自然能創造出和諧社會。

因此，和諧社會是品德高尚君子共同努力的結果。哲學家很容易從音調和諧、音階分明的一組銅鐘中，看到理想社會的意象，也就是每個人各安其分，和大家通力合作。

中國大約五千年前就有鐘和鈴了。最早期可能是簡單的手搖鈴，中間有鈴錘可以發出聲響。後來捨棄鈴錘，演奏時改用槌子在銅鐘外面敲打。我們這具鐘可能是一組九個或十四個組合中的一具。每個鐘大小不一，按照打擊位置不同，可以發出不同的音階。打擊樂器專家艾芙琳·葛倫尼（Evelyn Glennie）夫人，非常了解這些銅鐘的能耐：

每個銅鐘都有獨特的聲音。有的可以發出非常細微的聲音，一不注意就聽不見；有的能發出極為宏亮、大到整個社區都聽得見的聲音。記得我剛到中國的時候，他們用擺滿整個架子的銅鐘裝飾舞臺的背景，我情不自禁的走上舞臺，欣賞銅鐘構造顯示出的工藝技術。我問他們可不可以讓我敲看看，他們就給我一根長木桿，我必須用盡全身的力量，才能讓它發出聲音，重點是要敲到正確的位置。

我記得我對能有這樣的經驗滿懷敬意。當時情形不是「好吧，隨便敲一下」，而是我必須仔細品味的經驗，光是敲鐘就是美妙的經驗，敲擊過後，共鳴帶來的聲音體驗令人低徊良久。

以歐洲的標準來說，這些古代中國銅鐘很龐大。歐洲要到一千五百年後的中世紀，才鑄造出這種規模的銅鐘。但是銅鐘在中國扮演的角色超越音樂，為了發出完美的音調，銅鐘必須具有絕對標準化的形狀，形狀一致，表示可以用來衡量標準容積。每具銅鐘使用的銅數量固定，因此也可用來當作標準重量。所以銅鐘在古代中國也可以當作度量衡的工具，為商業和社會帶來和諧。

有趣的是，銅鐘也在戰爭的規範扮演重要角色。中國人認為，鐘鼓響起前就展開攻擊不夠光明磊落；鐘鼓響過，才可以公平公正、不受限制的大戰一場。但是銅鐘通常使用在宮廷儀式和娛樂方面，在宴會、祭拜儀式之類的盛會上演奏，銅鐘繁複的音樂象徵宮廷生活的步調。

銅鐘和傳統的演奏方法流傳到中國境外。今天流傳下來最接近古代的演奏方式，不是在中國發現，而是在韓國，十二世紀的韓國宮廷音樂一直流傳下來。

在歐洲，今天已經很難得聽到五、六百年前的音樂，但是古代中國銅鐘的音樂，已經迴盪了二千五百年。這不但代表一個時代的聲音，也代表古代社會和現代後繼社會的政治理想。孔子思想在中國中斷一陣子後，再度廣為流傳。希爾頓說：

> 兩千年來，儒家思想一直是中國政治的靈魂，但是到了二十世紀初期，現代化運動家和革命分子強烈批判孔子，怪罪儒家思想造成中國近兩百年的衰敗，孔子學說不再受歡迎。但儒家思想並未真正消失。

奇怪的是，我們竟然聽到今天中國領導人再度提起和諧社會。今天的領導階層要的，是更滿足的社會，人民滿足於本身的社會地位、沒有階級鬥爭；領導人變成古代儒家思想德行的體現。人民根據他們的品德，接受他們的統治權利。因此我們看到人民接受和諧的古代含意，用新的型態為穩定的政治體系、為人民不質疑統治權利的體系合理化。

銅鐘仍然大行其道。一九七七年，香港主權回歸典禮上用的古代銅鐘，再度在二〇〇八年的北京奧運會上演出，看來孔子正合當代的口味。近年有部票房二千五百萬美元的傳記電影以他為題、他的《論語》至今仍是暢銷書，還有電視影集、教導孔子學說的百集動畫。孔子的時代已經再臨。

第7篇

帝國締造者

西元前三百年～西元十年

西元三三四年，亞歷山大大帝（Alexander the Great）征服波斯帝國，開啟了統治者妄自尊大和大帝國的時代，帝國自古就存在，但亞歷山大的帝國卻是世上第一個從小地區變成涵蓋地球許多區域的超級大國。

在中東與地中海，亞歷山大變成統治者仿效或鄙視的對象，羅馬第一位皇帝奧古斯都就模仿亞歷山大，利用自己的形象向臣民展現帝王的權力；相形之下，埃及的希臘統治者則在政治衰弱的時代緬懷埃及的過去，印度的阿育王澈底摒棄壓迫性的統治，透過豎立在印度次大陸各地的石柱碑文，推行宣揚和平的哲學，雖然他死後帝國國祚不長，他的理念卻永垂不朽。羅馬帝國延續了四百年，幅員之廣、人口之多、文明之盛，只有生產眾多精美奢侈品、以贏得仰慕與臣服的漢朝可以匹敵。

▼只有我能征服到「地與海的盡頭」

31 亞歷山大大帝銀幣

亞歷山大大帝頭像銀幣，鑄造於土耳其拉舍基（Lapseki，即古城連沙科斯〔Lampsakos〕）；西元前三〇五—西元前二八一年；直徑三公分。

大約二千多年前，歐亞兩洲出現了幾個偉大帝國——西方的羅馬帝國、印度的孔雀王朝和中國的漢朝，他們留下來的文明遺產仍然強烈的影響今日世界。想要調查這些帝國的權力如何構成與展現，軍事力量只是開端、也是最容易的部分。統治者如何把威信烙印在子民心上？就這點而言，圖像通常比文字更有效。

所有圖像中最有效力的就是錢幣：我們常常看到這種錢幣，卻忽視了它的影響力。野心勃勃的統治者鑄造貨幣，想要表達的訊息就在錢幣上，即使統治者死亡已久，這種訊息仍然留存後世。亞歷山大大帝銀幣上是他的頭像，不過，這是他死後四十多年，才由繼任者利西馬科斯（Lysimachus）下令鑄造的。

這個銀幣直徑大約三公分，只比英國二分錢的硬幣略大一些。銀幣上年輕人的側面像鼻梁挺直、下巴強而有力，顯示出古典美和力量。他凝視遠方，頭部微微傾斜，威風凜凜，令人想起奮起向前的力量。這是已經去世領導者的圖像，但顯然是用來傳遞權力與權威的政治訊息。

ΒΑΣΙΛΕΩΣ
ΛΥΣΙΜΑΧΟΥ

現代中國也有完全相同的情形：人民幣上面是毛主席的肖像。人民幣是非常成功的中國資本主義經濟原動力，上面印的肖像竟是早已去世的共產黨革命家，看來似乎有點奇怪，但個中原因再清楚不過。毛澤東讓中國人想起中國共產黨的偉大成就，代表中國統一和在國外的威望。每一任中國政府都希望是這種威望的繼承人，這種接收前人成就和利用已故領導人肖像的做法一點也不新奇，已經存在了好幾千年。今天人民幣利用毛澤東的肖像，和二千多年前利用亞歷山大大帝的肖像，兩者如出一轍。

亞歷山大大帝銀幣鑄造於西元前三百年左右，是人類最早把領袖的肖像鑄在貨幣上的先例。亞歷山大大帝是當時、甚至可能是古往今來最有魅力的軍事統治者。我們也許無法確定錢幣上的樣子是否就是亞歷山大的相貌，但一定是代表他本人。圖像上除了人髮之外，還有公羊角，遠古時代公羊角的象徵意義使我們確定那是亞歷山大的圖像。公羊角令人聯想到宙斯—阿蒙神，也就是希臘天神宙斯和埃及太陽神阿蒙的綜合體。因此這個小小的銀幣具有兩項重大意義——首先是宣示亞歷山大是希臘和埃及的統治者，其次是表示他既是人、也是神。

亞歷山大是馬其頓國王菲立普二世（PhilipII）的兒子。馬其頓是一個小王國，位於雅典北方幾百英里處。菲立普對這個兒子期望頗深，因此聘請大哲學家亞里斯多德當他的老師。西元前三三六年，亞歷山大繼承王位時才二十歲，卻已經自信滿滿。他宣稱要揮軍直抵「地與海的盡頭」，因此發動了一系列的戰爭，首先平定雅典和希臘其他城邦的叛亂，接著揮軍向東，進軍希臘的世仇——波斯。當時波斯是地球上最大的帝國，國土廣闊，西起埃及，跨越中東、中亞、印度，幾乎東抵中國。年輕的亞歷山大前後征戰十年，戰功彪炳，最後征服整個波斯帝

銀幣背面是雅典娜女神，以及用希臘文拼寫的「利西馬科斯國王」。▶

國，顯然他具有強大的企圖心，什麼力量促使他不停奮勇前進？著名的亞歷山大大帝專家羅賓・福克斯（Robin Lane Fox）說：

英雄式的理想驅使亞歷山大奮勇向前，身為馬其頓國王，他要追求個人的榮譽和卓越；要揮軍直達世界的邊緣，也想永遠超越父親菲立普國王。菲立普是出色的國王，但和譽滿全球的亞歷山大相比，卻相形失色。

亞歷山大的勝利並非只靠軍隊，勝利也需要金錢——許許多多金錢。他很幸運，菲立普國王早就占領橫跨現代希臘、保加利亞和土耳其邊界、蘊藏豐富金礦和銀礦的色雷斯（Thrace）。這些貴金屬為亞歷山大早期征戰提供必需的財源。除了父親遺留的這些金礦和銀礦，後來他從波斯攫取的巨量財富使他財力大增。他從波斯掠奪將近五百萬公斤黃金，為往後的勝利提供所需資金。

亞歷山大統領著攻無不克的大軍，擁有巨量財富和超凡的領袖氣質，無疑已經成為傳奇人物，他不再是凡人，簡直就是超人。早期他在攻打埃及的某次戰役中，前往阿蒙神的神壇，神諭說他不但是法老，也是神。他離開神壇時給自己加上「宙斯—阿蒙神之子」的封號。這就是銀幣上亞歷山大頭像上會有公羊角的原因。他征服的很多地方人民都視他為活神仙，但我們不清楚他是否真的自視為神。福克斯指出，亞歷山大認為自己更像是神子：

亞歷山大確信自己是宙斯的兒子，因為母親奧林比亞告訴他，說宙斯是他的天父。但就人間而言，他是偉大的菲立普國王的兒子。他的帝國中某些城市自動自發的把他當神來崇拜，他很樂意大家把他當神膜拜。不過他也自知是個凡人而已。

亞歷山大征戰建立的帝國面積廣達二百萬平方英里，其中很多城市用他的名字命名，最著名的就是埃及的亞歷山卓（Alexandria，一譯為「亞歷山大港」）。歐洲大型博物館幾乎都有亞歷山大的肖像，不過這些肖像彼此並不相同，因此我們不知道那個才像他本人。西元前三二三年亞歷山大去世後，才有一個統一、理想化的肖像問世——也就是館藏這個銀幣上的頭像。不過，銀幣背面卻指出，這不是亞歷山大的銀幣——他不過是死後化身為另一位政治人物的陪客而已。

銀幣的另一面是帶著矛和盾的雅典娜女神，她是希臘人的守護女神，也是帶來勝利的戰神。但她並不偏愛亞歷山大，因為上面的希臘文說這是利西馬科斯國王的銀幣。利西馬科斯是亞歷山大的將軍和戰友，從西元前三二三年亞歷山大死後到西元前二八一年他去世期間，一直統治色雷斯。他的貨幣沒有鑄上自己的肖像，反而把榮耀和權威歸給前任統治者。這是對英雄人物圖像的政治操縱——幾乎算是盜用身分。

亞歷山大三十多歲去世，帝國很快就分裂，由彼此爭戰的軍閥統治，利西馬科斯只是其中之一。每位軍閥都宣稱自己是亞歷山大的繼承人，並鑄造有亞歷山大肖像的貨幣作為證明。他們不僅在戰場上爭鬥，也在貨幣上競爭。這是一種亙古長新的政治手段——利用已逝偉大領導人的權威和光芒，來拉抬自己的地位。

已逝政治人物的名聲比較穩定，也比活著的政治人物更好操控。例如，二次世界大戰以來，只要情況許可，英國和法國的政治領袖就宣稱他們分別繼承了邱吉爾和戴高樂的政策。但是，政治評論家和節目主持人安德魯・馬爾（Andrew Marr）指出，這種策略在民主社會中的風險很高：

> 一個文化越民主，操弄先前的領導人就越是困難。有趣的是此時此刻，在普丁統治的俄羅斯，看到長久以來被視為血腥暴君的史達林又重新成為受人愛戴的政治人物。儘管已逝的政治人物可能遭到利用，但只要政治文化夠民主，容許溝通和對抗，這種機會就越來越少。舉邱吉爾為例，因為他的思想和言論廣為人知，如果有政黨敢說「本黨奉行邱吉爾的政策」，就可能惹上麻煩。因為邱吉爾變來變去，言辭常常互相矛盾。

已逝的統治者雖死猶生，貨幣上仍有他們的肖像。倘若今天有判斷力的外星人拿到人民幣和美元時，會以為現在統治中國的是毛澤東、而華盛頓是美國總統。中美兩國領導人就希望人人都這麼想。這些政治巨人給予面臨重重困難的政權穩定、合法、不容置疑的權威光環，利西馬科斯的策略值得當今世界強權師法。

比起亞歷山大，利西馬科斯充其量只是個二流角色。他沒有建立帝國，但擁有一個王國。亞歷山大帝國在他死後二十年內分崩離析。中東在往後三百年中，由有文化但競爭劇烈的希臘國王及王朝所統治。第三十三章的羅塞塔石碑是這些希臘王國遺留下來最有名的紀念碑。但我的下一個主題來自印度。阿育王（Ashoka）憑藉另一種權威來強化政治地位——權威不是來自偉大戰士，而是有史以來最偉大宗教家之一的佛陀。

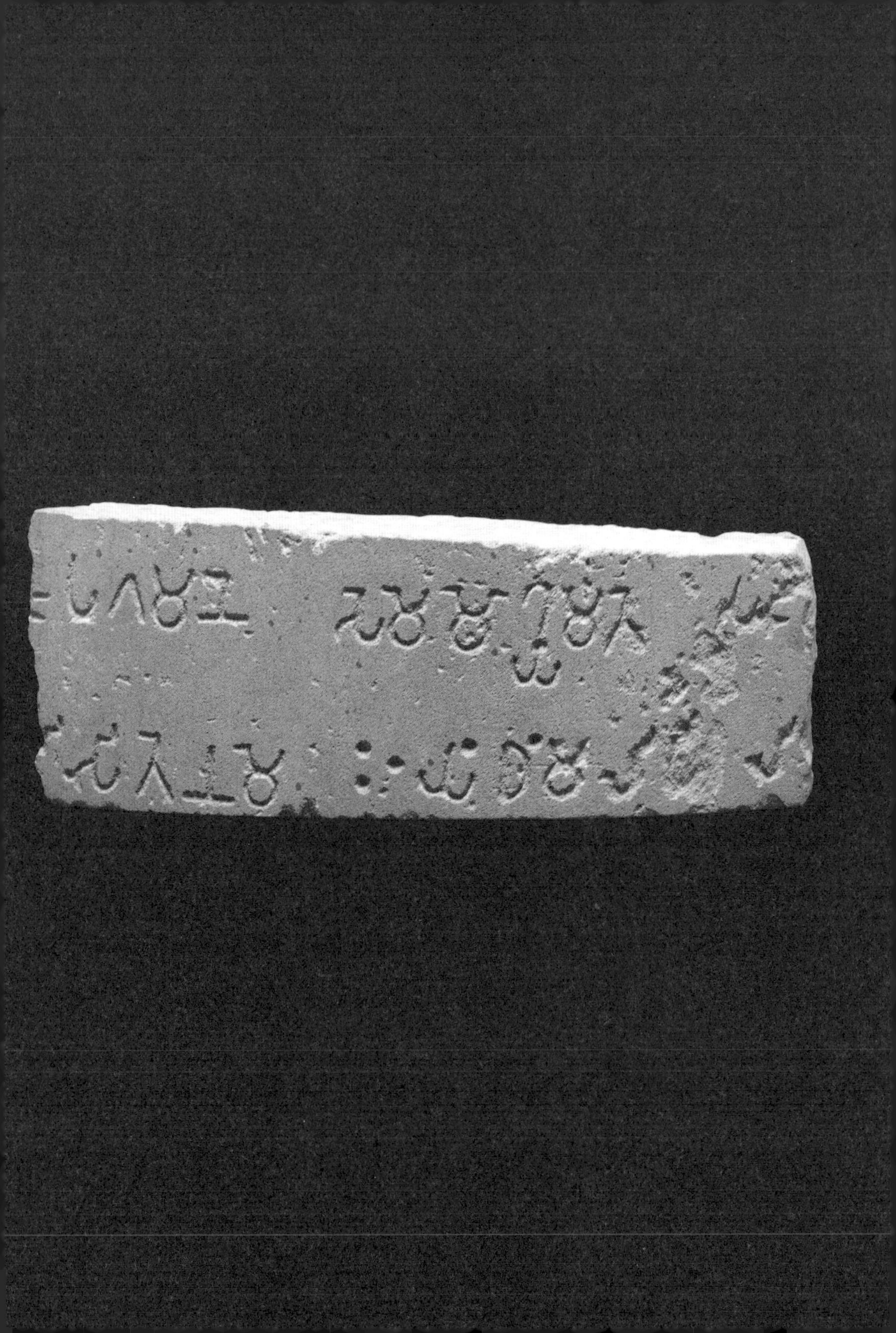

▼殺死九十九個兄弟後登基的仁君

32 阿育王圓柱

豎立在印度北方省密拉特的殘餘圓柱殘片；西元前二三八年前後；高十二・二公分、寬三十二・六公分、長七・六公分。

歐亞兩洲大約二千年前建立的幾個強國，其文化遺產迄今猶存。這些強國為統治者奠定了若干基本概念，包括如何正確統治人民、建立形象和成功的展現權力。他們也證明統治者確實能改變人民的思想。印度阿育王的帝國幅員廣大，他的理念直接影響甘地的思想。這種多元、人性化和非暴力治國方策的傳統，刻在這塊大小如彎曲磚塊的沙岩殘片上，看來毫不起眼，卻和世界史上最偉大人物之一有關。這件石製文物刻了兩行紡錘型圓形字母的文字，以前有人稱之為「針型人文體」。大型圓柱高約九公尺，直徑略小於一公尺。圓柱上面雕刻很多文字，如今只看得到這二行。

阿育王在帝國各處豎立很多圓柱，這些精美的圓柱豎立在公路旁或市中心，宛如矗立在今天市中心廣場的公共雕像，但和歐洲各地典型的圓柱不同，沒有底座，上面倒是有個荷葉形柱頭。阿育王圓柱中最著名的一根柱頭上有四隻頭部朝外的獅子——今天，獅子仍然是印度的象徵。上述石頭殘片的圓柱最初豎立在德里正北方的密拉特城（Meerut），但在十八世紀初蒙兀兒帝國宮殿的爆炸事故中炸毀。阿育王帝國涵蓋印度次大陸的大部分地區。很多同類的圓柱迄今仍然存在，廣泛散布在阿育王帝國各處。

這些圓柱的用途是對人民發布敕令。上面雕刻的文字是阿育王的文告或敕令，這樣文告和敕令就能散播到全印度、甚至印度以外的地方。圓柱所刻的內容涵蓋七項重要敕令，上述石頭殘片來自「第六項圓柱敕令」，內容為阿育王對帝國內所有教派和各階層人民的仁慈政策：

朕深思該如何造福全民，不只澤被我的親戚或首都人民，也包括邊疆百姓。朕對全民一視同仁，關心各階層人民。此外，朕對所有宗派都敬奉合宜祭品，但朕認為朕最重要的責任是親自訪查民間疾苦。

當時多數人民是文盲，所以有人負責將敕令朗讀給人民聽。阿育王剛登基時並不關心人民福祉，所以人民聽到敕令後不僅歡喜，而且大大的鬆了一口氣。阿育王繼承王位時，並非仁慈慷慨的哲人，反而相當無情殘忍。他的祖父旃陀羅笈多（意即孔雀）在南征北討後，建立印度史上最偉大的孔雀王朝，國土廣闊，西起今天的阿富汗、東抵孟加拉，涵蓋印度大部分地區。他即位後也步上祖父的後塵，屢次發動戰爭。

西元前二六八年，經過劇烈的王位爭奪後，阿育王繼位。佛教文獻記載他殺死「九十九個兄弟」後才登基為王。這種說法雖是比喻，但事實上應該有很多兄弟遭到殺害。文獻上也記載，阿育王信奉佛教前，行為既放縱又殘忍。他一繼位，就對獨立的卡林加國（Kalinga）發動戰爭，以求統一整個印度次大陸。卡林加就是今天印度東部濱海的奧里薩省（Orissa）。

這場戰爭既野蠻又殘忍，阿育王戰後似乎深感後悔。他整個人澈底改變，領受了「達磨」（Dharma，即佛法）。「達磨」要求其信徒遵守道德，一生要無私、慈悲、負責、守法和行為端莊。錫克教（Sikhism）、耆那教（Jainism）和印度教都有「達磨」的觀念，阿育王的「達磨」觀念則來自佛教。他在詔書中懺悔發動戰爭，內容如下：

> 眾神摯愛的國王在位第八年征服卡林加國，生擒十五萬人，殺戮十萬人，另有數十萬人死亡。朕征服卡林加後即潛心學習「達磨」……。
>
> 眾神摯愛之王、卡林加國的征服者現已後悔。戰爭造成屠殺、死亡，人民流離失所，對此朕深感悲傷與自責。

阿育王從此幡然遠離罪惡，轉而親民愛民。他的詔書是以當地使用的方言而非梵文寫成的，梵文後來才成為孔雀王朝的官方語言。

阿育王皈依佛教後不再發動戰爭，改為以仁慈解決世界問題。佛陀的教導啟發他的思想，他有一個兒子是第一位前往錫蘭傳教的佛教僧侶。但佛教並不是國教，嚴格說來，他的國家是沒有國教的世俗國家。印度籍諾貝爾經濟獎得主和哲學家阿馬提亞・沈恩（Amartya Sen）說：

> 國家與所有宗教必須保持距離。佛教不是國教，其他宗教也應該得到包容與尊重。印度式

的世俗主義並非指宗教不會涉及政治事務，而是指單一宗教不凌駕其他宗教。

阿育王在帝國內宣揚如下理念：宗教自由、自制、官民應溝通和傾聽對方、男女都應享有人權，重視教育和衛生。這些都是佛教的中心思想。不丹夾在印度北邊和中國之間，是信奉佛教的小王國。我請教不丹駐英國領事麥克・魯德藍（Michael Rutland），他曾經擔任前任不丹國王的老師，我問他現代佛教國家要如何實施阿育王的理念？他引用下面的文句：

「朕不以國王身分治國。我會像雙親般保護你，像兄弟般照顧你，像兒子般服侍你。」這段文字乍看像是阿育王會寫出的敕令，但其實出自二〇〇八年不丹第五任國王二十七歲登基的就任演說中。第四任國王仍然健在，住在一棟小木屋內。我很榮幸擔任過他的老師。不丹王室行事毫不張揚。他可能是唯一主動說服人民剝奪他的權利、實施投票式民主的國王。第四任國王首先引進「國民快樂總額」來和「國民生產毛額」形成對比。我相信阿育王也會覺得，人民的快樂和滿足比開疆拓土更重要。第五任國王也恪守王室的佛教箴言。

阿育王圓柱文字表達政治和道德哲學，開啟宗教自由、非暴力辯論和追求人民幸福的傳統。但他一駕崩，帝國隨即瓦解，真令人遺憾。大家不禁要問：崇高的理想和現實政治力量是否無法並存？總之，這位統治者確實已改變臣民及其後代的想法，印度獨立建國之父甘地和印度獨立後第一位總理尼赫魯都仰慕阿育王。阿育王的訊息甚至在現在的貨幣上占有一席之地

——印度的鈔票上都印上甘地看著圓柱上四隻獅子的圖像。印度獨立建國的壁畫者對阿育王總是念茲在茲。沈恩又指出，阿育王的影響不止於此，整個印度次大陸把他視為思想的啟發者和政治家典範：

印度獨立時，阿育王的世俗主義和民主精神最能獲得所有印度人的共鳴。他是泛亞洲的偉人，在中國、日本、韓國、泰國和錫蘭都廣受尊敬。

下一章要討論另一種碑文和另一位與宗教關係密切的統治者，這種宗教已經消失，統治者則已無足輕重，其實這號人物從來也不曾發生實質的影響。然而，這碑文不僅是大英博物館、也可能是全世界最有名的收藏品。

33 羅塞塔石碑

發現於埃及拉希德鎮；西元前一九六年；
高一百一十二・三公分、寬七十五・七公分、厚二十八・四公分。

每天我走過大英博物館埃及雕像館時，導遊總是說著各國語言，帶領一群又一群的遊客參觀館中珍貴的收藏，遊客都伸著脖子看這件物品。這件物品和木乃伊在必看清單上，是大英博物館中最受歡迎的館藏。為什麼？

這塊灰色石碑光是看外表著實沒有可觀之處，大小和旅客在機場拖來拖去的大型旅行箱一樣，一點也不吸引人。石碑的外表粗糙，是從另一片更大石塊敲下來的片段，其中一面是碑文，上有裂痕。碑文內容很平常，談的都是稅收優惠的官方術語。但外表看來尋常的東西卻往往是寶貝，大英博物館中多的是這種館藏。這塊花崗岩石碑外表稍有破損，卻有三個迷人的故事：亞歷山大大帝征服埃及後，希臘國王統治亞歷山卓的故事；拿破崙侵入埃及後，法國和英國帝國主義者在中東角力的故事；還有各國學者和平競爭、破解埃及象形文字的故事。

羅塞塔石碑有個很吸引人、和希臘國王權力鬥爭有關的故事。這位國王勢單力薄，只能借用神的無形力量，或嚴格來說，只能用祭司的力量，交換和保護他的權力。此人即托勒密五世

（Ptolemy V），托勒密王朝的繼承人，西元前二〇五年繼任埃及國王時年方六歲，父母雙亡。

托勒密五世生於偉大盛世，托勒密一世是亞歷山大大帝的將軍，西元前三〇五年左右，在亞歷山大死後接管埃及。歷代托勒密國王不想費心學習埃及語，反而要求官員全都得講希臘語。因此，希臘語成為埃及官方語言前後長達一千年。

托勒密王朝最偉大的成就，是首都亞歷山卓成為希臘羅馬時代最輝煌的城市，有好幾百年地位僅次於羅馬城；如果就知識文化而言，亞歷山卓可能比羅馬更多彩多姿。這座世界大城市吸引來自各地的貨物、人民和思想。托勒密諸王建造宏偉的亞歷山卓圖書館，以蒐集全世界的所有知識。托勒密一世和二世建造的法老燈塔是古代世界七大奇蹟之一。這座生氣勃勃、多彩多姿的城市需要強而有力的領導，但托勒密五世的父王突然駕崩，留下年幼的國王，眼看托勒密王朝無法有效統治埃及：幼王母后已經遇害，皇宮遭受士兵猛攻，全國各地叛亂迭起，他的加冕典禮因此延宕多年。

托勒密五世在動盪的情勢下，頒布羅塞塔石碑和其他石碑。除了羅塞塔石碑，另外還有十七塊留存至今的石碑都有類似的文字；這些石碑豎立在埃及各地的主要神殿，碑文以三種文字寫成，用來宣揚偉大的托勒密諸王。羅塞塔石碑刻成時間是西元前一九六年，也就是十多歲的托勒密五世加冕後一年。這座石碑是埃及祭司發布的敕令，表面上是紀念加冕典禮周年、宣布托勒密五世是法老和俗世的神。祭司前一年在聖城孟菲斯為托勒密五世舉行完整的埃及加冕典禮，鞏固他統治國家的合法地位。托勒密五世只有和權勢顯赫的埃及祭司交換世俗的政治條件後，才能成為俗世的神。劍橋大學的桃樂絲・湯普生（Dorothy Thompson）博士指出：

發布敕令的時機表示某種情勢產生變化。早先也有其他類似的敕令，但此時年輕國王正遭逢來自四面八方的攻擊，情形大不同。羅塞塔石碑上的孟菲斯敕令說，祭司不用每年前往新的希臘首都亞歷山卓；只須前往埃及古都孟菲斯。這個條款代表王室對祭司讓步。

埃及祭司有一項要務，就是使埃及人民全心全力擁護托勒密王室，而報酬就是石碑上王室的承諾。敕令指出，祭司可以留在孟菲斯，不必前往亞歷山卓，此外，他們還享有稅額優惠。十幾歲的少年不可能想出這些方案，可以想見是有人為幼主和托勒密王朝擬訂這些策略。

羅塞塔石碑碑文既宣示權力，也表達妥協，讀起來和閱讀以多國文字寫成的歐盟新法規一樣很難有什麼興奮感。石碑碑文帶有官僚、祭司的口吻，內容很乾。

敕令的重要性不在於內容，而在於用三種不同文字寫成：官方的古典希臘文、庶民使用的世俗體象形文字和祭司使用的聖書體象形文字；歐洲學者幾百年來都無法解讀聖書體象形文字，羅塞塔石碑的出現改變了一切，戲劇性的為學術界打開古埃及的世界。

聖書體象形文字只有祭司才懂，早在羅塞塔石碑頒布以前就不怎麼通行。石碑頒布後五百年，再也沒有人看得懂聖書體象形文字。羅塞塔石碑在外國人占領埃及的二千年間埋藏在地下。希臘人之後來了羅馬人、拜占庭人、波斯人、阿拉伯人和鄂圖曼土耳其人，分別統治埃及一段時間。後來有人把石碑從尼羅河三角洲的塞伊斯（Sais）神廟，移往六十四公里外現名拉希德鎮（el-Rashid）的羅塞塔鎮。

▲上面的刻字記載英軍從拿破崙的部隊擄獲石碑。

西元一七九八年，拿破崙揮軍埃及。法國人因為軍事目標而入侵埃及（他們想截斷英國人前往印度的通路），法軍中也有學者隨行，法軍在羅塞塔鎮重修堡壘時挖到石碑，隨行的專家當下就看出石碑是重要遺物。

法國人把石碑當作戰利品，但始終未能送回巴黎。拿破崙的艦隊在尼羅河戰役中遭到英國名將納爾遜殲滅，他隻身返回法國，把軍隊丟在埃及；法軍在一八〇一年向英軍和埃及將領投降，英法二國的《亞歷山卓條約》規定法國應交回埃及古物，包括羅塞塔石碑在內。

很多書籍像我剛才說的一樣，說羅塞塔石碑有三種文字，但是第四種文字英文出現在石碑有損傷的邊上，上面寫著：一八〇一年英軍在埃及奪得，另一個地方寫著：英王喬治三世贈送。

亞歷山大大帝國是歐洲國家殖民非洲的第一個帝國，石碑的文字證明這件事實；而石碑出土的時機恰逢歐洲列強開始爭奪非洲：從拿破崙時代到第二次世界大戰，英法二國為爭奪中東和非洲的支配地位而爭得你死我活。作者請教埃及作家阿達芙・蘇伊夫（Ahdaf Soueif）對這段歷史的看法，她說：

石碑讓我想起埃及歷來都是其他國家爭戰的舞臺，這個證物有助追索研究西方國家在埃及的殖民利益。法英兩國都要這個石碑，但兩國都沒有所有權。從羅馬人、土耳其人到英國人，統治埃及的外國人都盡情掠奪埃及遺產。埃及二千年來一直為外族所統治，一九五二年就任總統的納塞，是法老以來第一位埃及裔的統治者。

羅塞塔石碑後來一運回大英博物館就立刻展出，開放給全世界的學者研究，石碑文字的影本和拓本也公諸於世。歐洲學者開始著手破譯神祕的聖書體象形文字，希臘文是每位學者都懂的文字，因此成為破譯的鑰匙。不過，學者都碰到瓶頸。

湯瑪斯．楊格（Thomas Young）是博學多聞的英國人，他將碑文上出現多次的一組象形文字破解為代表一個皇家姓氏的發音——托勒密的姓氏，這是極為重要的第一步，但楊格沒有找出破譯的方法。法國學者約翰法蘭沙．商博良（Jean-Francois Champollion）發現，除了托勒密的符號代表聲音和圖像外，所有其他象形文字也一樣用來記錄埃及語的聲音。例如，石碑上象形文字最後一行的三個記號拼出「石板」的聲音，埃及文為ahaj，第四個記號則代表石頭的圖形，意思是頂部為圓形的方形石板。因此，文字是以聲音和圖象共同表達文義。

商博良終於在西元一八二二年完成破譯埃及象形文字的工作。從此，世人可以解讀古埃及文明重要遺物上的銘文，包括雕像、紀念碑、木乃伊和草書紀錄。

雕製羅塞塔石碑時，希臘人已經統治埃及一百多年，往後托勒密王朝會再統治一百五十

▲ 聖書體象形文字最後一行顯示這些符號既是形符、也是聲符。

年，一直到色誘凱撒和安東尼的埃及豔后克麗歐佩特拉七世時，托勒密王朝才在她手中不名譽的滅亡了。奧古斯都在安東尼和克麗歐佩特拉死後征服埃及，托勒密王朝統治的埃及後來成為羅馬帝國的一省。

▼安邦定國的最佳禮物

34 漢朝金銀扣漆耳杯

金銀扣漆耳杯，發現於北韓平壤附近；西元四年（西漢平帝三年）製造；高六公分、寬十七．六公分、長十二公分。

人類學家指出，在人類史上，籠絡人心最簡單的方法就是贈送別緻的禮物——其意義在於這個禮物只有你才能贈送，也只有對方才有資格接受。我一直在探討大國或帝國的統治者如何建立和維持大權的方法，例如借用亞歷山大大帝的圖像鑄造錢幣、用圓柱宣揚佛陀的理念或收買埃及祭司等。二千年前中國漢朝的皇帝，則把餽贈禮物視為建立影響力的主要方法，這種行為介於外交和賄賂的模糊地帶。

本章的金銀扣漆耳杯出現在漢朝的動盪年代。皇帝對內面臨宮廷鬥爭的威脅，對外還要掌控邊陲的將領。漢朝建立於西元前二〇二年，國土南抵越南，西迄中亞草原，北達韓國，邊陲地區都有駐軍。因為貿易興盛和人口增加，邊陲地區將領的權勢也水漲船高，皇帝對他們總有鞭長莫及之感，擔心他們不接受號令。中國人現在說的「分裂主義」當時就已經令人煩心。皇帝掌握這些將領忠心的方法，就是賜給他們貴重的禮物。大英博物館中有一件非常精緻的金銀扣漆耳杯，可能是漢朝皇帝在西元四年賜給駐守北韓將領的禮物。

這個酒杯的質地很輕，比較像一人份的小湯碟而非酒杯，可以容納很大的一杯酒。這個酒杯很淺，形狀橢圓，口徑約有十七公分，大小和形狀大致等同一顆大芒果。較長的兩邊各有一支塗成金色的把手，所以才叫金銀扣漆耳杯。這個酒杯是木質的，上面塗著一層又一層紅棕色的漆，內部的某些破損處露出木材的質地。酒杯內部沒有裝飾，但外部鑲嵌著金飾和銅飾：有幾對小鳥彼此相向，舞動著鳥爪，背景是幾何圓形和螺旋線。這個酒杯是昂貴、精巧的手工製品，顯現高雅、漂亮和自信的意味，散發大膽的品味又不過度奢華。劍橋大學中國史教授胡司德（Roel Sterckx）很清楚製作漆耳杯需要花多少功夫：

> 製作漆器曠日費時，漆耳杯製作工序繁複，需要大量人力：首先從漆樹抽取汁液，接著又有許多流程，包括混合顏料、乾燥、一層一層塗漆，最後完成美麗的成品。製作漆耳杯需要好幾組工匠。

漆耳杯以高級漆料製成，既光亮又平順，非常精緻，幾乎不會破裂，需要塗布三十多層的漆料，每次乾燥和硬化的時間都要很久，加工時間約需一個月，因此漆耳杯非常昂貴，一件抵過十幾個銅杯的價錢，僅供駐守邊疆的將領之類的高官使用。

漢帝國和羅馬帝國統治的國土大約相同，但漢帝國人口比較多。漢朝在漆耳杯製作前二年（大約西元二年）進行人口普查，獲得精確的人口數為五千七百六十七萬一千四百人。胡司德指出：

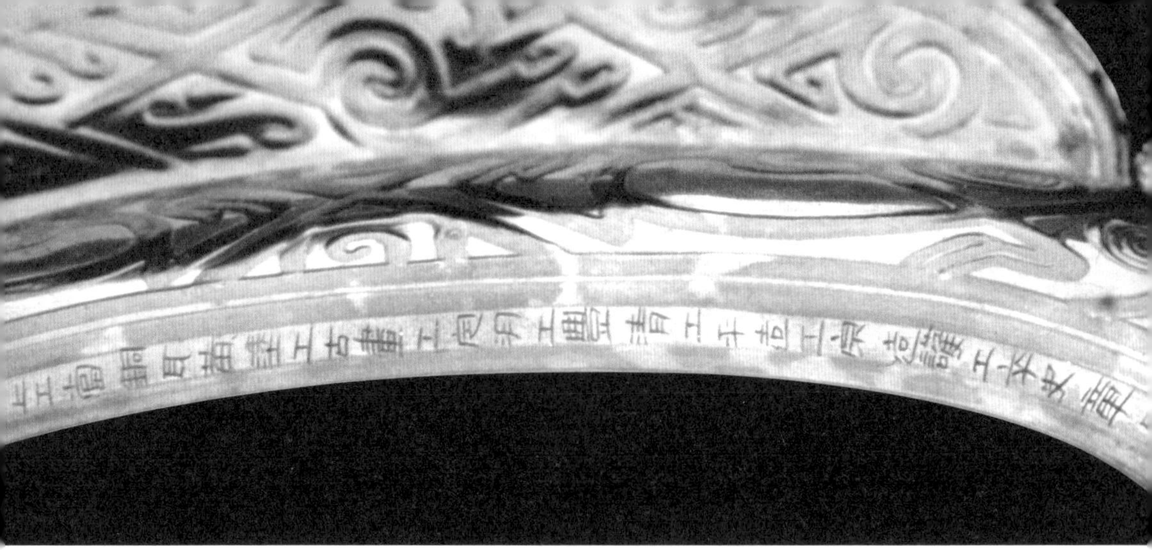

▲ 環繞杯底的漢字，記載著參與生產的人名。

漢朝幅員廣大，橫跨的區域差異很大，海疆從北韓延伸到越南，人民少有遷徙，統一的帝國確保一般貨物和皇室特許物品流通各處。帝國人民不易碰面，但帝國各地所產貨物可以流通，使人民覺得身屬同一國家。

皇帝的策略就是要人民有身屬同一國家的感覺，當然這種感覺得來不便宜。皇帝每年從稅收中撥出巨款，準備華麗的禮品，包括幾千匹絲綢和幾百個漆耳杯，用來贈送盟國或屬國。本章討論的金銀扣漆耳杯是皇帝賜給駐守平壤附近漢朝將軍的禮品或薪俸。漆耳杯是皇帝用來籠絡駐紮邊地將領的貴重禮物。

這時掌管朝政的不是皇帝，而是太皇太后王政君，因為當時前後幾任皇帝不是耽於逸樂，就是沒有政治才能，所以她掌管漢帝國的朝政長達三十年。

她的兒子整天和妃子趙飛燕（據說她體態極為輕盈，能作掌上舞）膩在一起，一位皇孫沉溺男色，另一位皇孫九歲登基，十五歲時為毒酒所害。太皇太后下令製作的金銀扣漆耳杯就出現在這個特殊的時代。

朝廷雖然有上述弱點，政府仍然運作順利，也能夠生產精美產品。金銀扣漆耳杯除了登峰造極的工藝以外，生產流程中的品質管制，甚至超越今天的大多數奢侈品。

杯子的圓形底部上，有一條狹窄的長環帶，上面有六十七個漢字。如果是在歐洲，這種長環帶上面的文字可能是箴言或獻詞，但漆耳杯上的漢字是生產過程中負責六個不同製程的工匠名字：木胎製作、底漆、面漆、杯耳鍍金、繪圖和最後的打磨，另外七位品管員的名字也列在上面，全世界大概只有中國才會這麼做。六位工匠和七位品管員的名字出現在產品上，是官方嚴守生產流程的證明，工匠和官員名字如下：

素工鹵，髹工立，上工當，銅耳黃塗工古，畫工完，調工豐，清工平，造工宗造，護工卒史章，長良，丞鳳，椽隆，令史褒主。

（譯註：全文與註解如下：〔東漢〕元始四年所作金銀扣漆耳杯銘文云：「雲始四年蜀郡西工造乘輿髹渭畫木黃耳樀，容一升十六籥。素工（作內胎）鹵，髹工立，上工（漆工）當，銅耳黃塗工（鎏金）古，畫工（畫花紋）完，調工（刻銘文）豐，清工（最後修檢）平，造工（工頭）宗造，護工卒史章，長良，丞鳳，椽隆，令史褒主（工官）。」

漆耳杯是工藝產品和國家行政力量結合的最佳證明；官僚體系則保證產品盡善盡美。現代歐洲人不熟悉這種事情，但記者兼中國通希爾頓認為這是中國的歷史傳統：

漢代中央在工業上扮演重要角色，原因之一是為了籌措軍費，遠征北方和西方游牧民族，朝廷把主要產業收歸國營，容許私人經營其他重要產業、但加以長期監督。現代中國推動改革開放後，從全面國有化改為受政府監督的市場導向經濟，幾十年來中國實施混合式經濟制度，和漢朝的政策有異曲同工之處。你只要看看資金的去處和中國企業的股東結構，就知道中國多數企業仍然由國家控制。

因此，我們探討二千年前的漆耳杯，就會發現中國政府控制的私人企業、大量生產的尖端科技產品、中國和北韓雙邊關係的熟練經營、外交禮品的靈活調度。漢朝和現代中國相似程度之高，是否會讓我們感覺不安？中國很清楚，只有送禮人才擁有的禮物，就是最好的禮物。漢朝的絲織品和漆耳杯就是這樣的禮物，今天中國建立友善關係時所送的禮物也是獨一無二的——即知名的熊貓外交。

▼青春不死，我是史上最偉大的政治家

35 奧古斯都頭像

銅像，發現於蘇丹申地鎮（Shendi）附近的米羅（Meroe）；
西元前二十七年—西元前二十五年；高四十六・二公分、寬二十六・五公分、長二十九・四公分。

奧古斯都是羅馬第一位皇帝，世界史上最有名的領導者之一。大英博物館的羅馬陳列館中收藏他的銅製頭像，銅像雖然已經失去光澤，依舊散發領袖氣質和權威，使我們無法忽視他的存在。銅像的雙眼炯炯有神，彷彿能看透一切；不管你站在那裡，他都不會正視你，他看的是你背後更重要的東西：他的未來。

他短短的捲髮帶點孩子氣，稍顯蓬鬆，得花很長時間才能梳理好。這座精心雕塑的塑像把年輕和權威、美麗和力量、意志和權力密切結合在一起，雕像剛做好時，大家就覺得維妙維肖，現在更覺得歷久彌新。

他的頭像略大於真人，些微前傾，似乎正在談話，也許你會覺得他和常人沒有兩樣，但他絕非常人。他統治羅馬期間，耶穌基督出生；他打敗安東尼和埃及豔后克麗歐佩特拉後攻占埃及；他即將成為羅馬皇帝，更走在成神、成聖的道路上，銅像雕塑的就是奧古斯都這時的長相。

在前幾章裡提到過統治者藉由製作他人肖像確保自己的權力，但奧古斯都頭像截然不同，

他用本人的相貌來肯定自我的權力。他的頭像比本人大，透露無情但明確的訊息：我是偉大的領導人，凌駕一切政治事務。說來諷刺，大英博物館收藏的這座威風凜凜的頭像曾經遭敵人虜獲、屈辱後再掩埋，奧古斯都的榮耀並不如世人所知那樣毫無瑕疵。

奧古斯都是凱撒的姪孫。西元前四十四年凱撒遇刺後，年方十九歲的奧古斯都繼承他的權勢，瞬間成為羅馬共和國政壇上的要角。

當時原名屋大維的奧古斯都在爭奪絕對權力的鬥爭中，很快就勝過對手。西元前三十一年的亞克興戰役（Battle of Actium）是他崛起的關鍵時刻，他的對手安東尼和克麗歐佩特拉在這場戰役中戰敗，奧古斯都當時已經據有今天的義大利、法國、西班牙、利比亞和巴爾幹各國，接著他效法亞歷山大大帝，拿下最富庶的埃及，把這個擁有無數財富的尼羅河王國納入版圖，併入羅馬，再把羅馬共和國變成他個人的帝國，於是新統治者的雕像遍布帝國，當時已經有好幾百個名為屋大維的雕像。西元前二十七年，元老院因為他的豐功偉業，替他加上「奧古斯都」的尊號，意指值得尊敬的領導者。新地位需要不一樣的雕像，也就是本章的頭像。

我們看到的這座頭像是在奧古斯都成為皇帝後一、兩年內鑄成，原本是穿著戎裝、比真人稍大的全身雕像。頭像從雕像的頸部斷裂，但狀況良好。由於他的雕像已經遍布羅馬帝國城市，人民非常熟悉他的長相，這點完全符合奧古斯都的期望，雖然他是純正的羅馬人，卻希望人民把他當成希臘文化遺產的繼承人，功績足以媲美亞歷山大。羅馬史專家蘇珊·華克（Susan Walker）博士解釋：

奧古斯都成為地中海世界的主人、又獲得新封號後，確實需要新雕像。凱撒的雕像貌似粗暴的羅馬老人，奧古斯都不能複製這樣的形象；凱撒的雕像以傳統羅馬手法製成，望之如本尊般嚴厲：骨瘦如柴又禿頭，絲毫不掩飾缺點。奧古斯都在建立全新的政治體制後，需要新的雕像配合。新塑像採用他三十幾歲時的長相，直到他七十六歲去世時，從未變更。

這是一位永遠位高權重又年輕力壯的奧古斯都，他恩威並施的治國方法成為後世野心家的典範，他開闢新路，設立高效率的郵遞系統，所以能有效統治帝國，此外，他的塑像到處可見，他擁有戰無不克的部隊，戰力又經他加強，除了保家衛國，還開疆闢土，更在他統治的四十年間，確保羅馬帝國的長治久安。他統治帝國期間安定繁榮，史上稱為「羅馬和平」。奧古斯都雖經一番冷酷的鬥爭和曲折才成為領袖，但他向人民保證不當專制君主。他採取種種措施，希望獲得人民的信任和愛戴。我請教身為古典主義專家的倫敦市長波利斯．詹森（Boris Johnson），問他對奧古斯都的評價，他說：

奧古斯都堪稱世界史上最偉大的政治家。如果把世界史上十一位最偉大的政治家、最傑出的外交家和理論家組成足球隊，他就是隊長兼中場球員。

他是團結羅馬帝國最重要的因素。當時如果有人前往西班牙或高盧，一進入神殿，就會發現女性身上配著奧古斯都的圖像，頭巾上縫著奧古斯都的半身像。羅馬人舉行宴會時，家中爐火架上都擺著奧古斯都的半身像，他以這種方式凝聚整個羅馬帝國人民對政府的忠心。如果你想成為羅馬帝國的地方官員，你得先成為崇拜奧古斯都的祭司。

個人崇拜需要不斷的宣傳才能維持，歐洲各地很多城鎮都用他的名字命名。西班牙的薩拉戈薩（Zaragoza）原意是凱撒奧古斯都城，其他歐洲城市如德國奧格斯堡（Augsburg）、法國歐坦（Autun）和義大利奧斯塔（Aosta），其命名都和奧古斯都有關。貨幣上有奧古斯都的頭像，帝國各地都有他的雕像。但大英博物館的頭像來自一座非比尋常的雕像，這座雕像的故事代表羅馬帝國黑暗的另一面，因為它不僅彰顯羅馬的力量，也暗示了威脅甚至摧毀羅馬的麻煩。

這尊頭像來自另一座完整雕像。雕像原先矗立在羅馬帝國最南端，位於今天埃及和蘇丹的邊境，可能就是亞斯文附近的沙伊尼鎮（Syene）。這裡一直都是地緣政治的斷層線，中東世界和非洲在此相互碰撞。古希臘地理、歷史學家史特拉博（Strabo）寫道：西元前二十五年，凶悍的獨眼女王甘迪絲（Candace）統領蘇丹米羅王國的部隊，攻克許多羅馬堡壘和埃及南部城鎮。甘迪絲的部隊將雕像擄回米羅城，砍下偉大的奧古斯都頭像，埋在勝利神殿的階梯下。這是極端的侮辱行為，每個走上階梯進入神殿的人都將這位羅馬皇帝踩在腳下。你仔細看看，會發現非洲沙漠的細沙嵌入頭像的表面，變成光榮的羅馬雕像上遺留的恥辱。

跋扈的甘迪絲還有進一步的侮辱行動，她派遣特使協商和平條件。奧古斯都親自處理此事，幾乎全盤接受特使的所有條件，羅馬的和平獲得確保，但是代價昂貴。奧古斯都是精明的政治算計家，他操縱羅馬的宣傳機器，消除這項挫敗。

奧古斯都的一生成為統治者如何獲得與確保權力的藍圖。他保持權力的妙方就是充分利用他的雕像。華克說：

除了到處豎立「奧古斯都」雕像外，他行事非常謙遜，常常穿著羅馬的寬鬆外袍，把頭部蓋住以示虔誠。有些雕像顯示他帶領軍隊進攻敵軍，但事實上他從未御駕親征。羅馬帝國各地有二百五十多種奧古斯都的雕像，樣貌大致一樣，一看就知道是誰，而且經久不變。

永恆的雕像應該匹配永恆的名字。元老院在奧古斯都死後，公告他是神，應該接受所有羅馬人的祭拜。後來的每位皇帝都採用他的兩個頭銜——奧古斯都和凱撒，八月也改為August以示尊敬。詹森說：

奧古斯都是羅馬第一位皇帝，他把羅馬共和國變成了羅馬帝國，往後數百年間，成為君主們模仿的對象。沙皇、神聖羅馬帝國皇帝、保加利亞沙皇、墨索里尼、希特勒和拿破崙，都想模仿羅馬式的偶像崇拜，奧古斯都是這種崇拜的創始人。他還創造了帝國君主體制，擔任這種體制的第一位皇帝。

像奧古斯都這樣偉大的領袖建立了偉大的帝國，但帝國內一般平民享有相同的嗜好和娛樂，羅馬和平時期也不例外。下一篇提到的幾件物品都出自羅馬和平時期，可供我們了解當時的生活，這些物品與賣淫和香料有關。我們首先要討論一件為巴勒斯坦某位喜好男色的人所製作的銀杯。

第8篇

古代玩樂，現代刺激

西元一年～西元五百年

本篇的文物將體現歷史上人類對玩樂、奢侈品和休閒的各種看法，例如男童和成年男子的同性戀關係，在羅馬帝國得到包容，在現代則是非法的行為。

本篇也將說明現代的娛樂和休閒活動起源於古代宗教：美洲吸食菸草和最原始的球賽都出現在複雜的宗教儀式之中。

在羅馬帝國，胡椒不只是財富的表徵，也用來炫耀其鋪張與優雅，當時有人擔心帝國會因此破產。中國則有一幅畫說明女士該有的舉止，上頭有歷代收藏者的批注。

▼大英博物館也不敢買的荒淫珍品

36 華倫酒杯

酒杯，發現於耶路撒冷附近的比提爾；西元五年—西元十五年；高十一公分、直徑十一公分。

兩千年前，羅馬帝國的名流除了關心權力和征戰，也關心其他事情。他們撥出時間享受玩樂和藝術。本章討論的文物具體表現玩樂和藝術，是西元十年前後在巴勒斯坦製造的銀杯。這個銀杯最初是美國富豪愛德華．華倫（Edward Warren）的收藏品（他委託羅丹製作有名的「親吻」雕像），我們根據這個銀杯，可以得知二十世紀對性的看法和羅馬時代幾乎沒什麼出入。

華倫酒杯上有成年男子和少男做愛的場景。這個有二千年歷史的羅馬銀器是高腳杯，應該可以容納一大杯酒，杯子外形頗似現代的運動獎杯，底座很小，本來應該還有兩個把手，一看就知道是精美絕倫的作品。酒杯上的場景是浮雕，從內側將銀片往外敲打而成，這種酒杯是私人宴會中的用具，以酒杯的主題來說，應該會廣獲在場賓客的讚賞。

豪華飲宴是羅馬帝國的重要儀式之一，羅馬官員和地方富豪在帝國境內，透過飲宴來打通政商關節和炫耀財富地位。羅馬婦女通常不參加華倫酒杯會出現的酒宴，這種宴會只限定男性參加。

想像在西元十年前後，有位男賓抵達耶路撒冷附近的某一座豪華別墅，奴隸引導賓客進入奢侈的宴會區，在那裡他和其他賓客斜倚在躺椅上。餐桌上擺滿了銀盤和精緻的容器，在這種場合中，華倫酒杯會在賓客間傳來傳去。杯上有兩幕男人在私人豪華宅邸中做愛的場景。男士躺在鋪著打摺布料的躺椅上，就和上述想像中參加晚宴的客人斜倚在躺椅上一樣。他們開始做愛時，旁邊有人演奏七絃琴和笛子。古典史學家、節目主持人貝坦尼．休斯（Bettany Hughes）說：

酒杯上面有二幕同性戀的場景。杯子前面是一個有點年紀的男人，我們之所以知道他年紀比較大，是因為他蓄著鬍子。跨在他身上的是一位很英俊的年輕人；性愛動作非常強而有力，非常陽剛，也非常逼真，不是理想化的同性戀畫面。杯子後面是另一幕比較標準的同性性愛，上面是兩位英俊的年輕人。因為他們的頭髮垂到背上，所以我們知道他們很年輕。其中一位背朝下，另一位年紀稍大的人目光朝向另一邊。這個場景比較詩情畫意，是理想化的同性性愛。

今天我們可能會覺得華倫酒杯的同性性愛場景太過直接、嚇人，觸犯了禁忌，但同性戀在羅馬時代很稀鬆平常。比較複雜的是，羅馬人雖然容忍、但並沒有完全接納同性戀。羅馬劇作家浦勞塔斯（Plautus）在他的喜劇《穀象蟲》（*Curculio*）中說：「要愛儘管愛，只要你遠離已婚婦女、寡婦、處女、年輕人和自由民男童。」

因此，想表達男人和自由民年輕人間的性愛時，利用古典希臘時代的場景會更合適，因為

杯子另一邊是兩個年輕男孩。▶

▲ 奴隸男童在門邊窺看做愛。

希臘年長男性會指導年輕人如何生活，包括做愛在內。早期羅馬帝國將希臘理想化，接納希臘大部分的文化，華倫酒杯上表現的就是希臘時代男人做愛的場景。這是想像中羅馬男男性愛、還是古典希臘時代男性交合的場景？也許場景設在希臘時代，看來不但不會不道德，反而增加一種禁忌的、異國情調的快感，而且也許大家都相信最好的性愛總是發生在別的時代。《希臘人和希臘性愛》（*Greeks and Greek Love*）作者詹姆斯・戴維森（James Davidson）教授解釋說：

華倫酒杯令人想起古典時代、想起希臘花瓶畫家，儘管他們描繪性愛時並不保守，但仍小心避免同性插入式性交的場景。因此羅馬人表現了五百年前希臘人無法表現的場景。希臘世界成為社會可以思索、討論、描寫同性戀的理由。十八世紀以來、甚至早在中世紀，就有人假借希臘探討同性戀。因此，華倫酒杯是藝術作品，不是色情畫。

我們一看就知道這兩個場景發生的時代。樂器、家具、衣服和兩對愛人的髮型都指向幾個世紀以前的古典希臘時代。有趣的是，華倫酒杯上的兩位年輕人都不是奴隸。希臘自由民男孩的頭髮會長到頸部，他們長到十六到十八歲時，就要剪掉頭髮供奉神明，這是一種成年禮。所以我們可以推測，華倫酒杯上的兩位男孩都是出身良好的自由民。現場另外還有一個人，可能是宴會上的工作人員，他站在門後偷窺做愛的場景，只露出半張臉。他顯然是奴隸，不過不知道他是在偷窺，還是在謹慎回應「客房服務」的請求。總之，他和我們看到的場景應該都只在室內發生。休斯說：

> 羅馬人認為，如果你有好太太，就不應該還追求同性性愛。我們從詩歌、法律和同性戀關係的聯想，知道羅馬人確實有同性戀。華倫酒杯是很精美的物證，告訴我們羅馬上流社會確實存在同性戀。

這時期的銀杯很少留傳到現代，因為多數已經熔化，少數留存的銀杯，工匠的技藝遠比不上華倫酒杯。羅馬時代只有富人才買得起這種酒杯，因為一個酒杯價值二百五十個古羅馬銀幣

（denarii），可以買到二十五罐最上等美酒、三分之二英畝的土地，或是上文中那個偷窺的奴隸男童。因此，這個宴會小用品的主人是上層社會人士，他們因為淫逸酗酒而遭聖保祿強烈指責。

據說華倫酒杯在耶路撒冷西南幾公里處的比提爾鎮（Bittir）出土。我們不知道酒杯怎麼跑到那裡去，但可以猜測可能的原因。華倫酒杯應該造於西元十年左右。五十年後，羅馬人占領耶路撒冷，和猶太人觸發緊張關係，終於在西元六十六年爆發。猶太人以武力收復耶路撒冷，雙方爆發激烈戰鬥，酒杯主人在逃難前把酒杯埋在地下。

其後二千年間，酒杯從人間消失，一直到西元一九一一年在羅馬被華倫收購。一九二八年華倫去世，由於酒杯圖案太過驚世駭俗，過了很多年都乏人問津。倫敦大英博物館婉拒收購，劍橋的菲茨威廉博物館（Fitzwilliam Museum）也敬謝不敏，甚至一度因為酒杯上太過於赤裸裸的性愛場面，觸怒了美國海關官員而無法進入美國。後來一直到西元一九九九年，一般人已經改變對同性戀的態度，大英博物館才花費天價收購華倫酒杯，當時有一幅漫畫描述，有位羅馬酒保故意問客人：「你要一般高腳酒杯還是同性戀高腳酒杯？」

一百年前華倫買下的華倫酒杯，現在永遠在大英博物館公開展示。這個酒杯除了是羅馬帝國金屬工藝的傑出作品，還有其他功用：最初華倫酒杯是宴會用酒杯，其次是令人反感的器皿，最後是博物館的重點展示品，用來提醒世人：社會對性的觀點一直在演變。

▼原本很神聖，後來才說它傷身體

37 北美水獺菸斗

石頭菸斗，出土於美國俄亥俄州土塚市；西元前二〇〇年—西元一〇〇年間；高五·一公分、長十公分、寬三·三公分。

大英博物館的展覽品可以證明社會對事情的看法持續在改變，不是只有對性愛如此。本章討論的菸斗以前具有重要的社會意義，現在公眾場所卻都禁用。抽菸的歷史很長，會帶來快樂和危險。本章的菸斗二千年前在北美洲非常流行。

這支菸斗形狀大小就像一支卡祖笛（kazoo），有一把長柄和一個碗狀的東西，和現在的菸斗長得不太一樣，是用略帶紅色的石頭雕刻而成，下面有個長約十公分的平直底座，顏色大小如同一塊巧克力夾心餅乾。底座有一邊挖了一個小孔，當作菸頭咬嘴，菸斗的碗狀物用來放菸草，像一隻水獺的上半身，足掌趴在河岸上，好像剛從水中冒出來，正在左右張望。石頭磨得很光滑，就像水獺光滑潮溼的毛皮一樣，水獺的頭向著菸頭咬嘴，因此，抽菸的人抽菸時，眼睛正好凝視著水獺的眼睛。事實上，抽菸者和水獺其實更貼近：抽菸者吸菸時，鼻子和水獺的鼻子會剛好碰在一起。水獺的眼窩上面本來應該嵌著淡水珍珠，所以人和水獺接近的程度會更驚人。這件精美的物品是世界史上人類最早使用的菸斗，人類抽菸斗的歷史從此開始。

今天大家認為抽菸是會致命的惡習，但在二千年前，抽菸是北美洲宗教和禮儀上必備的一部分。北美洲大陸上住著不同聚落的印第安人，生活方式差異很大，遠比好萊塢西部片上所能看到的多。北美洲中部的印第安人以務農為業，住在包括洶湧的密西西比河和俄亥俄河兩旁、從墨西哥灣一直到大湖區的土地上。

這些印第安人沒有建立城市，耕種和交易的小型社會彼此相隔很遠，但死後卻都葬在一起，他們合力建造的巨大土塚點綴在廣大的土地上。大土塚是埋葬死者的墳墓，也是舉行喪禮的地方，墳墓中有許多精美的物品和武器，分別用來自遠地的奇特原料加工製成，包括洛磯山灰熊的牙齒、墨西哥灣的貝殼、阿帕拉契山的雲母和大湖區的銅，奇特的造型讓後來造訪的歐洲訪客看得非常吃驚。

土塚市（Mound City）是其中特別著名的地方，位於今天的俄亥俄州，占地十三英畝，由二十四個不同的墳塚組成。有一個墳塚大約藏有二百個石頭菸斗，其中包括本章的水獺菸斗。這個菸斗可追溯至我們所知北美洲開始使用菸草的年代。菸草最先是在中美洲和南美洲種植，像抽雪茄一樣，抽菸者用其他植物的葉子把菸草捲起來抽。在寒冷的北方，因為漫長的寒天沒有葉子可用，抽菸者不得不找尋替代用品，才發明了菸斗。氣候應該是決定大家抽雪茄或抽菸斗的因素。

俄亥俄州的墳塚中經常發現石頭菸斗，所以菸斗在當地人的生活中，一定占有特殊地位。雖然考古學家還不了解菸斗有什麼特殊意義，我們卻可以猜測菸斗的作用。國立美國印第安人博物館館長、美國印第安人歷史學家蓋布瑞爾．塔雅克（Gabrielle Tayac）博士說：

菸斗跟一整個有系統的宇宙學和神學有關，具有宗教意義。印第安人認為菸斗具有生命，不只是物品而已；菸柄和斗一結合，就成為有生命和能量的聖物。例如，他們認為，如果菸斗是用紅色的菸斗石做成，就被視為水牛的血和骨頭。成為在特殊場合得以攜帶菸斗的人，會有相應的儀式、起始儀式和龐大的責任。

兩千年前，只有聚落中某些特定成員才能葬在土塚中，這種人大多是儀式中的主角，因為他們遺體旁邊發現有儀式用服飾的殘餘物，如用熊、狼和鹿的頭蓋骨做的頭飾。

印第安人精神生活中的主要角色似乎是動物，所以他們製作各種動物形狀的菸斗，外形有野貓、烏龜、蟾蜍、松鼠、鳥類、魚類，甚至口中含著魚的鳥兒，水獺只是菸斗動物園龐大成員中的一種而已。

菸斗上的動物在連接物質世界和靈界的宗教儀式中，也許扮演某種角色。當時抽的黃花菸草除了提神外，還能產生幻覺：如果抽菸者的眼睛對著動物的眼睛，我們可以想像抽菸者進入幻覺的情形，這時這隻動物也已經復活。抽菸者認為，每隻動物都是一種靈媒或圖騰，晚期的印第安人認為，如果他們夢見某種動物，這種動物的靈將會保護他們一輩子。塔雅克說：

今天的印第安人仍然抽菸草，菸草是神聖的東西，產生的煙可以把聚落的祈禱和思想上達於天。儀式中可能每個人都抽菸斗，也可能家庭或聚落的每位成員輪流抽菸斗，因此，菸斗把心靈統合後，隨著煙吹向無限的宇宙、造物主或調解人。協商和約時，「和平菸斗」比簽署和約還有用。和平菸斗不僅是合法的簽約方式，還對宇宙保證某個誓約有效，是人與人、以及人與宇宙諸神間的保證。

即使到今天，印第安人彼此抽菸仍然可能是神聖的行為：煙混在一起後冉冉上升，把一致的祈禱吹向天空，整個聚落的希望因此結合在一起。

歐洲人要晚到十六世紀才懂得抽菸，歐洲人認為抽菸沒有什麼宗教意義，只是種消遣罷了；不過當時就有人反對抽菸。西元一六〇四年，英王詹姆士一世從愛丁堡前往倫敦，繼承伊莉莎白女王的王位，幾個月後，他發布連現代政府也無法媲美的完美《禁菸論》。這位新國王指責抽菸是「眼睛討厭看到、鼻子討厭嗅到、傷害腦筋和肺部的習慣，黑色發臭的煙簡直就是來自地獄、令人害怕的冥河煙霧。」

沒有多久，菸草和金錢扯上關係。英國人殖民維吉尼亞州後，歐洲逐漸成長的菸草市場很快就具有經濟重要性，不來梅、布里斯托和格拉斯哥、迪普等城市都因為買賣美洲菸草而致富。十八和十九世紀歐洲人進一步開拓美洲，菸草成為貨物和貨幣。印第安人認為歐洲人取得菸草和用菸斗抽菸，等同於侵略他們的家園。

此後在歐洲和世界大多數地方，抽菸成為純粹的娛樂、日常習慣和很酷的事情。二十世紀大部分時間，螢幕上的影星吸著菸，下面的觀眾則一面觀賞、一面大力吞雲吐霧。抽菸不僅表示老練，也代表有智慧和思考能力；福爾摩斯曾描述某個案例是「抽三回菸斗的問題」而廣為人知。當然抽菸者和菸斗之間也有很愉快的關係，政治家、出了名的老菸槍東尼・班恩（Tony

Benn）想起愉快的舊事時說：

史丹利・包德溫首相（Stanley Baldwin）抽菸斗，哈羅德・威爾遜首相（Harold Wilson）也抽菸斗，抽菸是稀鬆平常的事情，當然還有和平菸斗、友誼和聚會菸斗等等。因此，除了抽菸令人愉快，菸斗還有更高、更多的意義。抽菸是一種嗜好：清好菸斗後放入菸草，輕輕敲一下然後點火，如果火熄了再點一次。會議中如果有人問你問題——只是現在會議中已不准抽菸——你點上菸斗，說「這是個好問題」，然後思考怎麼回答。但是，我不建議大家學抽菸。

西方在過去三十年來努力推行禁菸運動，已經造成巨大變革。現在好萊塢的電影只有「壞蛋」才抽菸，觀眾完全沒份；如果戲院中有人敢抽菸，一定會被轟出去，詹姆斯一世對現代禁菸的成績想必十分欣慰。從前面華倫酒杯的例子就可以知道，社會常常突然就禁止原先認可的某種娛樂。

▼難怪拉丁美洲的足球這麼強

38 儀式球賽腰帶

石製腰帶，出土於墨西哥；西元一〇〇年—西元五〇〇年間；
高十二公分、寬三十九．五公分、長五十公分。

大英博物館的墨西哥館中，有一個狀似大型石頭馬蹄鐵的東西，是用很漂亮、有斑點的灰綠色石頭製作的，長約四十公分，厚約十二公分。

這件文物一八六〇年代剛送到大英博物館時，原本以為是馬軛，但是這種想法立刻出現兩個破綻：第一、這樣東西很重，約有四十公斤；第二、十六世紀西班牙人把歐洲馱馬或其他馱貨用動物引進中美洲前，當地沒有這種動物。

我們一直到五十多年前，才知道這件石雕和動物無關，是供人類佩戴用的。這件石雕類似用布或柳條編織的軟墊腰帶，在古代中美洲的一種球賽中用來保護臀部。有一些石頭腰帶可能當作模子，用來製作比較輕的布或皮革軟墊。大英博物館中的這個腰帶很重，不能久戴在人身上，不過我們不知道戴石頭腰帶的時機和原因，也不確定是不是要戴在人身上。

麥克．惠丁頓（Michael Whittington）是這些遊戲數一數二的專家，他認為石頭腰帶主要是用在賽前儀式中：

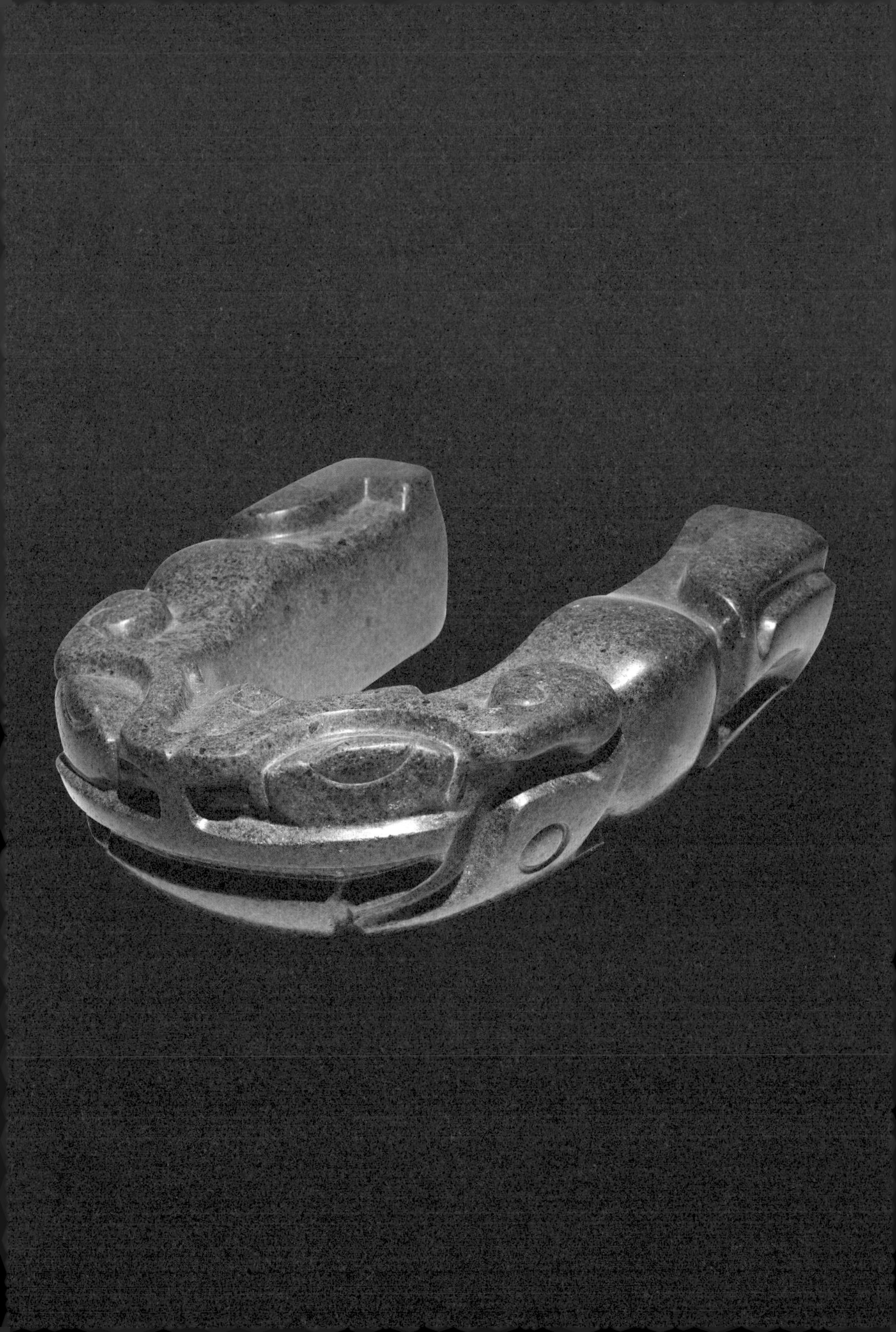

比賽中腰部帶著三、四十公斤重的東西，會使人動作遲緩，因此，石頭腰帶只用於賽前儀式，象徵球賽中用的真軛，但真軛因為材料腐敗都消失了。

幾百年來，中美洲當地畫家經常製作選手雕像、球場模型和坐在球場牆上看球的觀眾，因此，我們對這種中美洲球賽的過程略知一二。後來造訪當地的歐洲人記錄過球賽的情形，比賽的球場現在還有幾個保存下來。

西班牙人剛到美洲時，看到比賽用的球大為驚訝，因為他們不知道這種球的材料橡膠是什麼，他們第一次看到球彈起來時，一定非常訝異，因為圓球似乎不受重力影響，四處亂跳。西班牙道明會神父狄亞哥．杜蘭（Diego Durán）描述他看到的比賽情形：

印第安人說這種球的材料是橡膠……球會跳來跳去，上上下下、前前後後亂跳，搶球的人搶到球以前，已經精疲力竭。

這種球賽打起來可不輕鬆。橡膠球很重，重量從三、四公斤到十五公斤都有，比賽的目的是讓球在空中傳遞，最後打落在對手的球場。比賽時選手不得使用頭或手腳，但可使用臀部、前臂和髖骨部位，軟墊腰帶掛在髖骨上最有用。比賽腰帶可能是用皮革、木頭或植物編織而成，必須夠堅固才能使選手承受重球的衝擊，但又必須輕得讓選手在球場上行動自如。

西班牙人把兩位阿茲特克人帶到歐洲，有位德國畫家把比賽的場景畫下來：兩位選手背對

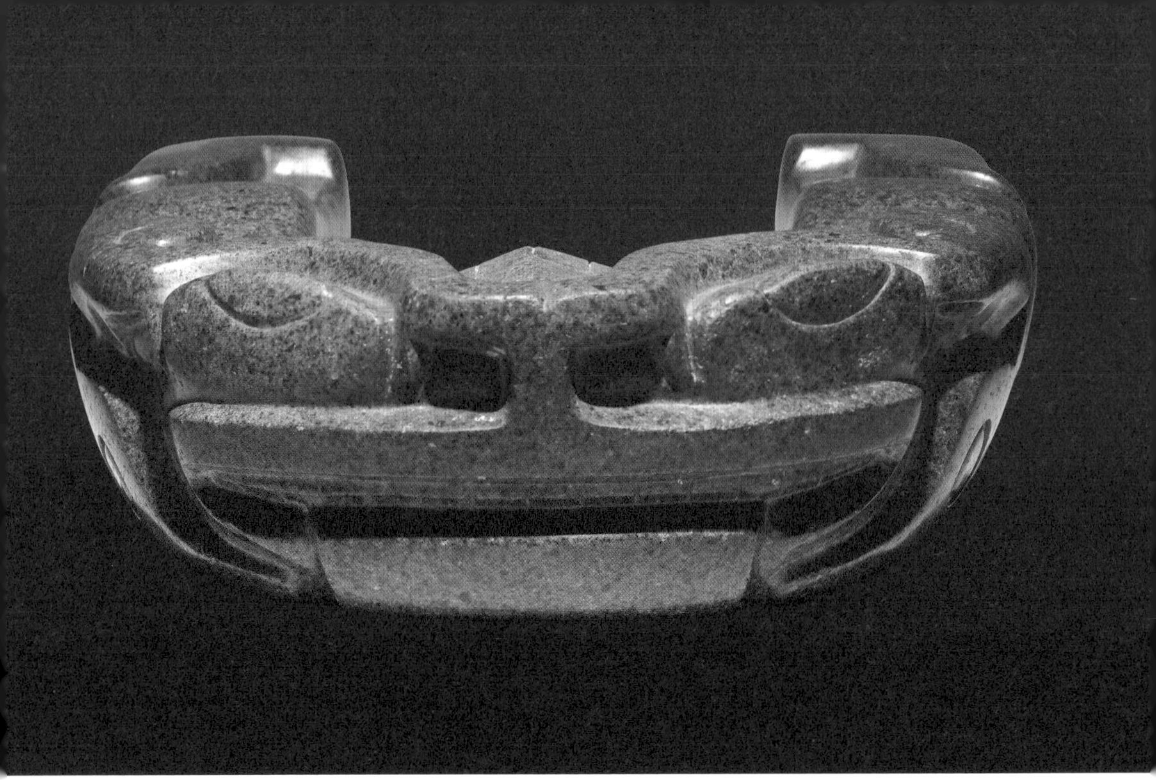

▲ 腰帶上的蟾蜍眼睛和嘴巴。

背，穿著有腰帶的短內褲，幾乎全裸，球在兩人間飛來飛去。我們不知道球賽的規則，規則可能隨著時間改變，而且中美洲不同的聚落也可能有不同的規則，每支球隊由二到七位選手組成，對手失誤就是我方得分，就像今天的網球賽一樣。失分包括用頭或手之類的身體其他部位碰球，或是把球打到場外。

橡膠球也成為貨幣，西班牙人記載過阿茲特克人索取一萬六千個橡膠球作為貢物的要求，保留至今的橡膠球不多，但是墨西哥和中美洲農民曾經挖出幾個橡膠球、好幾百條石頭腰帶，還有選手腰部戴著腰帶的石頭浮雕和雕像。

石頭腰帶的製造時間大約是兩千年前，當時已有舉行這種球賽的精緻石頭球場。球場多數是長方形，有幾個球場設有可使球彈回來的長形斜牆。陶製的模型顯示了觀眾可以坐在巨型的石頭建築上觀看球賽。支持者對選手大聲歡呼，就像今天的足球迷一樣。

不過球賽不只是競賽而已，在古中美洲人的信仰中還具有特殊地位，石頭腰帶是解開這些神祕信仰的線索。腰帶的外面刻有圖案，在U型彎折外面刻著一隻光亮的蟾蜍。蟾蜍張著大嘴巴，蓋住整個U型彎折的地方；眼睛後面的球莖腺體延伸至蹲著的後腿。動物學家說這是墨西哥巨型蟾蜍，會分泌一種產生幻覺的物質。中美洲印第安人相信這種蟾蜍代表一位土地女神。球賽用的腰帶上面也刻著陰間的種種動物，因此是大型儀式中的一環，不應該單獨看待。激烈的球賽象徵生死兩種力量在宇宙間的鬥爭。惠丁頓闡述：

我認為這代表中美洲印第安人的世界觀，中美洲馬雅人的創世史詩《波波爾聖書》中有一對雙胞胎，名叫斯巴浪凱（Xbalanque）和胡納普（Hunahpuh），兩個人都是球員，住在地獄，和死亡之神玩球。這種遊戲強調中美洲印第安人的宇宙觀以及他們和眾神的關係，所以每次球賽就代表他們在打一場眾神和死亡之神的比賽。

比賽和宗教經常具有密切的關係，我們很熟悉下面這種令人困惑的場面，例如一九八六年世界杯足球賽阿根廷對英國時，馬拉度納得到第一分時，說出一句可恥的話：是「上帝的手」讓他得分；每屆奧林匹克運動會開始時，從希臘的奧林匹亞神殿點燃聖火；威爾斯橄欖球迷在加地夫阿姆斯公園體育館（Cardiff Arms Park）唱聖歌；今天鮮少有為自己的隊伍狂熱唱聖歌或歡呼的支持者知道，世界上最早的運動比賽也有很強的宗教層面，或是這件事的發源地不是希

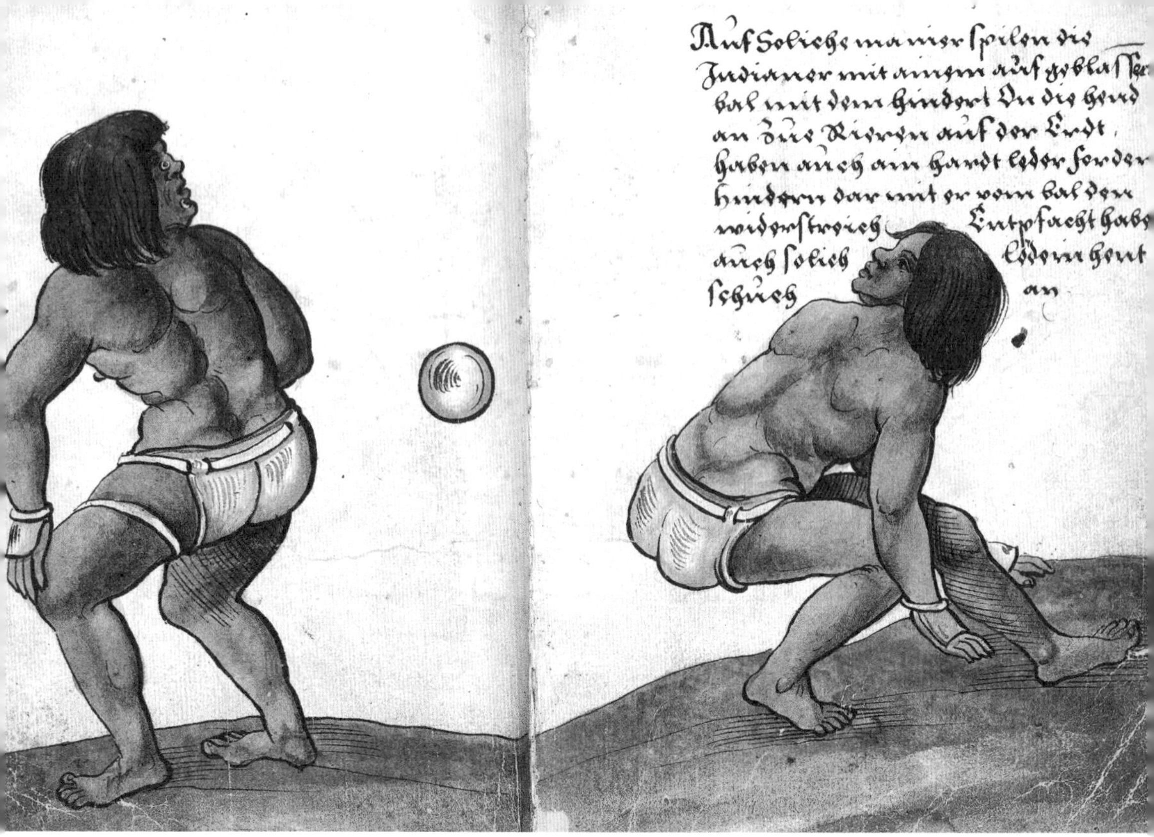

▲ 畫家克里斯多福・魏迪茲（Christoph Weiditz）所畫查爾斯五世宮廷中，兩位中美洲球員的比賽情形。

臘、而是中美洲。

不過近代選手不會面臨古代同業的危險，過去大家認為敗隊會被殺祭神，儘管這種事情後來還是偶爾會發生，但我們不知道在我們的儀式腰帶出現時，輸的隊伍會受到什麼處罰。比賽大致是聚落吃吃喝喝、祭祀和加強社會關係的機會。最初這種遊戲男女都可參加，但十六世紀西班牙人遇見阿茲特克人時只有男人才可以參加，球場設計成為神聖空間，祭品便埋在底下，因此球場成為了有生命的實體。西班牙人知道球場的宗教意義，因此他們想用天主教取代當地原有的異教時，把大教堂蓋在特諾奇蒂特蘭（Tenochtitlan，古阿茲特克城市，今天的墨西哥城）的大球場上，就不會覺得意外了。西班牙人殘暴的征服墨西哥，毀滅阿茲特克文化，毀棄球場，但球賽保留下來。今天有一種叫做烏拉馬（ulama）的球賽仍然存在。

歷史上，有組織的比賽有個引人注意的特質，就是比賽往往能夠跨越文化差異、社會分歧、政治動亂、神聖與凡俗，使社會團結或分裂。其他事情很少能像體育活動一樣吸引整個社會的關注。墨西哥的儀式腰帶是一個很有力量的象徵，說明不同的文明都喜愛大型、有組織的體育活動。

右頁的繪畫上註解著：
印第安人如圖所示，手扶在地上，用臀部拱起充了氣的球；他們的下半身前面同時戴著堅固的皮革護具，承受皮球的衝力，手上也載著皮革手套。

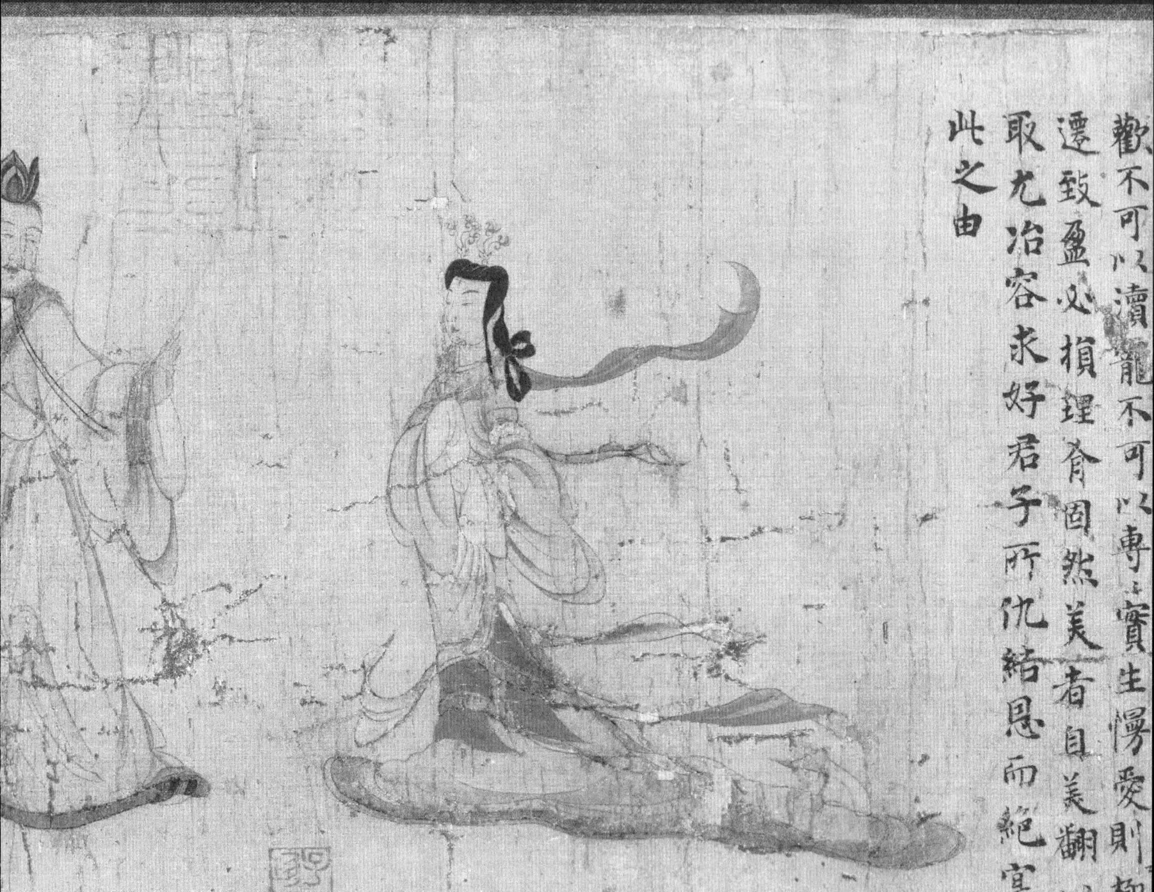
歡不可以瀆寵不可以專專實生慢愛則極
遷致盈必損理有固然美者自美翩以
取尤冶容求好君子所仇結恩而絕寔
此之由

39 《女史箴圖》

中國畫；西元五〇〇年—西元八〇〇年；
高二十四．三公分、寬三百四十三．七公分。

前面幾章討論羅馬帝國早期的飲宴和同性戀、北美洲的抽菸和儀式、墨西哥的球賽和信仰，本章則討論另一種高雅的社交娛樂：欣賞繪畫。有一幅絕妙的中國畫卷，臨摹西元四百至五百年間的另一幅原畫，它包含了中國人稱為「詩、書、畫三絕」的三種藝術形式，原來只供幾位好友欣賞，但千百年來，中國帝王都把這幅畫卷當作藝術品珍藏。這幅畫卷叫做《女史箴圖》，用來教育中國古代宮廷婦女——有權力的女人——怎樣的行為舉止符合婦德。

前面幾章我探討的主題是人類認可的娛樂會改變，世界史不同時代的人對好壞行為的觀點，經常會有一百八十度的轉變。《女史箴圖》上蓋滿鑑賞過這幅畫卷的收藏家和皇帝的印章，但這對欣賞這種藝術品而言，是可接受的行為。這幅畫卷長約三．五公尺，攤開存放在大英博物館東亞繪畫保存室。

《女史箴圖》創作後，不同朝代曾有多位藝術家加以臨摹，一直廣受珍愛。晉朝文學家張華在西元二九二年寫了一首叫《女史箴》的長詩。大約一世紀後的西元四百年左右，有一幅名

皇帝拒絕妃子的誘惑。▶
圖中詩文詳見第三一九頁。

畫將《女史箴》詩寫在畫上，不過那幅畫應已遺失。現存的《女史箴圖》估計是臨摹於原作之後二百年，但忠實記錄和保存了原來那幅偉大繪畫的精神。現在有些人認為這幅《女史箴圖》可能就是原作，不管這幅畫是原作還是臨摹，它都是早期中國繪畫中的名品。

畫卷中是一幅一幅分開的場景，其中插入張華的詩句，慢慢展開後，首先是一段詩文，接著是一幕畫面；打開畫卷慢慢欣賞是一件樂事。有一個場景看了令人不安：一位美麗、嫵媚的妃子賣弄風情，走近皇帝，袍服和紅色絲帶邊走邊飛揚。不過仔細看就知道，事實上她躊躇不敢向前，因為皇帝伸出的手臂擺出堅定的拒絕手勢——皇帝不受色誘。妃子準備轉身離開，臉上顯現出驚訝、挫折的表情。

西元二九二年張華完成詩作時，中國正處於漢朝覆亡之後的分裂狀態。晉惠帝時國內爭戰不斷，帝位岌岌可危，惠帝昏愚，賈后把持朝政，違法亂紀。依據歷史紀載，大臣張華對賈后和黨羽僭取皇帝的權力極為驚駭；她參與謀殺、陰謀，性生活淫蕩，使朝政和晉朝的安定陷入險境。表面上張華寫的「女史箴」是教導宮中婦女應守的戒律，但真正規勸的目標是賈后。他希望藉著美麗和勉勵的詩歌，勸告任性的賈后，過著守節、節制和合乎禮儀的生活：

翼翼矜矜，福所以興；
靖恭自思，榮顯所期。
（行為恭敬謹慎，戒慎危懼，福氣就會來臨；平和恭下的盡好本分，就可期待榮耀顯貴的一天。）

《女史箴圖》另外還有高尚的道德目標。儘管這些教導的對象是婦女，也適用於男人。皇帝拒絕妃子的誘惑，樹立男性應有正確判斷和力量的典範。馬嘯鴻（Shane McCausland）博士是中國古代書畫專家，他研究《女史箴圖》的心得如下：

《女史箴圖》提出的是正向的訴求。畫家不告訴人們哪些事情不要做，而是告訴人們如何做向上提升的事情。每個場景都在告誡宮中婦女應該如何改善行為和個性，也告訴看畫的人如何學習和改善自己；但如果看畫的人已經很疲累，畫家應該把機智和幽默加入畫中。畫家正是如此表現。這幅畫卷討論為君之道、治國方策和良好政府的傳統是什麼，深入表現治理國政時人與人應如何互動。

可惜賈后不為詩文的道德內涵所動，仍然過著淫蕩的生活，並且殘害大臣。她的荒唐行為引起內亂，西元三百年政變終於成功，賈后被捕後自殺身亡。

大約一百年後的西元四百年，東晉又發生相同的禍事。有一天，孝武帝對愛妃張貴人說：「你已經三十歲，我應該找年輕的來取代妳。」皇上只是開個玩笑，但張貴人不這麼想，當晚她就殺了孝武帝，讓宮廷相當震驚。大畫家顧愷之認為應該將張華的詩文畫成畫卷，提醒世人如何為人處世，就畫了《女史箴圖》這幅名畫。大英博物館亞洲部主任司美茵（Jan Stuart）博士非常熟悉這幅畫和作畫的目的，她說：

◀（跨頁）玄熊攀檻，馮媛趨進；夫豈無畏？知死不殺。
（馮昭儀擋在漢元帝和凶猛的黑熊中間。）

《女史箴圖》承襲漢朝獨尊儒術以來、用比喻來傳授道理的傳統。賞畫的人一面看畫，一面閱讀旁邊的詩文，就明白畫作在傳遞嚴肅的訊息。孔子認為每個人都應該各司其職，如果大家嚴守分際，社會就既健康又有效率。張華寫《女史箴》時的寓意非常重要，女人再怎麼美麗也要謙虛、守法，不可忘記自己在家庭中的地位，要服從丈夫；如果做到了，她就是維護社會秩序的正面、主動的力量。

《女史箴圖》告誡婦女，絕不可以利用丈夫的性格或弱點。馮昭儀只有在為了保護皇帝（漢元帝）避開危險時，才可以站在皇帝前面。畫卷中有個真實的場景，有隻凶猛的黑熊從籠中脫逃，兩位妃子轉身就跑，滿臉驚恐的回頭張望。此時漢元帝嚇呆了，但勇敢的馮昭儀衝到怒吼的熊和漢元帝中間，皇帝因此安全無恙。《女史箴圖》告訴我們，偉大的女性就是具有犧牲自我精神的人。

很多皇帝都喜愛《女史箴圖》，他們認為這幅畫可以壓抑惹事生非的后妃，圖畫本身非常美，足以顯示他們既有文化素養又有權勢。因為《女史箴圖》的空白處有皇帝的鈐印或題字，所以我們知道有哪些皇帝御覽過這幅畫卷。有些收藏過畫卷的人在上面也留下了評語。欣賞歐洲繪畫作品無法帶來卜述快樂：你正和幾百年前的古人分享賞畫的樂趣；你隸屬某個藝術愛好者團體，那個團體的成員幾百年來都珍愛這幅畫作。十八世紀和英國國王喬治三世同時代的清朝皇帝乾隆，留下對畫卷的評語：

顧愷之的《女史箴圖》，上有詩文。真跡。宮中極品珍寶。

因為《女史箴圖》太過珍貴，昔日只有極少數人有幸親眼目睹，到今天仍是如此，不過原因不太一樣：如果作畫所用的絹布過度曝光會嚴重受損，因此只能偶爾展示。我們雖然不能在《女史箴圖》上留下評語，但藉由現代複製技術，幾十年來，我們和其他人，都可以和乾隆皇帝一樣欣賞這幅畫卷，透過網際網路，現在全世界都可以分享過去中國宮殿專屬的樂趣了。

第三一二頁圖中的詩文如下：
歡不可以瀆，寵不可以專。
專實生慢，愛極則遷。
致盈必損，理有固然。
美者自美，翻以取尤。
冶容求好，君子所仇。
結恩而絕，寔此之由。

▼奢侈到難以想像

40 哈克森胡椒罐

銀罐，發現於英格蘭薩福克郡的哈克森；西元三五〇年—西元四〇〇年間；
高十・三公分、長五・七公分、寬四・二公分。

幾千年來，西歐人一直迷戀東方的香料。早在咖哩成為英國代表性料理以前，英國人就夢想用印度的奇特香料，改造英國乏味的島國食物。對詩人喬治・赫伯特（George Herbert）來說「香料國度」喚起的是完美的比喻，無法想像的遙遠，又令人極度的渴望。因此，幾百年來，香料不只適合入詩，更是大生意，自然不足為奇。

遠東和歐洲之間的香料貿易助長了葡萄牙和荷蘭帝國的興起，但也引發多次血腥的戰爭。早在五世紀初羅馬帝國全境已有香料貿易，西元四〇八年，西哥德人進攻羅馬城，羅馬人勸誘他們退兵的條件是支付巨額贖金、其中包括金、銀、大量絲織品和另一種奢侈品——一噸胡椒。從印度到英格蘭東安格利亞的羅馬帝國全境，都有這種寶貴香料的蹤跡，本章討論的胡椒罐，就出土於東安格利亞。

當時的羅馬人可能認為，今天的薩福克郡是帝國西部的邊陲，西元四百年左右，大不列顛已經享有幾百年前所未見的和平與繁榮，即將進入動亂時期。西歐的羅馬帝國即將分裂成許多脆弱的國家；羅馬在英格蘭的勢力逐漸式微。有錢人在這種處境下非常危險，政府武力無法保護他們的財富，因此他們逃亡時，只好把金銀財寶埋在地下。西元一九九二年，薩福克郡（Suffolk）的哈克森（Hoxne）田裡挖出數量驚人的寶藏，其中有金幣、銀幣和銀製胡椒罐，這些財寶大約在一千六百年前、就是西元四一〇年前後埋在地下。

這個罐子的外觀像是一位羅馬主婦的半身小雕像，衣著精緻，耳上戴著長耳環，髮型繁複俏麗，編成辮子，看來顯然是很正經的貴婦，但打扮相當時尚。她的高度和胡椒罐相同，大約十公分，因此她的雕像就是銀製胡椒罐。胡椒罐下方有一樣精巧的機關，可以控制胡椒倒出的量，只要轉動把手，就可以把罐子栓緊、全開或半開。胡椒罐的主人一定很富有，雕像臉部用銀飾打造，眼睛和嘴唇另外用黃金裝飾，因此當燭光搖曳時，眼睛和嘴唇好像會移動。這種設計顯然有娛樂效果。當時這個胡椒罐一定是薩福克地區宴會上賓客談話的焦點。

西元四十三年，不列顛併入羅馬帝國，所以使用這個哈克森胡椒罐時，英格蘭納入羅馬省分已經長達三百多年，英國人和羅馬人比鄰而居、彼此通婚，當時英格蘭和羅馬的風俗習慣沒有差異。羅馬貿易專家羅伯塔・湯伯（Roberta Tomber）說：

> 羅馬人來到英國時，帶來很多物質文明和風俗習慣，使得英國人很容易就認同了羅馬文化。葡萄酒是羅馬人帶來的，橄欖油也是，但胡椒粉的價值凌駕其他羅馬人引進的外來物品。

羅馬人非常講究食物，廚房中的奴隸廚師為羅馬人燒製精緻的美食。高級食譜可能包括以蜂蜜和罌粟種子點綴的睡鼠、用蛋糕做成的一整隻野豬和好幾隻正在吸奶的乳豬，以及幾隻活的畫眉鳥、莎梨、蘋果，和仿家禽和魚類的豬肉。如果沒有充裕的調味料就做不出上面這些美味，而其中最主要的香料就是胡椒粉。

為什麼這種香料一直受到人們的喜愛呢？我問食譜作家克莉斯汀·麥法登（Christine McFadden），食譜中為什麼要有一點胡椒粉，她說：

胡椒粉永遠不嫌多。人類為胡椒粉大動干戈；每一份羅馬食譜一開始就說「把一些胡椒粉混在……」。

二十世紀初有位廚師說，別的香料無法為這麼多不論是甜、是辣的食物提味。胡椒粉含有名叫胡椒鹼的生物鹼，這種鹼會產生辛辣味，讓身體能流汗來降低體溫——氣候炎熱地方的人要感到舒適，這是不可或缺的。胡椒鹼也能幫助消化，刺激味蕾產生口水。

離羅馬最近的胡椒產地是印度，因此羅馬人必須派遣船隻往返印度洋，再把胡椒經由陸路送到地中海地區。裝滿胡椒的船隊和貨車從印度航行到紅海，橫跨沙漠後到達尼羅河。商人在羅馬帝國境內經由河流、海洋和道路，賣出胡椒，形成複雜、危險但利潤很高的龐大商業網。湯伯補充說明如下：

一世紀的希臘地理學家史特拉博說，每年有一百二十艘船從紅海邊的密歐赫莫士港（Myos

Hormos）航向印度。紅海周遭當然還有其他港口，也有其他國家的船隻前往印度。胡椒交易的金額極其龐大，二世紀的姆日里斯紙草（Muziris Papyrus）有一些資料，說一船胡椒的價值七百萬塞斯特辛姆（sestertium）。當時羅馬軍隊的士兵一年的薪水大約是八百塞斯特辛姆。

經常填充我們所見到的這個胡椒罐要花一大筆錢，但是我們這個罐子的主人另外還有三個銀罐，用來裝胡椒或其他香料，其中一個罐子像戰鬥中的海克力士（Hercules），另外兩個是動物形狀，簡直是奢侈到難以想像。但出土的大量財寶中，胡椒罐只占一小部分，出土的一個櫃子裡放了七十八隻湯匙、二十把杓子、二十九件精美金飾、一萬五千多個金幣和銀幣。金幣和銀幣上有十五位羅馬皇帝像，最後一位是西元四〇七年即位的君士坦丁三世。這些資料有助於推定主人埋藏實物的年代，應該是在西元四〇七年後，因為這一年後，羅馬人在英格蘭的統治權威迅速崩潰。

胡椒罐的造型是位高貴的羅馬主婦，她的左手拿著一個紙卷，露出驕傲的神情，右手食指指向紙卷，有如在畢業照中炫耀畢業證書。這位婦女不但出身富裕，而且受過教育，羅馬不准婦女擔任律師或從政，但她們可以學習藝術。家世良好的婦女應該善於唱歌、演奏樂器、閱讀、寫作和繪畫，有才能的婦女雖然不能出任公職，但應該能發揮影響力。

我們無從知悉這位婦女是誰，但從出土的其他物品中可以找到線索：有一個金手鐲上刻著「朱麗安（Juliane）女士，祝妳愉快」。我們不知道朱麗安是不是胡椒罐上的那位女士，不過她可能是胡椒罐的主人。另一個名字歐瑞留斯・爾西西納斯（Aurelius Ursicinus）出現在其他物品上，他是不是朱麗安的丈夫？

出土物品的體積都不大，但非常珍貴，是某個富有羅馬家庭的動產。國家動亂時，他們面臨危險，古代並沒有瑞士銀行帳戶這種玩意，所以局勢動盪時，他們只能埋藏財寶，希望來日返家時取回。朱麗安和歐瑞留斯始終沒有回來，財寶就一直埋在地下。一千六百年後，西元一九九二年，農夫艾力克．羅斯（Eric Lawes）帶著金屬探測器，去尋找他遺失的鐵鎚，結果找到了這批價值不菲的財寶，也找回了鐵鎚，他的鐵鎚也成了大英博物館的收藏品。

如果沒有考古學家、人類學家、歷史學家和成千上萬其他人士的共同努力，很多歷史文物就無法出土。像羅斯這樣使用金屬探測器的人，近年來不斷改寫英國的歷史。羅斯一發現幾個遺物後，就立刻通知當地的考古學家；他們詳細記錄地點，將埋藏品連同土塊一起挖出。

大英博物館的實驗室花了好幾個星期細心挖掘，發現了埋藏品和包裝的方式。原先所用的木製櫃子寬約六十公分，已經腐爛，但是埋藏品的位置沒有更動。胡椒罐旁邊放著一堆長柄杓、幾把銀壺，和一把美麗、狀似母老虎高高躍起的銀色把手。主人用布仔細把項鍊、指環、金鍊包好，放在最上層，但不知道什麼時候才會再使用。這些東西讓我們想到主人當時一定遭遇很可怕的禍事。

有一支湯匙上面刻著「願神庇佑你」，這是一句常見的基督徒祈禱用語，因此，這個逃難的家族可能是基督徒。西元四百年前後，基督宗教成為羅馬國教已經長達一百年左右。基督宗教和胡椒一樣，都是由羅馬人帶到英格蘭，雖然羅馬帝國滅亡了，但這兩樣迄今猶存。

第9篇

世界信仰的興起

西元一百年～西元六百年

過去兩千年來，有幾個努力理解無窮宇宙的主要宗教信仰，影響著世界的發展。令人驚訝的是，其中佛教、基督宗教和印度教明確的具象傳統（representational traditions），都在短短幾百年間相繼發展出來：佛教在西元一百年到二百年間，開始允許佛陀的塑像出現；西元三一二年，羅馬帝國立基督宗教為國教，耶穌基督最古老的形象也在這時出現；印度教在此時也為眾神確立了流傳至今的形象傳統。

與此同時，伊朗的國教祆教則是明白指出統治者維繫世界秩序應遵守的宗教儀式。先知穆罕默德生於西元五七〇年，他創立的伊斯蘭教，最後取代阿拉伯全境原來崇拜的神祇。

41 犍陀羅坐佛

石頭雕像，發現於巴基斯坦；西元一〇〇年－西元三〇〇年間；
高九十五公分、寬五十三公分、長二十四公分。

泰晤士河正南方的倫敦巴特西公園（Battersea Park）不像是邂逅佛陀的地方。那裡有座和平寶塔，有位日本和尚每天在四尊鍍金佛像注視下，邊敲著鼓邊行過草地。他是長瀨法師，他熟知這些鍍金佛像。然而，就某種意義來說，我們對佛像知道得也不少，不是嗎？因為有尊盤腿、雙手放在胸前的坐佛像就俯瞰著泰晤士河。我其實毋須再多著墨描述，畢竟坐佛是世界宗教中人類最熟悉和亙久不變的宗教形象。

大英博物館中有一尊用灰片岩雕成的佛像，灰片岩是含有結晶碎片的岩石，在陽光下會閃閃發光。佛像的雙手與臉部大小和真人差不多，但身體比較小，雙腿交叉盤著蓮花座，雙手提於胸前，雙肩上披著袈裟，褶綴形成圓脊和疊層，腳藏在褶綴下，右腳向上露出幾根腳指，頭髮盤成象徵佛陀智慧和得道的圓髮髻，眼瞼下垂，安詳的看著遠方。佛陀的光輪從雙肩以上繞著頭部，看起來像一個大型灰色餐盤。

今天世界各地都有安詳坐著的佛像。但佛陀不是一直都坐著讓我們瞻仰。好幾個世紀以來，佛陀只有幾種造型，大約一千八百年前，佛陀以人的造型出現，後來又有一些改變。

當時佛教已經存在幾百年了，依據佛教的說法，佛陀是西元前五世紀印度北部恆河邊某個王國的王子。他放棄王子的身分，成為流浪的苦行者，想了解和克服人間苦難的根本原因。他流浪各地獲得很多體驗，最後在菩提樹下連續靜坐四十九天後，終於開悟，從此免除貪、瞋、痴三毒。開悟後他成為佛陀——佛陀就是覺者或悟者。他把「達磨」法傳給僧侶，僧侶再橫越廣闊的亞洲宣揚佛法，佛法向北傳入喜馬拉雅山下的犍陀羅（Gandhara），現在屬於巴基斯坦東北部的白夏瓦附近地區。

所有宗教都要面對一個關鍵問題——人要如何了解無限的時空、如何親近神？有些宗教透過頌唱，有些只透過文字，但大多數宗教發現神像能幫助大家親近神。一千九百多年前，幾個偉大的宗教都開始採用神像來傳道。基督宗教、印度教和佛教幾乎同時利用人像，代表耶穌基督、印度教神祇和佛陀，這一點難道純屬巧合嗎？不管是否巧合，此時三大宗教都已確立流傳至今的神像樣貌。

西元一八五〇年代起，犍陀羅開始出土大量的佛教寺廟和雕像，事實上，犍陀羅的佛教雕像和建築物比古印度其他地區都多，我們這尊栩栩如生、大小如同真人的佛像，就是其中一尊。一千八百年前，佛教徒看到這尊佛像一定會生起恭敬心，在此之前信徒用一套象徵性的東西代表佛陀，如他覺悟時的菩提樹、一對佛足印等等，賦予佛陀人的像貌，是全新的嘗試。

歷史學家克洛汀．柏茲皮克隆（Claudine Bautze-Picron）在布魯塞爾自由大學講授印度藝術史，她指出：

佛陀在歷史上真有其人，所以他不是神。大約二千年前，人類開始以形象表示各種神明和幾百年前的智者。佛陀的臨在以形象展現，首先是雕刻在圓塔的四周，以佛陀覺證所在的菩提樹作為佛陀的象徵。禮拜佛足印在今天的印度仍然盛行；足印代表一位曾經在塵世留下足跡、只是已經不在世間的人。這種象徵手法越演變越精巧：燃燒的柱子取代菩提樹，成為佛陀的象徵；燃燒的火光代表佛陀的光環，因此藝術界漸漸採用象徵手法，再逐步演變成將佛陀具象的方法。

我們這尊佛像年代久遠，可能出現於西元三世紀，是世界上非常早的佛像；當時印度北部的貴霜帝國統治犍陀羅，霜貴帝國的領土從喀布爾直抵伊斯蘭瑪巴德，由於位處絲路線上而非常富裕。絲路是連結中國、印度和地中海的貿易通道，絲路幹道從犍陀羅往西穿過伊朗後會到達埃及的亞歷山卓。

犍陀羅政治穩定、經濟繁榮，因而有能力建造大量的佛寺、紀念碑和佛像，還能派遣僧侶四處傳教。世界上流傳至今的宗教，都是依靠貿易和政治力量才能生存發展。

佛教是由擯棄享樂和財富的苦行者建立的宗教，但矛盾的是，佛教的發展卻借助國際間的奢侈品貿易，僧侶隨著蠶絲這種昂貴的貨品前往各地，佛像也跟著僧侶傳播各處；或許僧侶傳教時，佛像有助於他們克服語言障礙。

今天的佛像有四種標準姿勢：臥姿、坐姿、立姿和行姿。每種姿勢都代表佛陀生活中的形象。我們的這尊佛像代表他得道時的形象，佛陀穿著袈裟，但不像一般僧侶，佛陀留著頭髮，身上已經沒有華衣珍寶，耳朵沒有掛著沉甸甸的黃金，但從長耳垂上的耳洞，可以看出他原來是王子。他兩腿交叉盤著蓮花座，這是冥想和講說佛法時的姿勢。

這尊佛像和後來成千上萬外形相似的佛像都有一個目的。達賴喇嘛的翻譯官圖登金巴博士（Thupten Jinpa）曾出家修行，他指出這尊佛像如何助你開悟：

打坐的人凝視佛像後，把佛的形象內化入心中，然後思考佛陀的身、語、意。佛像扮演的角色就是讓信眾心中想起偉大的上師佛陀、他覺悟的經驗和一生中的重要事蹟。不同形式的佛像其實正代表不同的重要事蹟，例如佛陀有一個很出名的姿勢：佛陀坐著，手呈現傳授佛法的姿勢。這種手勢有個術語，指的是轉動「達磨」法輪，簡稱轉法輪。

本章的坐佛所比的就是轉法輪的手勢，法輪象徵開悟必經的途徑，是已知印度藝術中佛教最古老的象徵。雕像中佛陀的手指代表輪輻，他為信徒轉動法輪，信徒最後會放棄物質狀態的幻覺、苦難和自我，代之以非物質狀態、「至高無上快樂」的涅槃。佛陀的開示如下：

愚人才為外在的美所迷；女人一旦卸下裝飾品、拿掉珠寶、脫下豔麗的衣裳、花朵凋謝時，她的美麗何在？智者看透這些虛假的美貌，只當成夢幻泡影。

佛教所有藝術品都教育信眾勿眷戀物質世界，即使有時不得不借用像我們這尊佛像這種實體物品。下一章我們談到一個信仰豐富的物質能令人快樂的宗教，他們的神祇數量眾多，就是印度教。

▼佛教來自印度，印度人不信佛教的原因

42 鳩摩羅笈多一世金幣

印度金幣；西元四一五年—西元四五〇年鑄造；
直徑一．九公分。

倫敦西北邊有一棟叫尼斯登（Neasden）印度廟的建築物，肯定是整個倫敦、甚至是整個英國最叫人驚豔的建築。這棟巨型的白色建築是用義大利大理石打造的，大理石還先送到印度，經過一千五百多位工匠精心雕刻，才運到英國。

訪客脫鞋後，會進入一座很大的大廳，大廳用義大利卡拉拉產白色大理石雕成的印度神祇雕像，裝飾得富麗堂皇。訪客中午不能進入，這是諸神睡覺的時間，每天下午四時前後，大廳會播放音樂喚醒諸神。我們看到這些濕婆、毗濕奴和其他印度神祇雕像時，會有無始無終的感覺，但是大家會對這些神祇開始產生這種看法，卻有特定的時刻可尋。印度教的視覺語言和佛教、基督宗教一樣，大約在西元四百年前後固定下來，現在供奉在尼斯登的這些神祇形象，可以追溯到大約一千六百年前印度偉大的笈多帝國。

我們要和神祇互動，必須能夠辨認諸神，但是要怎麼辨認呢？印度教雖然有苦修的部分，卻承認物質豐富的歡愉，神祇非常眾多，你在廟裡會看到很多加了裝飾、戴著鮮花和花環的神

金幣一面鑄的是一匹馬，▶
另一面鑄的很可能是吉祥天女拉希米（印度人信奉的財神）。

祇。主神濕婆和毗濕奴很好認；濕婆拿著三叉戟，和妻子雪山神女巴瓦娣在一起；毗濕奴通常坐著，四隻手臂拿著神器和蓮花。附近經常可以看到一位對一千六百年前笈多國王特別重要的神祇，就是濕婆的兒子鳩摩羅（現在大家比較熟悉的名字是迦絺吉夜，我們今天認識的所有這些印度神祇都是在大約西元四百年前後，供奉在印度北部笈多國王新建的廟宇中）。

大英博物館的錢幣動章部中，收藏了從西元四一四年到西元四五五年統治印度的鳩摩羅笈多一世鑄造的兩個硬幣，這兩個硬幣顯示這位國王層面極為不同的宗教生活。硬幣大小和英國一分錢銅幣幾乎一樣，卻是純金打造的，因此拿在手裡相當沉，第一個金幣上可以看到國王那一面，鑄造了一匹神駿的立姿種馬，馬身上裝飾著彩帶，頭上飄著一面大型的細長三角旗，金幣外緣用梵文刻著「至尊之主鳩摩羅笈多國王克敵致勝」。

為什麼金幣上鑄造的是馬、不是國王？這種設計可以回溯到一種古老的犧牲儀式，這種儀式早在印度教出現很久之前就確立，過去的印度國王一直奉行不渝，笈多王朝的國王繼續保持這種儀式。這種歷時一年、可怕又麻煩的過程，國王一生大概只能舉行一次，要耗費很多金錢，高潮是大規模的戲劇性獻祭儀式，鳩摩羅笈多決定，他應該舉行這種祭奠。

首先要選擇一匹種馬，經過祭奠儀式淨化後野放一年，野放期間由一群王子、傳令官和僕人組成的衛隊跟在後面觀察。他們的主要工作是防止這匹公馬交配，因為種馬必須保持潔淨，經歷一年性挫折卻自由的生活。然後會以一套複雜的祭奠儀式，把馬抓回來，送到國王面前，由國王親自拿著金刀，在大群觀眾面前把馬殺死。這個金幣就是紀念鳩摩羅笈多舉行這種儀式，希望藉著這種比印度教還古老的儀式，再度肯定自己合法與至高無上的地位。但是同時，

金幣的一面是鳩摩羅神騎著孔雀的雕像，▶
另一面是鳩摩羅笈多國王。

鳩摩羅笈多也大力推廣其他比較新穎的宗教儀式，祈求其他神祇庇護，支持自己的世俗權力。他花了很多錢，新建廟宇，在廟裡供奉印度教神祇的雕像和繪畫，讓這些神祇用新穎、動人的形式，表現在信徒前面，他和當時的人實際上是重新創造這些神祇。

西元三百年後不久，笈多王朝在印度北部創建，並開始快速對外擴張，一直到征服印度次大陸大部分地區為止。到西元四五〇年，笈多帝國變成地區性超級強權，可以和伊朗與東羅馬拜占庭帝國平起平坐。西元三一三年，君士坦丁大帝容許基督宗教成為羅馬的合法宗教後不久，印度北部的笈多王朝制定了印度教很多持續至今的型態——創立印度教複雜的結構、廟宇和僧侶，而且製作了我們今天所知道的印度教神祇形象。

為什麼這種事情發生在歷史的這一刻？這點和基督宗教、佛教似乎一樣，和帝國、財富、信仰爭取到新信徒以及藝術的力量有關。只有穩定、富有、強大的國家能夠製作和文字或語言不同的偉大藝術與建築，讓人民立刻就能了解——在多語文的帝國中，這點是很大的優勢。建築和雕像完成後，會長期留存下來，成為未來的型態。儘管當時在羅馬，基督宗教很快就成為帝國唯一的宗教，笈多王朝卻總是把對印度教神祇的崇拜，當成眾多了解和擁抱神祇方法中的一種。這種世界似乎安於複雜、樂於和很多真理共存，而且事實上還宣稱所有真理都受到國家官方的承認。

印度教在笈多王朝年間蓬勃發展之際，人神之間培養出什麼關係？邵納卡．達斯（Shaunaka Rishi Das）是印度教僧侶，也是牛津印度研究中心主任，他解釋說：

印度人把所有神祇視為造物主的顯現，造物主可以顯現在任何一個地方，因此大家認為，神祇形象的實體展現，對爭取造物主的顯現大有幫助。你到廟裡去看到的這種形象，就是造物主的顯現，你也可以在自己家裡擺設這種形象——印度人會邀請造物主進入這種神祇的形象中，早上敬獻糖果，喚醒神祇。前一天晚上，會把神祇放置到一張床上就寢，第二天起床後，會用溫水、精煉奶油、蜂蜜、優格為神明沐浴，然後穿上通常用手工縫製的絲綢衣服，戴上美麗的花環，讓神準備好接受這一天的崇拜，這是體現造物主存在非常有趣的程序。

鳩摩羅笈多選擇最常禮敬的神祇時，顯然和自己的名字有關；他選擇戰爭之神鳩摩羅，我們在第二個金幣上看到的神祇就是鳩摩羅，鳩摩羅赤裸著上半身，左手持矛、騎著一隻神聖的孔雀——不是西方傳統中虛榮的孔雀，而是騎著上戰場、相當具有侵略性的可怕神鳥。這種一千六百年前創造的形象今天仍然立刻可以辨認出來：你可以在很多神廟中看到這種形象，但是其中有一項細節值得一提——鳩摩羅和他騎的孔雀站在一個基座上，我們看到的不是神祇的形象，而是像在廟裡會看到的神祇雕像，正是鳩摩羅笈多可能供奉的一種雕像，這種情形在這個時代出現，而且延續到今天的神廟造像傳統。

金幣的另一邊是鳩摩羅笈多國王本人，上面也有一隻孔雀，但是他和鳩摩羅神不同，沒有騎著孔雀，而是優雅的拿著葡萄，請神祇的神鳥享用。國王戴著皇冠，頂著光環，還戴著很重的耳環和一條精美的項鍊，金幣上刻的文字是「智仁勇俱全、名不虛傳的鳩摩羅笈多」。

這個金幣達成了總是唯有貨幣格外擅長的任務：告訴每一個使用貨幣的人，他們的統治者得到上天獨特的恩寵。就這個金幣而言，因為和鳩摩羅神關係特別不同，因此得到掌管諸天的神祇特別的恩寵。這種大眾傳播的方式是亞歷山大大帝死亡後不久發明的（見第三十一章），此後的統治者一直利用到現在：英國每一個一分錢的硬幣上都宣稱女王沐浴神恩，就是和鳩摩羅笈多的金幣屬於相同的傳統。但是鳩摩羅笈多供奉的神祇形象和權力神學的關係深厚多了，也說明了人類一種普遍的欲望，證明大家渴望和人人可以接觸——不只是國王才能接觸——的神祇，建立直接的個人關係，從當時到現在，在神像和圖像前冥想，一直是印度教義中的重要關係。

▼ 壯觀的尼斯登印度教神廟，聳立於倫敦市郊。

笈多王朝統治期間，印度教主要神祇的供奉方式形成了固定的形式，從當時到現在，這種形式一直主導印度的宗教領域，近年來，笈多王朝宗教活動中的印度教特質，在歷史學家探討笈多王朝統治期間的文字中，占了很重要的地位。就像新德里尼赫魯大學古印度史榮譽教授羅密拉・塔巴（Romila Thapar）解釋的一樣，笈多王朝對印度的影響一直延續到今天，不只表現在這個王朝留下的紀念碑，也表現在這段期間所用的政治方法上：

印度的殖民歷史展開時，出現民族主義的歷史寫作方法，把笈多王朝時代視為「黃金時代」。過去幾十年裡，「印度教徒主義」的思考方法逐漸茁壯，試圖暗示只有印度教徒才是印度唯一合法的公民，因為印度教是土生土長，其他教派，包括伊斯蘭教、基督宗教、印度祆教，全都是後來才從境外移入的，卻不管那些教徒九九％的人都具有印度血統。就因為這種思考方式，笈多王朝時期因此得到特別的重視。

上述這種情形著實讓人驚訝，誠如這兩個金幣所顯示的，笈多王朝雖然建立了好比現代標準的印度教神廟，卻也尊重舊有的宗教傳統，不但沒有排除其他宗教的意思，還大力保護佛教和耆那教。總之，鳩摩羅笈多受到六百年前佛教徒國王阿育王的啟發，延續偉大的印度傳統——認為國家應該包容多種信仰並存的傳統，後來信仰伊斯蘭教的蒙兀兒王朝皇帝、英國的殖民者和現代印度的建國先賢，也都擁抱這種傳統。

▼與羅馬同時的強國，信奉祆教

43 沙普爾二世銀盤

銀盤，發現於伊朗；西元三〇九年—西元三七九年；直徑十二．八公分。

理查．史特勞斯（Richard Strauss）從尼采所著的同名小說擷取靈感而創作的交響詩《查拉圖斯特拉如是說》（*Thus Spake Zarathustra*），很多人都非常熟悉，因為電影《二〇〇一年太空漫遊》（*2001: A Space Odyssey*）的原聲帶採用了其中部分音樂。

但是很少人知道查拉圖斯特拉實際上說過什麼話，甚至不知道他是誰。這點或許令人驚訝，因為查拉圖斯特拉——或許他較為人所知的名字是瑣羅亞斯德（Zoroaster）——是世界偉大宗教的創立者，千百年來，波斯祆教和猶太教、基督宗教與伊斯蘭教並列中東四大宗教，是這四個以經典為基礎的四大宗教中最古老的，而且對另外三大宗教影響深遠。今天世界各地仍然有相當多的祆教社會，在這種宗教的祖國伊朗尤其如此。事實上，今天的伊朗伊斯蘭教共和國，保證在國會中為猶太教徒、基督徒和祆教徒保留若干席位。在兩千年前的伊朗，祆教是當時中東這個超級強權的國教。

這件文物是四世紀製作的銀盤，上面的圖像用戲劇化的方式，表現伊朗帝國的權力和信仰，圖像展現的是：國王表面上是外出行獵，其實正在維持世界免於混亂。

當時基督宗教剛成為羅馬的國教，幾乎在同一時間裡，薩珊王朝（Sasanian Dynasty）在伊朗建立了一個高度中央集權、政教合一的國家。這個伊朗帝國的勢力達到顛峰時，版圖囊括從幼發拉底河到印度河的廣大地區——用現代的說法，就是從敘利亞到巴基斯坦。很多個世紀裡，伊朗帝國和羅馬站在平等、對立的位置上，長期爭奪中東的控制權。這個行獵圖銀盤上顯示的薩珊國王是沙普爾二世（Shapur II），他從西元三〇九到西元三七九年，極為成功的統治伊朗帝國七十年之久。

這個銀盤很淺，大小形狀跟小飛盤相當，是用上好的白銀製成的，轉動盤子時，可以看出盤子泛著金光。國王信心十足的跨坐在坐騎上，頭上戴著一頂很大的皇冠，頂端有一個看來像是長了翅膀的地球，身後的彩帶在銀盤上飄揚，給人行動迅速的感覺。他穿戴的一切都很富麗堂皇——下垂的耳環、長袖緊身上衣上附有精心刺繡的肩墊、裝飾華麗的長褲和鑲了彩帶的鞋子，這個富有儀式性的形象是精心打造，代表財富與權力。

你可能認為，事情本來就是這樣：國王總是盛裝打扮、坐騎總是服服貼貼，但這個銀盤在展示傳統的能力和特權之外，還有更深奧的意義。因為薩珊國王不只是人間的統治者，也是天神的代理人，沙普爾二世的封號強調他的宗教角色：「神的虔誠信徒沙普爾，伊朗與非伊朗之王，天生神育、萬王之王」。這裡的天神當然是指伊朗帝國國教祆教的天神。歷史學家賀蘭德說明偉大先知兼詩人瑣羅亞斯德的一切：

如果你說摩西或穆罕默德是先知，那麼瑣羅亞斯德是十足的第一位先知。沒有人完全清楚他活在什麼時代，事實上，沒有人很肯定他是否存在，但是如果這號人物確實存在，那麼他很可能是在西元前一千年前後，住在中亞大草原上。他的教誨經過幾百年、又經過上千年後，變成了我們現在可以稱之為祆教的重心，而且逐漸成為伊朗人民的國教，因此在薩珊帝國建立時，被立為這個帝國的國教。

凡是猶太教徒、基督徒或穆斯林出身的人，對祆教的教義都會覺得很熟悉，瑣羅亞斯德是第一位教導宇宙是善惡對立勢力戰場的先知，他最先教導世人：時間不會在無盡的循環中前進，一定會走到盡頭，也就是時間一定會有結束的時候，一定會有最後審判日。這些觀念都傳給了猶太教、基督宗教與伊斯蘭教之類同尊亞伯拉罕為祖先的宗教。

你看到銀盤上國王騎的動物時，一定會大吃一驚，他騎的不是馬，而是長著多叉鹿角的公鹿，他跨坐在沒有鐙、也沒有鞍的公鹿上，左手抓著鹿角，右手敏捷的把一支劍插進公鹿的脖子裡，血液噴濺，圓盤的下方可以看到這隻公鹿正在垂死掙扎。從國王騎鹿馳騁時，戴著相當容易掉落的龐大皇冠，到殺死胯下快速奔跑坐騎的構想，整幅畫面像是一種幻想。

因此，這個銀盤真正要表達的是什麼？好多個世紀以來，行獵圖一直是中東展現王權常見的方法。我們看到別的圖像中，展現亞述國王坐在戰車裡得到周密的保護，卻從相當安全的距離之外，英勇的殺死獅子。沙普爾國王的所作所為不同，他單獨和野獸戰鬥，不是為了毫無意義的虛張聲勢而冒生命危險，而是為了造福子民。我們看到身為保護人民的國王，殺死威脅子民的若干種野獸，包括掠食牛隻與家禽的大型貓科動物，蹂躪作物與牧場的野豬與鹿群。因此，像這樣的形象在祆教徒想像的王權觀念中，是視覺上的比喻，國王打獵，殺死野鹿，是在可怕的亂象中，推行神聖的秩序，沙普爾身為祆教至高無上善良之神的代理人，會打敗最強大的邪惡力量，善盡身為國王的重責大任。

加州大學柏克萊分校亞洲藝術教授貴提・艾莎培（Guitty Azarpay）強調國王的雙重角色：

> 這樣代表雙重的形象，一是代表世俗的形象，因為大多數人民、大多數國家當然都喜歡打獵，伊朗尤其如此；二是代表當時祆教的意識型態，人類是上帝對抗黑暗與邪惡的武器，人類藉著遵循正道的原則，按照規定，實踐著說好話、做好事的行為，協助造物主得到最後的勝利。虔誠的祆教徒這樣做，可以希望在此生過著最好的生活，在來生靈魂能住在至高無上的樂園中；至善的國王是擔任國家元首、保護宗教、創造正義與秩序，又是最優秀的戰士與英勇無比的獵人。

打造這個銀盤的目的相當清楚，不僅限於觀賞，更是為了要用來炫耀。這種銀盤非常昂貴，是用一塊很重的銀塊打造，高突的浮雕圖像是從背面敲打出來的。表面上的各種紋路是由工匠精心打造，工匠選擇不同類別的點刻法，打造公鹿的肌肉和國王的衣著。整個場景的關鍵要素，包括國王的皇冠和衣著；公鹿的頭部、尾巴和鹿蹄，都以黃金裝飾凸顯。這個銀盤在盛宴搖曳不定的燭光下展示時，黃金會使整個畫面栩栩如生，促使大家把注意力放在國王和公鹿的核心衝突上。沙普爾國王就是希望大家這樣看待他，也用這種方式了解他的王國；薩珊王朝的很多國王曾經大量運用這種銀盤，當成外交禮物，送到整個亞洲。

沙普爾二世除了贈送有象徵圖像的銀盤外，也派出祆教傳教團，這種政教合一的做法後來證明非常危險，尤其是薩珊王朝滅亡、伊斯蘭軍隊征服伊朗後，更是如此。賀蘭德解釋說：

> 祆教確實把自己的旗幟，鮮明的釘在薩珊王朝的桅杆上，利用薩珊帝國和整個王朝，為自己定出明確的定位。因此，薩珊王朝的一切崩潰時，祆教實際上也陷入癱瘓，雖然久而久之，伊斯蘭教承認應該容忍祆教，卻從來沒有像尊重基督徒或猶太教徒一樣，給予祆教應有的尊重。進一步的問題是基督徒、甚至是遭到穆斯林征服的基督徒，都可以寄望獨立的基督教帝國、獨立的基督教王國，而且知道基督教國度仍然存在，祆教徒卻沒有這種選擇，原本是祆教徒居住的每一個地方，都被伊斯蘭教征服了。到了今天，連祆教的誕生地伊朗，祆教徒都是少之又少的少數。

即使今天的祆教徒數目相當少，他們的信仰當中，卻有一些和善惡永恆之爭、和世界末日有關的教義，仍然非常強而有力。最後末日的恐怖形象和正義獲勝的信念，今天仍然困擾中東政治，而且多少影響了中東政治，猶太教、基督宗教和伊斯蘭教的這種觀念全都來自祆教教義。德黑蘭的政客談到大撒旦、華盛頓的政客譴責邪惡帝國時，不免讓人想要指出，這些話乃「查拉圖斯特拉如是說」。

▼基督的長相是什麼樣子？

44 欣頓聖瑪麗別墅馬賽克

羅馬時代的馬賽克，發現於英格蘭多賽特的欣頓聖瑪麗別墅；
西元三〇〇年—西元四〇〇年；高八百一十公分、寬五百一十公分。

大英博物館有一個展廳，專門展出大約一千七百年前英國還屬於羅馬帝國時期的文物，其中一系列的神祇圖像中，有一個銀盤上是微笑的戰神、酒神和酒杯、與牧神吹笛的圖像，還有一個看來像是另一位異教徒神祇的馬賽克拼貼圖像。

這是一幅齊肩的人像，圖中鬍子剃得乾乾淨淨的男性大約和真人大小相當，金髮往後攏，穿著緊身上衣，長袍緊緊裹著肩膀，頭後面有兩個重疊的希臘字母chi和rho，讓我們立刻知道畫中人是什麼人——這兩個字母是希臘文基督（Christos）的頭兩個字母，這是現存最早的基督圖像。這幅圖像能夠留存下來是驚人的事實，因為這幅圖像不是替東地中海或羅馬帝國的教堂製作的，而是大約西元三五〇年前後，鋪設在英國多賽特（Dorset）一棟別墅的地板上。

地板大致是用多賽特當地出產的材料，如黑色、紅色和偏黃色的石頭鋪設而成，所有材料都用羅馬人在建築上最大的發明——水泥固定。你進入房間後，在地板上看到的第一樣東西是一個圓圈，圓圈中神話英雄貝勒羅風（Bellerophon）騎著天馬，殺死由獅子、山羊、大蛇合為一體的怪獸奇美拉（Chimaera），這種圖像在羅馬世界裡很常見，象徵英雄摧毀邪惡勢力，有點像我們在第四十三章沙普爾二世銀盤中看到的情形。在房間面對另一個方向的盡頭處，我們會看到另一個圓圈，早年你在這種地方應該會看到用音樂迷惑世界的音樂之神奧菲斯（Orpheus），或是廣受歡迎的酒神巴卡斯（Bacchus），但我們在這裡看到的卻是基督。

基督宗教興起的頭二、三百年裡，注視上帝臉孔、甚至注視上帝以人的形體出現的圖像，都是不可思議的事情，原因之一是沒有任何紀錄說明基督的長相，藝術家無法據以製作圖像；但更可能的原因是從猶太教傳承而來的上帝，顯然應該用心神和真理去敬拜，而不是在藝術上重現上帝，這使得早期的基督徒不可能去製作任何圖像。

可是我們現在活在基督圖像隨處可見的世界裡，我們可以立刻辨認出基督的臉孔，到底是怎麼進展到這一步的呢？決定嘗試描繪基督的臉孔，很可能是因為羅馬權貴太習慣見到自己的神祇以雕像、繪畫和馬賽克的形式出現，這在神學發展上是重要的一步，也是歐洲視覺文化中決定性的轉捩點。

在多賽特製作這張基督臉孔時，是羅馬人統治英國的最後一百年間，從很多方面來看，這段期間都是黃金時代，是浮華世界，統治階級可以花費巨資裝潢自己的別墅，用精美可觀的餐具展現自己的財富。你在展示這幅基督圖像的展廳裡，可以看到很多銀器、湯匙，甚至可以看到第四十章提到的銀製胡椒罐，這些東西顯示，當時的社會似乎愉快的兼容異教和基督宗教。在薩福克郡米爾登霍爾（Mildenhall）發現的一個大銀盤上，酒神醉醺醺的和柔順的仙女一起跳躍，同一個地方發現的湯匙上卻鑄有基督宗教的象徵，異教徒的銀盤和基督宗教的湯匙和平共存，相當完美的總結了當時英國的情形，而且這不會讓當時任何人感到不安。在西元三、四世紀的英格蘭，基督只是諸神之一，因此基督和貝勒羅風和平共存，看來沒有我們乍看之下那麼突兀。歷史教授伊蒙・杜飛（Eamon Duffy）說明耶穌融入羅馬諸神的情況：

這幅基督的肖像，我個人認為並不好看，下巴肥腫腫的。讓我印象深刻的是，基督的形象和異教徒神話中強而有力的形象並排放在一起，和貝勒羅風、天馬和奇美拉的整個故事並存。基督宗教利用這些素材，傳達耶穌復活、生命戰勝死亡的訊息，而且暗示性的把基督被釘在十字架上的情形，和英雄殺死怪獸相提並論，這是一種似非而是的詮釋方式——基督宗教創教人的失敗，其實是英雄式的勝利……。

貝勒羅風是生命戰勝黑暗力量的圖像，總有一天，那種象徵意義的圖像會出現基督宗教的版本，例如聖喬治屠龍，或是天使長彌額爾和魔鬼作戰。

我懷疑當時走過這塊地板的人當中，有多少人能知道自己正從一個世界走向另一個世界，從熟悉的神話領域走進現代信仰的新世界。每個人應該都認得活力十足的貝勒羅風，對於房間另一端的靜態圖像是誰，卻可能不是很有把握，因為很少人見過基督的圖像。你到底要用什麼方法，呈現你從來沒有看過的神祇？你沒有東西可以依據，沒有形象、模型、基督長相的描述，從神學和藝術方面來說，這種情形都是深具挑戰的難題，我認為大家都會同情這位面對難題的多賽特藝術家。

▲ 這張圓形圖像顯示貝勒羅風騎著天馬，征服怪獸奇美拉。

相對而言，奧菲斯和酒神應該很容易表現，奧菲斯應該是滿腹愁思、看來有藝術氣質的年輕人，酒神活力十足、性感、顯然準備好享受歡樂時光。大家應該可以從他們的象徵物認出他們是誰，奧菲斯應該帶著七弦琴，酒神應該會拿著一串葡萄或類似的東西。

當時沒有什麼物質上的象徵和耶穌結合在一起，很少人願意把戰勝魔鬼、有力量的基督和受難的刑具——十字架一起出現。他曾經告訴信徒，他是道路、真理、生命，但是這幾樣東西都很難用實物來表現；他曾經宣稱他是世界的光，但是要在馬賽克上把光表現出來的確很難，尤其是像這個情況之下，坦白說，這位藝術家並不是十分高明。結果製造欣頓聖瑪麗（Hinton St Mary）馬賽克的藝術家沒有利用象徵，而是為基督加上名字字首的圖案—希臘文的☧（Chi Rho）。在這幅馬賽克中，這些字母看來就像基督頭部後方的光環。

Chi Rho是羅馬皇帝君士坦丁西元三一二年改信基督宗教後採用的象徵，多賽特的這幅地板馬賽克幾乎可以確定是大約四十年後完成的。「我們可以相當肯定這一點，因為基督和貝勒羅風的髮型都是西元三五〇年前後流行的髮型。」君士坦丁在米爾微安橋（Milvian Bridge）之戰中改信基督宗教，是我們這塊地板能夠出現的原因，在此之前，沒有一位別墅主人敢如此大膽，表態自己信仰基督，因為過去信奉基督會遭到迫害。但是此刻一切都不同了，牛津大學教授艾弗麗·柯麥隆（Averil Cameron）夫人解釋說：

> 據說君士坦丁大帝是在大戰前的某一刻，看到天上的十字架形象，才改信基督宗教。此後，他始終不違背賜給基督徒特權的做法，這種做法澈底顛覆基督教合法化前的情況，他賜給基督宗教神職人員租稅優惠、調停基督徒之間的紛爭、宣布基督宗教為合法宗教、捐錢給教會、起建基督教堂，所有這些行為都為基督宗教帶來重大的激勵。

這種激勵一定讓我們這棟別墅的主人信心十足，膽敢製作出基督的整個臉孔看著大家、明確表現出有權有勢人物的圖像。基督穿著華麗的袍子，梳著當時流行的髮型，別墅主人自己很可能也梳這種髮型，但是耶穌不是當地的統治者，而且確定不是當地的神祇。字母☧清楚的指出畫中人是耶穌基督，這個人的真實身分還有進一步的線索可循：這位藝術家在基督頭部兩側，加上了石榴的圖樣。對受過教育的訪客來說，石榴會讓他們立刻想到冥王把冥后波塞芬尼（Persephone）帶到冥界，波塞芬尼得到母親的搭救而重返人間的神話，波塞芬尼每年必須在幽冥世界居住半年，因為她住在地獄裡時吃了石榴的種子。她的神話是重要的比喻，象徵季節循環、死亡與復活、墜入地獄與重見光明的循環。這位藝術家把這種普通的水果加在馬賽克畫中，把耶穌和也經歷過死亡與復活的異教神祇連結，像是奧菲斯，奧菲斯曾經下地獄尋找愛人尤麗迪斯（Eurydice），這位藝術家也把耶穌和復活具有類似關係的酒神連結。多賽特這幅基督圖像因此把古代世界的所有希望、和所有人類最深層的希望合而為一：說明死亡只是一個範圍較大故事的一環，死亡最後會昇華為豐富的生命和更偉大的榮耀。

我們不知道裝飾了這幅馬賽克圖畫的房間長成什麼樣子，在羅馬時代的豪華別墅裡，裝飾最精美馬賽克圖畫的房間通常是餐廳，但是這種情形在這個案例中似乎不可能，因為房間底下沒有地下取暖系統，而且房間面對著北方，以多賽特的氣候而言，在這裡吃飯實在太冷了。在正常的情況下，牆壁和地板應該會顯示房間的用途，但是這間房間的牆壁早已消失不見。不過，其中有一個有趣的可能性：基督的圖像面對東方，圖像和牆壁之間正好有足夠的空間可以擺設祭壇，因此這個房間可能是早期的家庭教堂。

大家經常擔心在地板上表現基督圖像的想法，最後羅馬人也擔心起這件事，西元四二七年，羅馬皇帝明令禁止在馬賽克地板上拼製基督的圖像，而且下令去除所有現存的圖像。但是這個命令公布時，不列顛已經不再受羅馬帝國統治，欣頓聖瑪麗這棟別墅很可能已經荒廢，地板不再有人清理，整體而言，羅馬人的勢力撤退，代表文化上的大災難，但在這個例子裡，我們或許應該覺得慶幸。

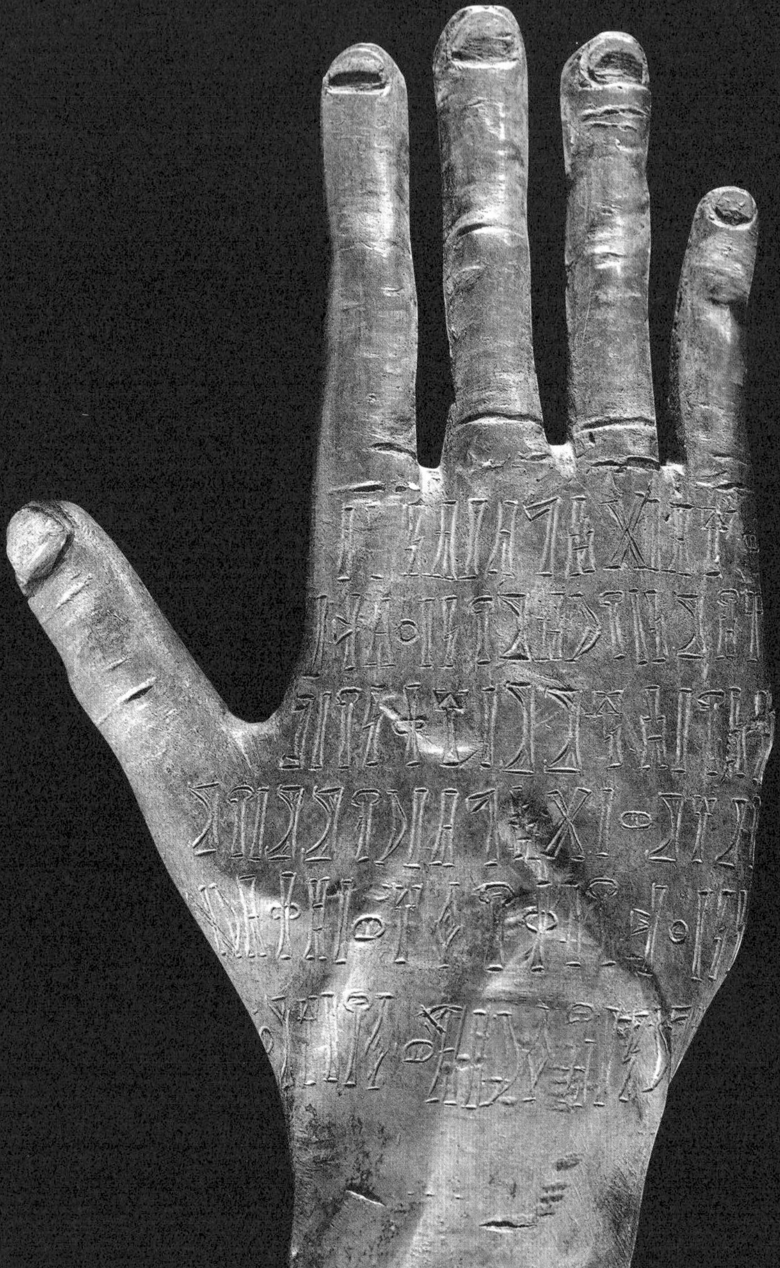

▼羅馬帝國改信基督，導致葉門經濟崩盤

45 阿拉伯銅手掌

銅手掌，鑄造於葉門；西元一〇〇年－西元三〇〇年；
高十八．五公分、長十一公分、寬二．六公分。

我們在前幾章裡看過佛陀、印度神祇和基督的圖像，這件文物是用青銅鑄造的右手，卻不是神祇的手，而是奉獻給神祇的供品。這隻手是人手，幾乎用實物的方式，表達「為了某種目的奉獻右手」的說法。這隻手所代表的人，希望把自己的手放在他敬拜的神手中，得到神賜的恩典，他的名字甚至和這位神祇相同，都叫塔拉布（Ta' lab）。

一千七百年前，世界上的宗教比現在多，神祇也多多了。當時的神祇通常負有嚴格的地區責任，不像我們現在習見的神必須擁抱全世界。例如在穆罕默德進駐前的麥加，朝聖者會到一年三百六十五天、每天供奉不同神像的廟裡拜神。穆罕默德創立伊斯蘭教後，從此失傳的阿拉伯神祇不計其數，我們這件文物就是敬拜其中一位神祇的供品。

這位神祇的全名叫做立陽的塔拉布（Ta' lab Riyam），意思是「立陽地方的大神」。立陽是葉門的一座山丘城鎮，塔拉布是當地山丘居民的保護神。第三世紀的葉門是繁榮發展的地方、是國際貿易中心，生產地中海、中東和印度廣大市場最迫切需要的若干商品，供應整個羅馬帝國所需的乳香和沒藥。

這隻銅手掌原來的主人叫做瓦哈．塔拉布，大小和真正的手掌相當，比我自己的手稍微小一點，是用青銅鑄造的，因此重得出奇。這隻手掌非常像真人手掌，但是上面沒有連著手臂，看起來很像是從手臂上切下來的，但根據喬丁漢（Cheltenham）綜合醫院整形外科手部醫生傑樂米．費爾德（Jeremy Field）的說法，實際情況並非如此：

他們非常小心的製作出血管的樣子，這點很可能足以反駁手掌遭到某種型態截肢的說法，如果手掌被切斷，血管應該會因為血液明顯流失而癟掉。這些血管都是精心打造，著實精美。我敢說這是人類手掌的鑄造模型，但是其中有一些地方有點奇怪，指甲呈湯匙狀凹陷，顯示這個人可能患了貧血症。手指非常細長，而且小指有一點畸形，我認為這種情形很可能是在某一個時候斷掉過。

就是這些醫學上的細節，使塔拉布遭人遺忘一千七百年後復活。我發現自己在猜想他是多大年紀——這隻手掌掌背的血管非常突出，最重要的是，我在猜他的手指是怎麼受傷的，難道是作戰時受傷的嗎？這隻手掌看來不像農民的手，似乎也不像工人的手。算命師當然會看看掌心的紋路，但是這隻手掌的掌心沒有加工，不過手背上的確有一些線條，只是這些線條是文字，是用和現代希伯來文與阿拉伯文有淵源的古老葉門文字書寫，這些文字告訴我們這件文物的用途和展示地點：

巴努蘇凱因之子民、尤沙麥特族人席莎姆之子奉獻自己的右手，禮敬供奉在薩法城杜卡布拉特神廟的保護神立陽的塔拉布，祈求平安幸福。

這段文字中的一系列人名和地名的確令人相當困擾，但是對於想重建古代葉門社會與宗教的歷史家來說，這種文字幾乎就是你所能掌握的所有材料，而且這段文字的確包含大量資訊。專家解讀出這段文字後，我們知道這隻銅手掌供奉在葉門山丘高處一個名叫薩法地方的立陽塔拉布神的廟宇中，這隻手掌的主人塔拉布告訴我們，他屬於某個部族，這個部族又是一個規模比較大、崇拜塔拉布神的部落組織。因此塔拉布的名字顯然來自他自己敬拜的神明，為了進一步表示虔信，他把自己的手，公開奉獻給薩法市中心的塔拉布神，和代表人體、動物、弓箭、矛頭的黃金、青銅或雪花石膏做成的其他供品，放在一起，塔拉布神為了回報這些供奉，大致上應該會為供奉這些供品的人帶來好運。

我們首先要說的是，塔拉布一定相當富有，只有真正的富人才能夠負擔製作做工這麼精美的青銅手掌。但是根據當時的國際標準來看，他所屬的整個社會都很富裕，我們這隻手掌鑄造時，阿拉伯半島南半部大部分地方其實屬於一個國家、屬於像塔拉布所屬部落結合成的聯邦，歷史學家把這個聯邦稱為希木葉爾王國（Himyarite），這個王國留下很多紀念性建築和碑文，證明這個王國是富有、進步和多少具有文化修養的社會。當時的葉門不是落後地區，葉門控制了紅海的入口，也控制了從埃及和羅馬帝國其他地方，通往印度的重要貿易路線。西元七十九年，羅馬作家老普林尼（Pliny the Elder）寫到為什麼葉門人這麼富有：

阿拉伯半島的主要產品是乳香和沒藥……他們是世界上最富有的國家，看著從羅馬和安息（Parthian）兩大帝國的驚人財富流入自己國家；因為他們出售海產或林產，卻不用買任何東西作為回報。

在商品與思想的交流上，「熏香之路」和絲路一樣重要。羅馬人大量使用熏香，而且熏香是古代世界主要的香氛，從敘利亞到英國的賽倫斯特（Cirencester），羅馬帝國境內的每一座神壇點的都是葉門的熏香。沒藥有多種用途，可以當作抗菌劑、塗敷傷口；可以作為防腐油脂，是埃及人製作木乃伊必備的東西；還可以製作香水。沒藥的香氣雖不濃烈，卻比任何香味都持久，事實上，莎士比亞筆下的馬克白夫人（Lady Macbeth）用盡「阿拉伯的所有香水」，都不能使她沾血的小手變香；阿拉伯所有香水背後的原料正是沒藥，不過沒藥的確能夠把塔拉布的雙手洗乾淨、變香。乳香和沒藥都很貴，一磅乳香的價格等於羅馬一個勞工的月薪，一磅沒藥的價格是乳香的兩倍。因此東方三博士帶著乳香和沒藥，去看剛出生的耶穌時，他們帶的禮物不但適合神祇，也像他們攜帶的另一樣禮物黃金一樣寶貴。

除了這段簡潔、難解的銘文外，我們沒有當時葉門的任何其他文書紀錄，但是這隻手加上其他品質相當的青銅雕像，以及最近在阿拉伯半島南部發現的古代工業爐渣，顯示葉門當時是重要的青銅生產中心。塔拉布的手掌顯然出自技術高明金屬工人之手，如果你看得夠仔細，你會看出這是用脫蠟法鑄造的（見第十八章），而且手腕的整修加工非常精美。因此我們這隻銅手掌一定是成品，絕非從一座較大雕像中脫落的碎片。

用身體一部分的複製品供奉神明，絕不是阿拉伯半島獨有，你在希臘神廟、中世紀朝聖者朝謁的聖地中，都可以發現這樣的供品，而且在很多現代羅馬天主教堂中，都有信徒用這種供品，祈求神明或聖徒治療身體傷病，或是用來當作感謝身體復原的謝禮。塔拉布的手掌從照顧特定地方與人民的地方神明主導的宗教世界，對我們說話，但這個世界並沒有延續下來；阿拉伯的香料推動了羅馬帝國異教徒的宗教生活，但是羅馬帝國改信基督宗教後，不再需要乳香作為供品，香料貿易遭到沉重打擊，造成葉門經濟崩潰，塔拉布之類的地方神祇因此消失，原因可能是這些神明不再能夠帶來祂們承諾的繁榮。

到了西元三七〇年代，信徒對傳統神祇的供奉突然停止，影響更廣泛、更普遍的其他神祇取而代之，這些神祇屬於今天的宗教。接下來的幾個世紀裡，葉門的統治者改信猶太教，再改信基督宗教、祆教，最後在西元六二八年改信伊斯蘭教，一直到今天，伊斯蘭教都是葉門的主要宗教，塔拉布之類的地方神祇面對跨國的大型宗教，根本沒有機會可言。

但是塔拉布世界的若干因素卻流傳了下來，例如，我們知道塔拉布像阿拉伯的很多神祇一樣，在信徒到祂的神殿朝聖時受到敬拜。賓州州立大學宗教史教授菲立普．任金斯（Philip Jenkins）對這種似有似無的存續現象相當入迷：

阿拉伯半島舊異教的若干特性，的確流傳到伊斯蘭和穆斯林時代，到麥加朝聖的做法更是如此。穆斯林很明顯完全排斥任何異教的事物，因此他們從亞伯拉罕故事的角度，來容納這種內容；但朝聖這件事很可能讓信徒以十分貼近的方式，想到異教徒時代朝聖中心發生的事情。

我曾主張，宗教會死亡，不過也可能會留下幽靈，你可以在整個中東看到很多這種幽靈，看到比較舊的宗教留存在成功新宗教裡。因此，你注意看伊斯蘭教，可以看到很多從基督宗教和猶太教留存下來的部分，《古蘭經》裡有很多故事毫無意義，只有從當時基督徒和猶太教徒的角度去看才能了解。而且從伊斯蘭建築、制度和神祕做法的角度來看，你可以看到非常多這種像幽靈一般殘存下來的東西，因此，伊斯蘭傳播時，會繼續從比較古老的宗教中描畫新型態，召喚新幽靈。

伊斯蘭教不斷傳播，最後征服本篇研究過的大部分地區；事實上，伊斯蘭教最後征服了我們這些文物出土的所有地方，只有多賽特例外。接下來我要探討伊斯蘭君主用什麼方法，管理他們攻城掠地得來的領土。

第10篇

絲路綿延不絕

西元四百年～西元八百年

從中國到地中海的絲路，在西元四〇〇年到八〇〇年間最為鼎盛，西歐的這段時間，則史稱「黑暗時代」。這條貿易路線接通了復甦的中國唐朝和剛崛起的伊斯蘭王國，伊斯蘭王國從阿拉伯迅速崛起，然後很快就征服了中東與北非。絲路上絡繹於途的除了人和貨品，還有思想。佛教沿著絲路從印度傳入中國，再向外傳到朝鮮半島新成立的新羅王國。南亞的商品甚至運到遙遠的英格蘭，我們從薩頓胡船葬中發現的寶石就是例子。同時，南美洲第一批有組織的國家則在與世隔絕的情況下蓬勃發展。

▼是他把中東變成永遠的伊斯蘭世界

46 阿布達·馬力克金幣

金幣，鑄造於敘利亞的大馬士革；西元六九六年—西元六九七年；直徑一·九公分。

這兩種迪納（dinar）金幣總結了歷來最重大的政治與宗教劇變——在先知穆罕默德死後數年，中東經歷了永久性的轉變。對穆斯林來說，歷史的時間在穆罕默德及其追隨者從麥加搬到麥地納時重新設定。這次「遷徙」發生在基督徒算法的西元六二二年，卻是穆斯林的伊斯蘭元年。對穆罕默德的追隨者來說，穆聖的教誨大大改變了，這種改變從這一年起又重新開始。下面幾件文物大致會顯示世界在這種關鍵時刻是什麼樣子。這些文物全都是在伊斯蘭曆十一年、或西元六三二年穆聖去世前後，在敘利亞、中國、英國、秘魯和高麗製造的，全都透露出權力和信仰之間的交互作用。

穆聖死後五十年內，阿拉伯軍隊撼動了全中東的政治現狀，征服埃及、敘利亞、伊拉克與伊朗。伊斯蘭教的力量在幾十年內傳播之廣，媲美基督宗教和佛教在幾百年內的傳播成就。西元六九〇年代中期的大馬士革居民，一定強烈感覺到自己的世界天翻地覆。西元六三五年，看來還像羅馬基督宗教大都會的大馬士革，遭到穆斯林軍隊征服，變成伊斯蘭新帝國的首都，這

阿布達·馬力克發行的金幣，▶
正面（上圖）是他自己的肖像。

個迅速發展的帝國，首腦的頭銜是哈里發（caliph），高高在上的住在宮殿裡，伊斯蘭軍隊與民眾隔離，駐紮在軍營裡，但是大馬士革市場和街頭的人民即將在日常使用的貨幣上，了解自己所處的新現實狀況。

西元六九〇年代初期，大馬士革商人可能還不了解自己的世界已經永遠改變，他們雖然經歷幾十年的伊斯蘭統治，卻沿用舊統治者拜占庭基督徒皇帝的貨幣，這種貨幣上充滿了基督宗教的象徵。他們相當合理的認為，基督徒皇帝遲早會班師回朝、打敗敵人，因為過去他這樣做過好幾次。但是他並沒有回來，一直到今天大馬士革都是穆斯林城市，這個穆斯林新政權會長治久安，最明顯的跡象可能就是改變貨幣。

我要討論的兩種貨幣，其發行人是阿布達・馬力克（Abd al-Malik），他是繼承先知穆罕默德統治的第九任哈里發，也就是第九任虔誠的領袖。兩種貨幣都是在跨越伊斯蘭曆七十六和七十七年——即西元六九六至六九七年——的十二個月內，在大馬士革發行，兩種貨幣都是金幣，大小相同，和英國一分硬幣相當，只是稍微重一點，但設計完全不同。其中一種金幣有哈里發的圖像；另一種金幣完全沒有圖像。改變貨幣顯示伊斯蘭教國家在早期的關鍵歲月裡，不但把本身定義為宗教體系，也定義為政治體系。

第一個金幣的正面、也就是拜占庭貨幣應該會放皇帝像的地方，現在鑄造了阿布達・馬力克哈里發的全身像，這是世人所知最早的穆斯林圖像。金幣背面，也就是拜占庭貨幣應該會鑄造十字架的地方，現在鑄造成頂端有一個圓球的圓柱。

阿布達・馬力克的全身像採取站姿，蓄鬍，穿著阿拉伯長袍，戴著貝都因頭巾，手放在腰間的長劍上，形成十分迷人的圖像，也是我們對早期哈里發服飾與標誌所知獨一無二的來源。他的姿態威風凜凜，看來好像要把長劍拔出來。腰部下方的線條幾乎可以確定是代表一條鞭子。整個圖像具有激發恐懼與尊敬的意味，清楚表明東地中海現在有了新的信仰，也有一位無敵的新統治者。

他手下一位總督的信函呼應了圖像中暗示的訊息：

上面的人是阿布達・馬力克，是信徒的統帥、是絕不示弱的人，他對叛徒絕不寬貸！他的鞭子會落在反抗他的人身上！

他的樣子很威嚴，不過一個比較沒那麼莊重的訊息告訴我們，說他的口臭極為嚴重，因此搏得「蒼蠅殺手」的謬稱。但不管他有沒有口臭，他都是穆罕默德以來最重要的領袖，因為他把原來可能只是一連串短暫的征服，變成能夠以某種型態存活下來、一直到第一次世界大戰結束才消失的國家。

阿布達・馬力克是新型態的伊斯蘭領袖，他對穆罕默德沒有親身的記憶，而且他很精明，能看出怎麼善用過去帝國——尤其是羅馬和拜占庭帝國——的傳統，才能建立自己的帝國，就像倫敦亞非學院教授休・甘迺迪（Hugh Kennedy）所解釋的：

西元六三二年先知穆罕默德去世後的歲月裡，哈里發基本上是穆斯林社會的政治與宗教領袖。伊斯蘭曆第一世紀的所有阿拉伯穆斯林都知道，自己的國家是新的國家，過去的一切其實都不重要。這些哈里發不是拜占庭皇帝或薩珊王朝國王的繼承人。人民寄望哈里發解決行政問題，例如解決如何收稅、尤其是收什麼稅的問題，但人民卻認為自己不必扮演同樣的角色，這是新的統治狀況。

阿布達・馬力克借鏡拜占庭皇帝的行政手段之一，是管理貨幣的方法，到現在為止，新伊斯蘭帝國都是用前朝留下來的舊貨幣或進口金幣，尤其是拜占庭留下來的貨幣。但阿布達・馬力克很快看出，如果不能控制貨幣供給的數量與品質，經濟會陷入不穩定。他了解貨幣其實就是權威的標誌，是對使用這種貨幣的社會宣示統治權，他也知道現在統治權掌握在他手中。在現代之前的世界裡，貨幣是每天使用的物品中唯一大量生產的東西，因此在社會的視覺文化中，是至為重要的因素。

因此，阿布達・馬力克把自己鑄在第一種公開發行的伊斯蘭貨幣上，這位信徒領袖驅逐了拜占庭皇帝，取而代之。但是這種鑄有阿布達・馬力克立像的貨幣碰到了相當難以預測的狀況，就是在發行幾年後，就這樣完全消失無蹤。在伊斯蘭曆七十七年（西元六九七年），一種差異大到幾乎無以復加的新貨幣出現，取代了鑄有哈里發立像的貨幣。新貨幣上面沒有哈里發，沒有圖像，只有文字，這是伊斯蘭公共藝術的決定性時刻，從此以後，這種公共領域上再也不使用人像，這種做法延續的時間遠超過一千年。

第二種貨幣的大小、重量和第一種完全相同，也是純金打造，但上面的文字表示：這種貨幣鑄造於伊斯蘭曆七十七年，只比第一種貨幣晚一年，除此之外，第二種貨幣上面除了文字沒有別的東西，正面的文字是：「除了真主之外，再沒有其他的主，真主沒有和祂同等者；穆罕默德是真主的使者，他因正道和真教而派遣他的使者，以便他使真教勝過一切宗教。」這段話是從《古蘭經》上摘錄下來的文字。金幣背面是《古蘭經》的另一段文字：「真主是唯一的主，真主是永恆。祂沒有生產，也沒有被生產。」

這段銘文引出兩件有趣的事情。第一，這段文字幾乎是流傳到現在為止最古老的《古蘭經》經文。在穆罕默德以前，阿拉伯文幾乎不能算是文字，但是現在迫切需要一種文字正確記錄真主的話，因此創造了第一種發展完全的阿拉伯文字母「庫法」（kufic）字母，我們這塊金幣上出現的就是這種字母。但是這塊金幣也告訴我們別的事情，如果硬幣的目的是宣示社會的統治權，顯然這個帝國的統治權不在皇帝手上，而是由真主的話掌握。人像或圖像藝術在這種國家的官方文件上沒有地位，把統治者的畫像放在硬幣上的傳統、也就是將近一千年前亞歷山大時代整個中東就熟悉的做法，現在遭到斷然廢棄，只有文字的貨幣變成所有伊斯蘭國家的標準，一直到第一次世界大戰為止，真主的語言阿拉伯語刻在伊斯蘭國家的貨幣上，變成了伊斯蘭國家整合和生存的第一個基本工具。

西元七〇五年，阿布達·馬力克，這位阿拉、真主的代理人、第九任哈里發和虔誠的統治者去世了，但他為這個以信仰為基礎的帝國所鑄造金幣上宣示的訊息，仍然具有強烈的影響。今天世界上已經沒有哈里發，這個稱號很久以前就由土耳其的蘇丹接收，但這個職位一直要到一九二四年才廢除。舉世接受的哈里發在歷史上其實十分罕見，但是建立單一伊斯蘭哈里發帝

國的夢想在現代伊斯蘭世界中，仍然具有影響力。我請社會人類學家馬達維．拉西德（Madawi al-Rasheed）教授針對這一點，提出說明：

今天的穆斯林、至少世界穆斯林社會中某些地區的穆斯林，渴望以哈里發帝國的理想，作為具體表現穆斯林社會的方法。這點跟網際網路和新通信科技的擴散有關，新科技讓不同背景的穆斯林，想像自己和不同文化、語言或種族的其他穆斯林建立某種關係。因此，我們可以說：在英國的第二代穆斯林身上，也可以看到這種情形，他們已經失去父母親那一輩的文化背景，已經可能和出身穆斯林世界不同地區的其他同年齡穆斯林，建立了關係。這種情形促使大家尋求全球化的認同，也就是以信仰為基礎、而非以種族背景、甚至不是以國籍為基礎，來建立關係，從而產生認同。

一千三百多年前大馬士革鑄造的金幣上，最先以實物的形式，清楚表現出穆斯林的渴望和夢想，希望建立只依賴真主話語指導的共同伊斯蘭社會，而且即便到了今天，這種夢想仍然十分活躍。

阿布達．馬力克發行的新金幣，兩面都是《古蘭經》的經文。▶

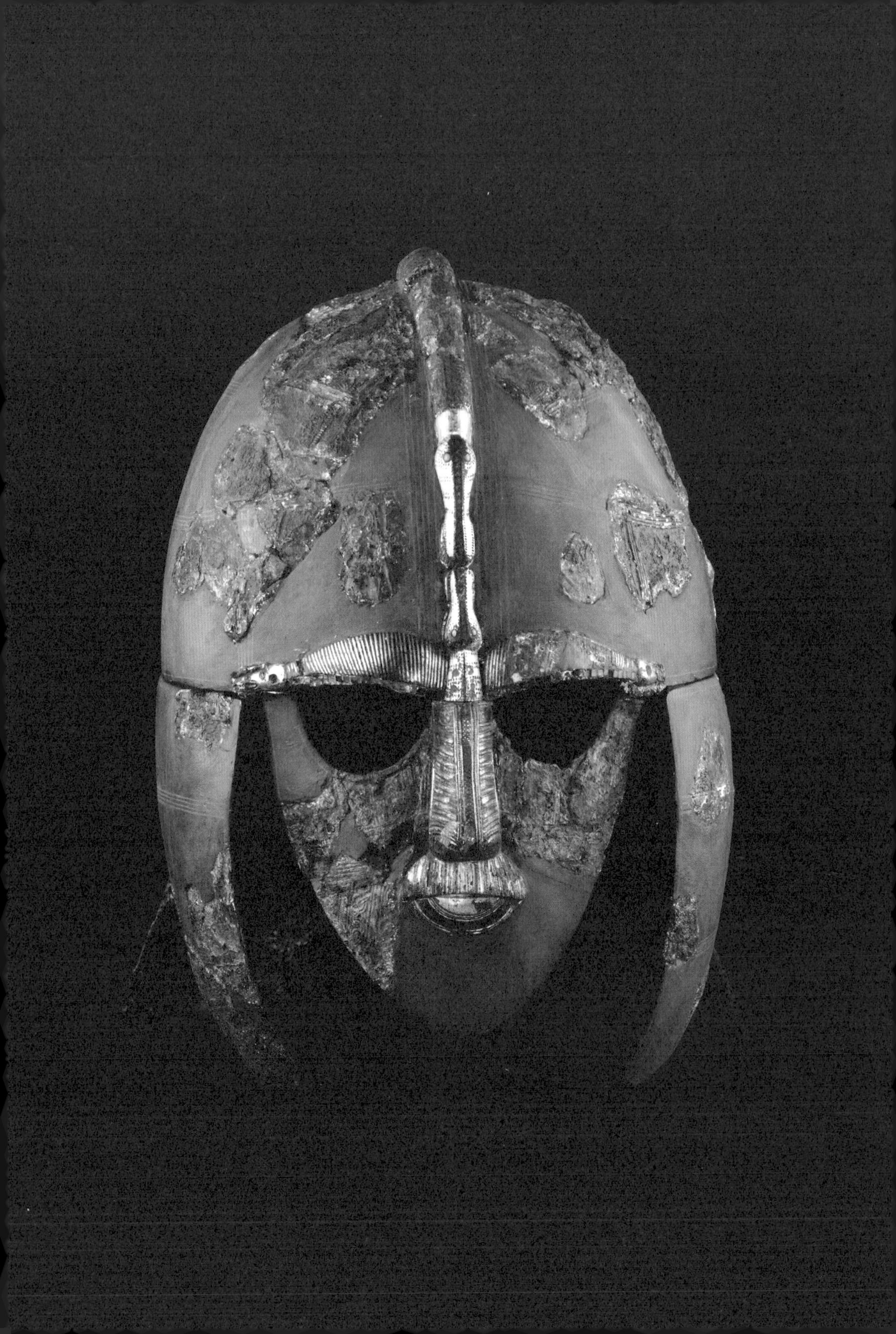

▼英國的圖坦卡門，真實的貝武夫

47 薩頓胡船葬頭盔

盎格魯撒克遜頭盔；發現於英格蘭薩福克郡薩頓胡地方；西元六〇〇年—西元六五〇年；
高三十一·八公分、寬二十一·五公分。

拋開阿拉伯熱、伊斯蘭帝國的崛起，和先知穆罕默德死後中東的政治改革，下一件文物將引領我們前往冷颼颼的東安格利亞，到一個七十多年前，才以詩歌與考古學意外交會的形式，改變我們所知道的英格蘭國家認同的地方。發現這件文物——頭盔——是現代史上考古學重大的發現之一。這具頭盔穿越一千多年，告訴我們由詩歌與戰爭構成、以北海為中心的世界。

一九三九年夏季，專家在離薩福克海岸幾英里遠的薩頓胡地方，找到了英國考古史上令人最興奮的發現。專家在那裡開挖一座七世紀初期的盎格魯撒克遜人的墓葬後，深深改變了大家對「黑暗時代」的想法，改變了羅馬人在英國統治崩潰後幾世紀的看法。「國民信託」（National Trust）委託的英國東部考古學家安格斯·韋恩萊特（Angus Wainwright）描述了當時的場景：

那裡有很多大型土丘，都坐落在一條明顯而相當高的稜線上，稜線高度大約有一百英尺，俯視德奔河（Deben）。我們很興奮，把其中一座最大的土丘命名為一號土丘，一九三九年發現的大型船葬墳墓，就是在這裡發現的，附近還有十八到二十座土丘。

著名的薩頓胡頭盔就是在這座船葬堆中發現的，同時發現的還有種類繁多、來自歐洲各地的寶貴物品，包括武器、盔甲、精美金飾、銀製宴客用具和很多錢幣。過去英國從來沒有找到過這種盎格魯撒克遜時代的文物，這座船葬開挖後，發現了一個大問題，就是墳墓裡沒有屍體，但是韋恩萊特提出了下列說明：

大家猜想這座墳墓有沒有可能是衣冠塚，是一種象徵性的埋葬、屍體已經遺失的葬法。但是現在我們認為，這座墳墓裡的確埋過屍體，但是因為這裡的土質特別酸，屍體根本已經溶掉了。你必須記住，船舶是防水的容器，你把船埋在土裡時，水會透過覆蓋在船上的泥土滲透進去，大致上會形成酸性的水槽，屍體、皮製品和木頭之類的有機物放在這種水槽中會溶化，消失於無形。

這處船葬的發現激發了英國民眾的想像力，大家稱之為「英國的圖坦卡門」。但是一九三九年的政治情況為這項發現增添了令人困擾的問題，除了因為二次世界大戰迫在眉睫，開挖必須迅速完成，也因為墓葬顯示說日耳曼語的民族的確曾經成功入侵英格蘭。韋恩萊特描述了考古隊發現的東西：

開挖後不久，他們就發現了船用鉚釘，就是把船板釘在一起的鐵釘。他們也發現造船用的木頭已經完全腐化，但是因為一種相當神祕的過程，木頭的形狀以變黑的泥沙外殼的形式保存下來，因此他們小心開挖，逐漸挖出整艘船，船長二十七公尺，是大家所發現過最大、最完整的盎格魯撒克遜時代船舶。

船對這些人而言很重要，河流和大海是他們的交通工具，當時在水上航行遠比在路上行走容易多了，因此住在現代斯文頓（Swindon）地方的古人，應該到過他們心中想像的世界邊緣，住在丹麥和荷蘭的古人則是他們的近鄰。

我們仍然不知道這艘船的主人是什麼人，但是薩頓胡頭盔為模糊不清的過去加上了一具臉孔，這具臉孔從此印在各種書籍、雜誌和報紙上，用嚴厲的眼光向外看，變成英國歷史中的代表性文物之一。

這具頭盔是英雄的頭盔，頭盔發現時，大家立刻想到盎格魯撒克遜時代流傳下來的偉大史詩《貝武夫》，到一九三九年為止，大家都理所當然的認為《貝武夫》基本上只是虛構的故事，是由武士榮耀和盛宴構成的想像世界。薩頓胡的墳墓船、大鍋子、角質酒杯、樂器、做工精美的武器、大量的獸皮和皮草，最重要的是眾多的金銀財寶，都證明貝武夫根本不是詩人虛構的傳奇，而是在極為精確的回憶文字出現前，已經失落的光輝世界。

瞧著這具頭盔，打量用鍍金青銅製作的動物圖案和銀線裝飾，以及作戰留下的痕跡，然後看看《貝武夫》史詩中的句子：

他戴著閃亮頭盔保護頭部
水底泥土即將使之塗汙
上浮所升旋渦使之模糊
黃金打造莊嚴頭飾緊緊扣住
武器工匠發揮魔術
飾以裝飾的公豬
抵抗劍擊無數

寫下這部史詩的盎格魯撒克遜詩人，肯定仔細看過很像薩頓胡頭盔的東西。我請教得到諾貝爾文學獎、把《貝武夫》翻譯成現代文字的愛爾蘭詩人奚尼，問他薩頓胡頭盔對他代表什麼意義：

我從沒有想到這具頭盔和任何歷史人物有關，在我自己的想像中，頭盔出自《貝武夫》的世界，在這首史詩的核心部分閃閃發光，然後又埋進土堆裡消失不見。想像頭盔最好的方式，是想像頭盔什麼時候和歷史上的國王一起埋進土裡，或是想像和頭盔一起埋葬的人是誰，然後想像頭盔的光芒在地下逐漸消失。

《貝武夫》史詩中有一章很精彩，他所屬部落的最後一個人在〈最後老英雄〉這章裡，把財寶埋在寶庫裡，說著：財寶，留在那裡吧，你屬於王公貴族，世界已經改變。他對這些財寶道別，再把財寶埋在土裡，這種輓歌的意味、對精美的東西道別、對珍藏的寶物道別的感覺，籠罩著這具頭盔。因此頭盔屬於這首詩，但是顯然也屬於薩頓胡的墓室。但是頭盔已經進入想像天地，已經離開這座墳墓，進入讓本詩讀者和觀賞大英博物館這件文物的觀眾讚嘆的境界。

薩頓胡頭盔當然不屬於詩歌中想像的英雄，而是屬於歷史上一位真正的統治者。問題是我們不知道屬於哪一位統治者。一般認為，用這種規格埋葬的，一定是偉大的軍事首領。因為我們全都希望把地裡的發現，和書本上的名字連在一起，長久以來，大家最喜歡的人選是東盎格魯國王雷華德（Raedwald），聖畢德尊者（Venerable Bede）在《英國教會史》中，曾經提到雷華德，他可能是西元六二〇年前後全英格蘭最強大的國王。

但是我們不能確定如此，我們看到的頭盔，很可能屬於雷華德的繼承人之一，而且事實上，可能屬於沒有留下任何紀錄的某一位領袖。因此這具頭盔仍然饒有興味的漂浮在歷史與想像交界處不確定的領域中。奚尼說：

對我而言，二〇〇一年九月十一日消防隊員全情投入紐約災變現場後，頭盔對我產生了新的意義，因為有人曾經送我一具消防隊員的頭盔，是早在一九八〇年代，一位波士頓消防隊員送我的，這個頭盔很重，是用古典的方式，利用皮革和黃銅，加上金屬脊梁和其他東西做成的。別人送我這個頭盔，我卻深深覺得收到的是儀式性的禮物，和貝武夫殺死惡魔葛倫德爾（Grendel）後，收下霍思佳（Hrothgar）國王送的禮物沒有兩樣。

從某個角度來說，整個薩頓胡船葬是絕佳的儀式性禮物，是用一種壯觀的方式，肯定兩個人的財富與權力，一個是備受尊敬、埋葬在那裡的人，另一個是擁有驚人財力、安排這種豪華告別式的人。

薩頓胡船葬在無意之間，促使《貝武夫》史詩貼近歷史事實。在這種過程中，薩頓胡船葬大幅改變了我們對英國史上這一整章的了解。

長久以來，大家把這段期間貶抑為黑暗時代，現在我們可以把羅馬人撤走後的幾百年，看成是十分進步的時代，東盎格魯王國在這段期間裡，不但和北歐與大西洋沿岸，建立大規模的國際接觸，最後也和地中海東部以外的地方密切往來。

船葬是北歐的觀念，薩頓胡墳墓裡的船船又是可以輕鬆橫渡北海的船，這種情形使東盎格魯變成涵蓋現今丹麥、挪威與瑞典的世界不可或缺的一環。你可能已經猜到，這個頭盔的式樣是北歐風格的設計，但是這艘船裡也有法國的金幣、英格蘭西部出產的塞爾特懸碗、拜占庭的御用銀質餐具，和可能來自印度或斯里蘭卡的石榴石。

船葬基本上是異教徒的做法，但是兩隻銀湯匙清楚顯示，當時當地和基督宗教世界有著直接或間接的接觸。這些發現迫使我們用不同的方式，思考和盎格魯撒克遜人以及和英國有關的事情，因為不管當時英國的大西洋濱是什麼樣子，東盎格魯這邊的英國卻總是屬於廣大歐洲的一部分，彼此之間的接觸、貿易與移民可以回溯到好幾千年前。

奚尼提醒我們，這種盎格魯撒克遜船葬，立刻把我們帶回《貝武夫》的世界裡，帶回英國詩歌傳統的發源地，但在《貝武夫》史詩中，沒有一個角色是真正的英國人，全是出身北歐的瑞典和丹麥戰士，同時，船葬堆中埋了從地中海東部和印度來的寶物。這些文物敘述的英國史，是同時屬於海洋和陸地的歷史，也是一個島國的歷史，但是這個島國和歐亞兩洲早就建立關係，甚至早在西元六百年時，就受到本國海岸以外世界的一再影響。

▼與羅馬同時期的南美強國

48 莫希戰士陶壺

陶壺，出土於秘魯；西元一〇〇年—西元七〇〇年；
高二十二・五公分、寬十三・六公分、長十三・二公分。

秘魯有一個幾乎澈底為人所遺忘的民族，他們留給歷史的不像薩頓胡頭盔僅限於臉孔，而是整套的立體戰士塑像。我們從這種小小的塑像，從上面顯示的衣服和武器，從塑像的製造方法和埋葬方法中，可以開始重建一種失落文明的各項元素。這種文明不可能和大約同時在歐亞兩洲蓬勃發展的社會接觸過，但令人驚異的是，卻表現出非常多相似的地方。

歷史只對美洲少數幾種文化還算仁慈，阿茲特克人和印加人在我們的集體想像中，具有不可動搖的地位，但很少人知道莫希人從何而來。

早期美洲史專家現在慢慢在重建這種和最進步歐洲文化同時存在、而且各方面都一樣進步的美洲文化。莫希文化是重新思考美洲歷史時的重心。

大約二千年前，莫希人建立了一種社會，具備了很可能是整個南美洲第一個真正的國家結構。他們在太平洋與安地列斯山脈之間近乎沙漠的狹長地帶上，發展出莫希文化，這種文化延續的時間超過八百年，大致是從西元前二百年羅馬擴張時代開始，到西元六五〇年伊斯蘭軍隊四處征戰時為止。因為莫希人沒有留下文字紀錄，我們現在只能靠著考古學了解這種文明的歷史，幸好我們擁有他們留下的很多陶壺。

大英博物館的啟蒙館裡，展出一系列這種南美陶壺，這些陶壺的歷史超過一千三百年，放在架子上特別好看：這一系列的小型陶土塑像高度大約都是二十三公分，褐色的外表漆了乳白色的油漆。這些塑像包括一對貓頭鷹、一隻蝙蝠、一隻正在吃魚的海獅，還有祭司跟戰士，令人想起整個世界；所有的人和動物雕像都像小雕像一樣坐著，卻都附有環狀的把手和壺嘴，因為這些東西除了是塑像之外，也是水壺，是代表莫希世界的陶器。

我選擇一個莫希年輕戰士跪姿形狀的陶壺，引領大家進一步深入一千三百年前的秘魯。他用手拿著一樣看起來很像麥克風、其實是棒子的東西，棒子的實際用途是敲碎頭部的破頭棒，右前臂拿著一具小小的圓形盾牌，他擁有深古銅色的皮膚，眼睛因為專心盯著前方，露出相當大塊的眼白。

我們除了利用陶壺，了解陶壺所代表的社會外，當然也可以只把陶壺當作傑出藝術品來欣賞。莫希人是製陶大師，因此最好找另一位陶藝大師來評斷，獲得滕納獎（Turner Prize，歷史悠久的英國年度視覺藝術獎）的葛瑞森．裴利（Grayson Perry）指出：

> 他們製作的模子很精美，看來幾乎像是拋光過一樣，如果我希望得到這種效果，我很可能會用湯匙的背面去做，但是他們很可能是用某種骨質工具。他們是塑模科技的專家，用很多模子複製這種東西很多次，你可以想像製作這個陶壺的人，做了千百種這樣的東西，而且他們製

作時帶有無比的自信。

考古發掘莫希人的墓葬堆時，經常發現大量這種彩飾陶壺，有時候會發現幾十個，所有陶壺都以重複的主題和題材為中心，經過細心安排和組織。留存下來的莫希陶壺這麼多，顯示莫希人的社會規模一定相當龐大，製作這種陶壺一定已經變成一種產業，還有複雜的訓練、大量生產和流通結構配合。

莫希人的領土在今天秘魯的大西洋濱，縱長大約三百五十英里，實際上，他們住在一條狹長的地帶上，一邊是大海、另一邊是高山，山海之間大部分是沙漠。但是我們在今天秘魯楚吉約市（Trujillo）南緣找到他們的最大聚落，這個聚落是南美洲第一個真正的城市，有當時任何羅馬城市都會自傲的街道、運河、廣場和工業區。他們利用運河網路，引導從高山流下來的河流，這種網路的遺跡今天仍然可以看到。他們也利用漁產豐富的太平洋，捕獵魚類、貝類、海豹、鯨魚和海鳥。大英博物館裡有一把陶壺，顯示一位莫希漁夫坐著大船抓鮪魚的樣子。莫希人也以細心的管理和灌溉，種植玉米和豆類，畜養駱馬、鴨子和天竺鼠，因此他們可以餵飽的人口，是今天這個地區人口的三倍。

但是莫希人的藝術作品經常像人類史上的其他情形一樣，顯示社會稱頌的不是水利工程或農業的重大成就，而是戰爭。讚頌戰爭與戰士是莫希人的藝術主題，這點反映戰士在他們的社會中具有重要的地位，就像歐洲的羅馬人或盎格魯撒克遜人一樣。然而，歐洲人可能不太熟悉莫希人是怎樣把戰爭與宗教合而為一。對莫希人而言，作戰具有非常強烈的儀式性質，這把陶

▲ 莫希陶壺形狀多變，包括海獅、祭司、戰士、蝙蝠和成對的貓頭鷹。

壺上的戰士為了自保，攜帶了一具不比餐盤大的小型圓形盾牌，攻擊武器是一支沉重的木棒，可以輕易敲碎頭腦，他穿的衣服裝飾華麗，顯示他是地位崇高的年輕人，但是他顯然是步兵，當時南美洲沒有馬匹，馬匹是後來跟著歐洲人一起來的，因此即使是莫希人的菁英，旅行和作戰時都要靠兩隻腳。

其他陶壺顯示戰士互相格鬥的情形，他們像這把陶壺上的戰士一樣，帶著木棒和小型盾牌。這種情形可能是真正的作戰場景，卻也像是我們從眾多陶壺中，可以拼湊起來的莫希人共同神話中的一環。製作這些陶壺，目的似乎完全是為了陪葬和犧牲，和最神聖的生死有關。整體而言，這些陶壺敘述的故事很可怕，在戰鬥中戰敗，代表的意義遠超過丟臉，戰敗的戰士會變成獻祭的犧牲品，由戴著獸頭面具的人斬首，死者的血液會被其他人喝掉。莫希陶壺敘述的這種血淋淋故事，絕對不只是藝術上的幻想而已，傑出的考古學家史蒂文・布爾傑（Steven Bourget）博士找到了這種事情確實發生過的證據：

我們開挖過一處獻祭場所，裡面包括大約七十五位在不同祭典中當成活祭的男性戰士，我們也發現兩位獻祭者的墳墓，其中一座墓中也有一支沾滿人血的木棒，因此我們在這座神廟中，找到「行刑工具」和受害者埋在一起的確實證據。

我們找到的這些人都是男性戰士，是身強體壯的男性，年齡大致上介於十八到三十九歲之間，他們身上有很多符合過去作戰行為的舊傷口，但也有很多新傷口，喉嚨、手臂和臉上有很多割痕，顯示大部分人遭到割喉，有一些人臉上的皮膚還被剝除，手臂從身上肢解下來。其中有些人的肌肉全遭到剝離，只剩下骸骨，甚至有兩個人的頭部做成了某種容器。

這種恐怖又吸引人的材料中，還有很多謎團有待解開。莫希人在大約和薩頓胡船葬（見第四十七章）時代相當的七世紀，停止製造這種驚悚電影般的陶壺和大部分其他製品。沒有文字紀錄告訴我們當中的原因，但推測最可能的原因是氣候變化，當地經過幾十年的豪雨後，發生旱災，擾亂了莫希人脆弱的農業生態，破壞了莫希國大部分的基礎建設與田地。大家並沒有完全放棄這個地方，卻似乎把技術用在最重要的興建堡壘上，顯示他們的世界分裂，彼此絕望的競爭日漸減少的天然資源。不管原因是什麼，莫希國和文明在西元六百年前後的幾十年裡崩潰。

今天大部分歐洲人對莫希和南美洲其他文化都不熟悉，也覺得有點不安，原因之一是他們的文化傳統和歐亞非三洲大不相同；幾千年來，美洲人走在自己特有卻和其他人並行不悖的歷史路上。但隨著開挖揭露出更多和他們有關的故事後，我們可以看出他們困在跟大家完全相同的困境中──控制自然與資源，避免饑荒、安撫神祇、發動戰爭，而且他們像每一個地方一樣，藉著努力建立協調而持久的國家，解決這些問題。美洲和世界所有地方一樣，遭到忽視的歷史正在復興，藉以塑造現代認同，就像布爾傑解釋的一樣：

我觀察今天的秘魯時，注意到一件好事，就是他們正在做也在墨西哥發生的事情，埃及可能也在這樣做，我相信中國最後也會這樣做──這些擁有悠久光明歷史的國家，會透過這種歷史建立自己的認同，而且這種認同會變成現在的一部分。因此，歷史會變成秘魯的未來。我認為，總有一天莫希人會變成像馬雅人、印加人或阿茲特克人一樣重要的名字。總有一天，莫希人會變成世界遺產的一部分。

越是研究美洲這些文明，越能看出他們的故事和世界的型態協調一致，而且十分類似，屬於世界性型態的一環；他們的故事在現代政治上的地位，似乎一定會不斷提高。接著我們要看看，到底一千三百年前發生了什麼事情，對現代的韓國造成了什麼影響。

中國龍、北京狗，韓國展開黃金時代

49 高麗屋瓦

陶瓦，發現於南韓；西元七〇〇年—西元八〇〇年；

高二十八公分、長二十二．五公分、寬六公分。

如果你用手機、開車或看電視，這些產品中，至少有一樣可能是韓國製造的，韓國是亞洲「四小龍」經濟體之一，是世界高科技產品生產國。我們通常認為韓國是全球舞臺上的新演員，但是韓國人並不是這樣看待自己，因為韓國在中日兩國關係中，總是扮演重要的角色，而且韓國有悠久的科技發明傳統，例如，韓國率先使用金屬活字，時間遠比歐洲還早。除了科技外，大家都知道的另一種韓國現狀，是韓國從一九五三年韓戰結束以來，就嚴重分裂為共產北韓與資本主義南韓。

這塊屋瓦大約製造於西元七百年前後的高麗，當時高麗是剛統一的國家，經濟十分繁榮。南北韓現在用不同的方式，解讀韓國史上的這段時期，但是這段期間仍然是現代定義中韓國國家認同的核心。

西元七百年時，高麗已經是都市化的富國，在著名的絲路尾端扮演主要的貿易夥伴，儘管這件文物不是由寶貴的蠶絲製成，而是由便宜的陶土製成，但是這種陶土可以告訴我們很多和

高麗「黃金時代」有關的事情。

這個時代有一件好事，就是歐亞大陸的兩端都在進行類似的政治發展。部落和小王國聯合起來，變成比較大的單位，最後會形成今天我們所知的若干民族國家，西邊的英國和丹麥、東邊的日本和韓國就是例子。對這些國家來說，這幾個世紀是重要的時代。

朝鮮半島坐落在中國東北和日本之間，當時的朝鮮半島像英國一樣，分裂為幾個互相競爭的王國。西元六六八年，最南端的新羅王國在唐朝的支持下——當時的唐朝和今天的中國一樣，是地區性超級強權——征服了鄰國，統一了從半島最南端到遠超過今天平壤以北的最北端，隨後的三百年裡，統一的新羅王國從位在南方的首都慶州，統治今天韓國大部分領土。眾多新建的大型建築，把慶州裝點得光彩亮麗，大英博物館收藏的這片陶瓦就是來自其中一棟新建的廟宇，這塊陶瓦告訴我們新建的新羅國在西元七百年前後，創造了很多成就，卻也潛藏著不少憂患。

這塊瓦片的大小和大型舊式屋瓦相當，大約略低於三十公分見方，是用很重的乳黃色陶土製成的，頂端和兩側都有粗略裝飾過的瓦緣，中間是一張向外凝視的可怕臉孔，鼻子長得像南瓜，眼睛突出，頭上長了兩隻小角，臉頰上有很多鬍子，樣子像是中國的龍和北京狗的混合體。這塊瓦片很像當時中國唐朝的產品，卻顯然不是中國的東西，口部不像中國的龍那樣張得很大，而是稍微張開，帶有攻擊性，瓦片粗獷有力的樣子很不「中國」。

這瓦片看來有點像是東方的滴水獸（按：指建築物頂上怪獸形狀的排水裝置）——而且應該就是滴水獸，擺放的位置一定也很類似，高高的放在廟宇或宏偉建築上面。瓦片臉部的特徵相當粗獷，顯然是把溼泥塞進相當簡單的模子裡製成，而且顯然是大量生產，然而這就是這塊瓦片這麼令人感興趣的原因；這塊瓦片只是幾萬片瓦片中的一塊，用途是要覆蓋過去用茅草蓋著、但是到了富庶的新羅王國時代、改用這種東西覆蓋的屋頂。

韓國專家珍妮・波特爾（Jane Portal）博士說明新羅王國為什麼希望建立像慶州這麼富麗堂皇的城市、為什麼需要這麼多新的建築物：

> 慶州市是以中國首都、當時世界最大都市的長安為範本建設的。新羅統一朝鮮半島大部分地方後，慶州開始驚人的發展，新羅消滅的幾個王國很多貴族必須到慶州居住，他們住在蓋了瓦片的豪華住宅裡，屋頂蓋瓦片的房子是新出現的東西，因此這塊瓦片一定是某種地位象徵。

用瓦片原因不光是瓦片很貴，最重要的原因是瓦片不會像傳統的茅草一樣失火；對古代城市而言，茅草失火是最大的實際威脅。

相形之下，蓋了瓦片的城市很安全，因此我們很容易了解為什麼九世紀時，一位評論家歌頌顛峰時期慶州的富麗堂皇時，會把重點放在慶州的屋頂上：

> 京城慶州有十七萬八千九百三十六棟房屋……有不少別墅和遊樂園，供貴族按照四季分別使用。京城裡有很多排蓋著屋瓦的房舍，看不到半個茅草屋頂。雨順風調、五穀豐登、國泰民安。

但是這種瓦片的用途不只是擋下「溫順的雨勢」，擋雨要由蓋住整個屋頂、比較普通、沒有裝飾的瓦片負責。我們這種龍形屋瓦放在裝飾華美的屋梁末端，睥睨整個城市，目的是用來對付眾多無形的妖魔鬼怪大軍，不只是要遮風擋雨，還要避邪驅魔。

從某個角度來說，在慶州街道屋頂上方對抗妖魔鬼怪的長期大戰中，我們的龍形屋瓦只是卑微的步兵，只是構成對抗妖魔的防禦性盾牌四十種不同類生物中的一種，可以隨時部署，保護人民與國家。但是在地面上，新羅王國還有其他威脅，國內總是可能爆發叛變、被迫遷到慶州的貴族可能謀反，海岸上還有日本海盜的侵襲。龍會保障家戶安全，但是每一位新羅國王都必須應付一個持續不斷、連龍形屋瓦都無法應付的重大政治難題——如何在強盛鄰邦唐朝的陰影下，維持自主。

唐朝支持新羅統一朝鮮半島，但是唐朝原意是要自行控制新羅王國，因此新羅國王必須堅定、明快，和唐朝維持政治聯盟關係，同時與唐朝皇帝保持適當的距離。從文化角度來說，這種在依賴與自主之間尋求平衡的相同行為，已經進行了很多個世紀，而且一直到今天，仍然是韓國外交政策的重要因素。

在韓國歷史上，位在絲路末端的新羅王國統一之後，繁榮而穩固，代表韓國史上重要的創造與學習時代，是建築、文學、天文學與數學的「黃金時代」。長久以來，像這片威猛龍形屋瓦之類的瓦片，一直是慶州和其他地方屋頂的特色，而且新羅的遺澤到今天還明顯的表現出來，就像韓國國立中央博物館館長崔光植說的：

屋瓦的文化特色仍留在韓國文化中，如果你現在到慶州市區，可以在街道上看到這種型態仍然保留在馬路上。因此，在這方面，這項製品現在已經變成古物，卻透過文化繼續流傳下來。從某個角度來說，我認為韓國人覺得這種東西是一種實體，就像是母親的形象一樣。因此，從這一點來說，新羅是韓國史上最重要的時代之一。

雖然新羅的街道型態一直流傳到現在，強烈的文化氣息繼續存在，但是今天並非每一個韓國人都用同樣的方式，解讀新羅的遺澤，或是宣稱新羅是韓國文化之母。波特爾解釋新羅今天的意義：

今天韓國人對新羅抱持什麼看法，要看他們住在什麼地方而定，如果住在南韓，新羅代表逐退中國侵略的驕傲時刻，代表朝鮮半島可以獨立在中國之外發展；但如果是住在北韓，他們會覺得新羅在歷史上遭到過度強調，因為新羅實際上只統一了朝鮮半島南邊、三分之二的土地。新羅今天代表什麼意義，要看你住在停戰線的哪一邊而定。

今天南北韓爭執的很多問題當中，一千三百年前的實際情形如何，並非最不重要的問題，就像常見的情形一樣，你解讀歷史的方式，要看你在什麼地方讀史而定。

▼史上最大科技竊案

50 傳絲公主畫版

木板畫，出土於中國新疆維吾爾自治區；西元六〇〇年—西元八〇〇年；高十二公分、長四十六公分、寬二·二公分。

很久很久以前，有一位美麗的公主住在產絲之國，有一天，父皇命她嫁給遙遠的產玉國國王。玉國國王不知道如何產絲，因為絲國皇帝密而不示。因此絲國公主決定把桑蠶帶到西域，送給未來的臣民，她想出了一個辦法，把產絲所需的一切，包括蠶、桑樹種子等等，藏在富麗堂皇的頭飾中，她知道父皇的侍衛在她離國遠嫁時，不敢搜她的身。親愛的，這就是和闐獲得產絲之技的故事。

這是我對史上最大科技竊案之一「就是這樣」的說法。這個故事就是著名的「傳絲公主傳奇」，故事畫在大約有一千三百年歷史的一塊木板上，這塊木板現藏於大英博物館，卻是在傳奇絲路上一座城市廢墟中發現。

西元七百年前後的世界，大量人民和商品遷徙流動，當時和現在一樣，最忙碌的公路之一起自中國：絲路其實不是一條路，而是綿延四千英里、有效連接太平洋與地中海的路網。在這條公路上運輸的都是奇珍異寶，例如黃金、寶石、香料和蠶絲，而故事、思想、信仰和這個故

事中的關鍵科技，都隨著這些寶物一起流傳。

這幅畫出自中亞的綠洲王國和闐，和闐現在位於中國西部，但八世紀時是獨立王國，也是絲路上的樞紐要地，是飲水和食物的重要供應國，也是主要的絲綢生產國，和闐說書人創造了一則傳奇，說明中國獨占了好幾千年的絲綢製造祕密怎麼會流傳到和闐，結果就是我們這幅圖畫中所說的傳絲公主故事。

畫著這個故事的木板是在和闐一處佛教小寺廟遺址中發現的，這座佛寺只是十四座佛寺構成的小型遺址聚落中的一座，埋在黃沙中超過一千年，到十九世紀結束時，才由博學多聞的絲路考古先驅斯坦因（Aurel Stein）發現，斯坦因還發現和闐曾是重要的貿易與文化中心。

這幅畫畫在粗糙的木板上，木板大小和電腦鍵盤幾乎相同，畫中的人物用黑白兩色、相當簡單的描畫出來，畫中偶爾還點綴了紅色和藍色。就藝術作品而言，這幅畫相當不討喜，不過話說回來，作畫原意並不是要畫藝術傑作，大致上是為了幫助說書人說故事，用於幫助記憶。畫版正中的人物就是傳絲公主，她戴著很大、很精美的帽子。為了絕對保證我們認定帽子是這個故事中的焦點，左邊有一位侍女戲劇性的指著頭飾，然後說書人可以說出帽子裡面是製造絲綢所需的一切，包括蠶蟲、蠶繭和桑葚種子——因為蠶寶寶必須吃桑葉。接著，我們在傳絲公主前面，可以看到後續的故事：蠶繭堆在一個籃子裡，最右邊有一位男性努力把絲線織成絲綢。公主顯然已經安抵和闐，妙計得逞。清楚畫在三個場景中的這個故事是一份怪異的文件，說明知識和技術怎麼從東方傳到西方。

我們早已知道，絲路在八世紀的世界經濟與學術領域中至為重要，但是絲路一直到相當晚近才贏得現有的浪漫名聲，旅遊作家兼小說家科林・施伯龍（Colin Thubron）很清楚這一點：

從人員與商品的流通、意見的交流、宗教的傳播、尤其是發明的流傳來說，絲路在歷史上的重要性幾乎不可能誇大。無論是佛教從印度向北、向東傳入中國，還是伊斯蘭教深入亞洲中央，這一切都是絲路現象。

「絲路」這個名詞是晚到一八八七年，才由德國地理學家費迪南・李希霍芬（Ferdinand von Richthofen）創造出來，過去根本沒有絲路這個名詞；不過話說回來，這種事當然也會把所有和絲有關的浪漫故事、絲綢的精美和華麗，全都灌注到絲路上。

神祕經常會產生各種對故事的解釋，因為絲是沿著絲路運輸最重要的產品，製絲的祕密一定會激發和絲有關的神話。奢華、精美、耐用的絲幾乎和四千多年前率先生產絲綢、而且長久獨占絲綢技術的古代中國是同義字。早在羅馬帝國出現前，中國已經以工業化的規模，生產和出口絲製品。絲的生產方法是備受保護的機密，但這麼有利可圖的祕密絕不可能長久保密，和闐是這種情形的受益者之一。

我們回頭看這塊畫版，可以看出故事中有四個人物，其中一位有四隻手臂、手持絲織紡梳和紡梭的男性是絲神，負責監督整個場景，賜福製絲工人，確保我們不把傳絲公主當成工業間諜，而是英勇的女恩人。在這種情況下，這個童話故事昇華到神話的地位：傳絲公主大概還不足以媲美從天上偷火給人類使用的普羅米修斯（Prometheus），但是她在造福別人、傳授知識與技術給別人的偉大神話傳統中，的確占有穩固的地位。

根據這個板畫故事寫出的文字版本，告訴我們下一件事情，就是傳絲公主感謝神靈，確保和闐會永遠保持製絲的祕密：

然後她在餵養第一批蠶的地方，興建了這座寺院，那裡有很多老桑樹樹幹，大家說，這些樹幹是最先栽種的桑樹留下來的樹幹，從古代到現在，這個王國一直都養蠶，而且不准人民殺蠶。

今天絲的生產還是和闐的重要產業，僱用的人力成千上萬，每年大約生產一億五千萬公尺的絲布、絲織衣服與地毯。當然，我們不知道絲實際上是怎麼傳到和闐的，但是我們確實知道思想、故事、神祇和絲綢，全都沿著絲路雙向流通，長久以來，一直參與絲路研究的大提琴家、作曲家馬友友表示：

我對音樂的傳播方式特別感興趣，我們只擁有大約一百年前的紀錄，因此你必須研究口述傳統和博物館、故事裡發現的其他圖像，了解思想和物資交流的方式。你越深入研究任何事物的來源，越容易在小地方裡找到大世界，這點是值得深思的大問題，但實際上，這個問題可以縮小成普通的物品，例如故事、寓言和物資，絲的故事是其中一環。

▼ 跨頁：（從左至右）傳絲公主、絲神、紡絲工人。

這塊畫版原來是要當作說書的輔助工具，我現在只是依樣畫葫蘆。我們不知道當初利用這塊畫版的是什麼人，卻知道收藏這塊畫版的佛寺讓斯坦因十分驚異和感動：

毫無疑問的，這些畫版像所有後續發現的其他東西一樣，仍然擺放在當初虔誠信眾供奉許願時的相同位置上。有一個卑微多了卻同樣令人感動的殘留物品，清清楚楚的提醒大家，想到信徒在這座小寺廟禮敬神佛的最後一段時光：在靠近基臺的地板和靠近轉角的地方，我發現好幾支古代的掃把，最後在這裡服侍的人顯然用這些掃把，清除落在神聖物品上的塵沙。

這些掃把不只用於清除傳絲公主版畫上的塵沙，這間佛寺還藏有佛陀和印度教神祇濕婆和梵天的繪像；而這個小聚落的其他寺廟，也藏有佛教、印度教、伊朗神祇和當地神明的圖像，這些神祇像絲路上的旅人一樣，在絲路上流傳時愉快的共享落腳的地點。

Maps

地圖

一百件文物的源頭

13	印度河圖章	發現於巴基斯坦旁遮普省印度河流域的哈拉帕
14	玉斧	發現於英國坎特伯里附近
15	早期的寫字板	發現於伊拉克
16	大洪水記錄板	發現於伊拉克北部摩蘇爾附近（尼尼微古城）
17	蘭德數學莎草紙書	發現於埃及盧克索附近（底比斯古城）
18	米諾斯跳牛飛人	發現於希臘克里特島
19	莫爾德黃金披肩	發現於英國威爾斯的莫爾德
20	拉美西斯二世石像	發現於埃及盧克索附近（底比斯古城）
21	拉吉浮雕	發現於伊拉克摩蘇爾（尼尼微古城，西拿基立王王宮）
22	塔哈爾卡人面獅身像	發現於蘇丹北部的卡瓦
23	西周康侯簋	發現於中國西部
24	帕拉卡斯紡織品	發現於秘魯帕拉卡斯半島
25	克里薩斯金幣	鑄造於土耳其

列表 1–25 的文物名稱

1	大祭司洪尼吉鐵夫的木乃伊	發現於埃及盧克索附近（底比斯古城）
2	歐都外石頭砍砸器	發現於坦尚尼亞的歐都外峽谷
3	歐都外手斧	發現於坦尚尼亞的歐都外峽谷
4	游泳的馴鹿	發現於法國蒙塔斯特拉
5	克羅維斯矛頭	發現於美國亞利桑那州
6	鳥形杵	發現於巴布亞紐幾內亞歐洛省艾寇拉河邊
7	安莎赫利情侶雕像	發現於伯利恆附近猶太沙漠中旺地卡瑞呑
8	埃及牛的泥塑模型	發現於埃及盧克索附近的阿拜多斯
9	馬雅玉米神像	發現於宏都拉斯的科潘
10	日本繩文人的陶罐	發現於日本
11	鄧王的涼鞋標籤	發現於埃及盧克索附近的亞比多斯
12	烏爾旗	發現於伊拉克烏爾王陵

38	儀式球賽腰帶	發現於墨西哥
39	《女史箴圖》	繪於中國
40	哈克森胡椒罐	發現於英格蘭薩福克郡的哈克森
41	犍陀羅坐佛	發現於巴基斯坦（犍陀羅古國）
42	鳩摩羅笈多一世金幣	鑄造於印度
43	沙普爾二世銀盤	製造於伊朗
44	欣頓聖瑪麗別墅馬賽克	發現於英格蘭多賽特的欣頓聖瑪麗別墅
45	阿拉伯銅手掌	發現於葉門
46	阿布達・馬力克金幣	鑄造於敘利亞大馬士革
47	薩頓胡船葬頭盔	發現於英格蘭薩福克郡（薩頓胡）
48	莫希戰士陶壺	發現於秘魯
49	高麗屋瓦	發現於南韓
50	傳絲公主畫版	發現於中國新疆維吾爾自治區

列表26–50的文物名稱

26	奧克薩斯黃金戰車模型	發現於阿富汗、塔吉克邊境的奧克薩斯河
27	帕德嫩神廟雕刻：人頭馬與拉畢斯人	製於雅典帕德嫩神廟
28	下于茨酒壺	發現於法國東北部摩澤爾
29	奧爾梅克石頭面具	發現於墨西哥東南部
30	中國銅鐘	發現於中國山西省
31	亞歷山大大帝銀幣	鑄造於土耳其拉舍基（連沙科斯古城）
32	阿育王圓柱	發現於印度北方省的密拉特
33	羅塞塔石碑	發現於埃及拉希德鎮（羅塞塔是該地名的英文名字）
34	漢朝金銀扣漆耳杯	發現於北韓平壤附近
35	奧古斯都頭像	發現於蘇丹申地鎮附近（米羅古城）
36	華倫酒杯	發現於耶路撒冷附近的比提爾
37	北美水獺菸斗	發現於美國俄亥俄州土塚市

64 大維德花瓶	製於中國江西省
65 泰諾人儀式用座椅	發現於多明尼加共和國聖多明尼哥
66 聖荊棘聖髑盒	製於法國巴黎
67 東正教凱旋聖像畫	繪於土耳其伊斯坦堡（舊名君士坦丁堡）
68 濕婆與雪山神女雕塑	發現於印度奧里薩邦
69 瓦斯特克女神雕像	發現於墨西哥
70 復活節島雕像「荷瓦」	發現於智利復活節島（原稱拉帕努伊）
71 蘇萊曼大帝的花押	製於土耳其伊斯坦堡（舊名君士坦丁堡）
72 明代的紙鈔	製於中國
73 印加黃金駱馬	（可能）發現於秘魯
74 帖木兒的翡翠龍形杯	製於中亞
75 杜勒的犀牛	製於德國紐倫堡

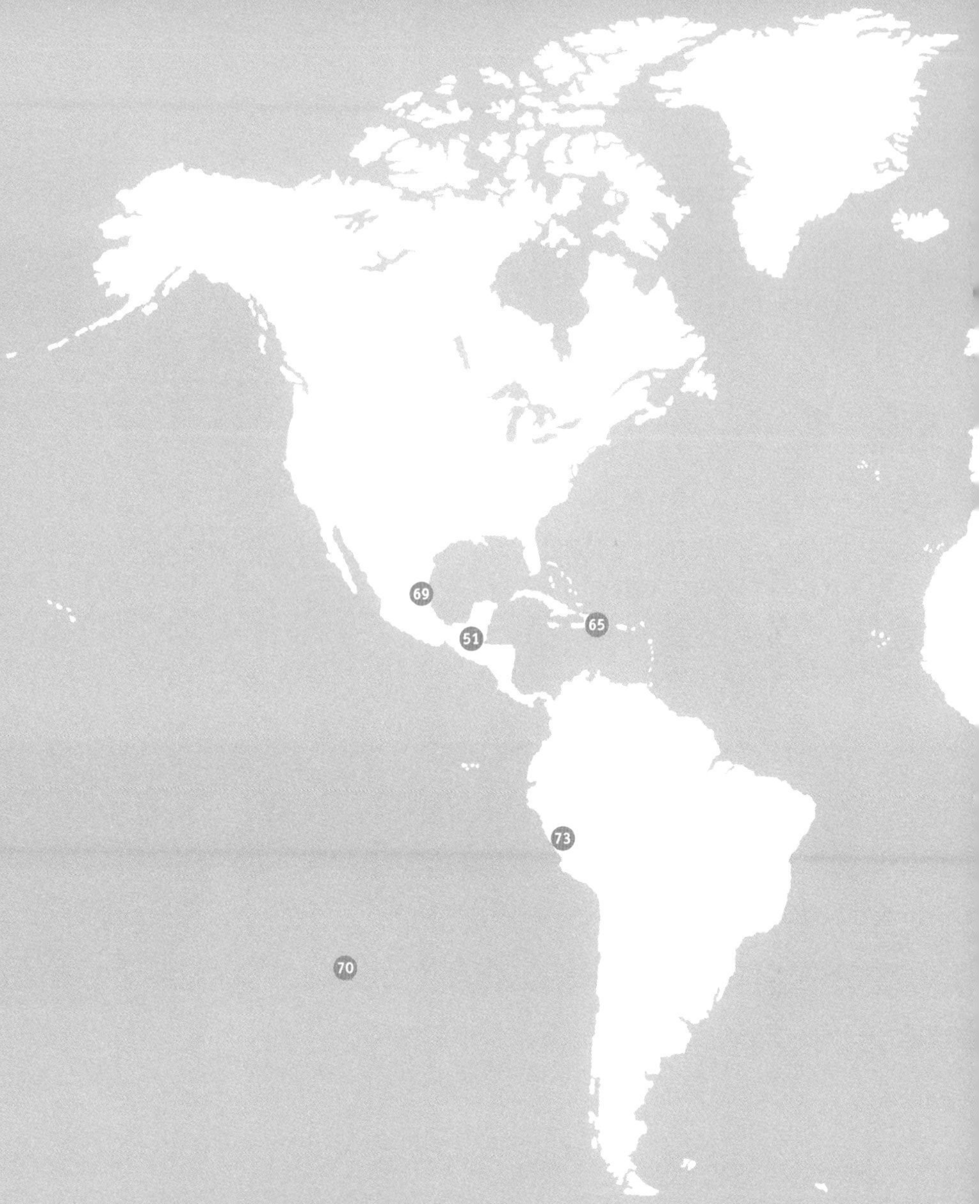

列表51–75的文物名稱

51	馬雅王室放血浮雕	發現於墨西哥恰帕斯州（亞旭蘭古城）
52	後宮壁畫殘片	發現於伊拉克撒馬拉城
53	洛泰爾水晶	可能製於日耳曼
54	度母菩薩像	發現於斯里蘭卡
55	唐墓葬陶俑	發現於中國河南省
56	約克郡河谷寶藏	發現於英格蘭哈羅蓋特附近
57	聖海德薇的寬口大酒杯	可能產於敘利亞
58	日本青銅鏡	發現於日本
59	婆羅浮屠佛頭	發現於印尼爪哇
60	基盧瓦瓷器碎片	發現於坦尚尼亞基盧瓦的基西瓦尼
61	路易斯西洋棋	發現於蘇格蘭路易斯島
62	希伯來星盤	可能製於西班牙
63	伊費頭像	製於奈及利亞伊費城

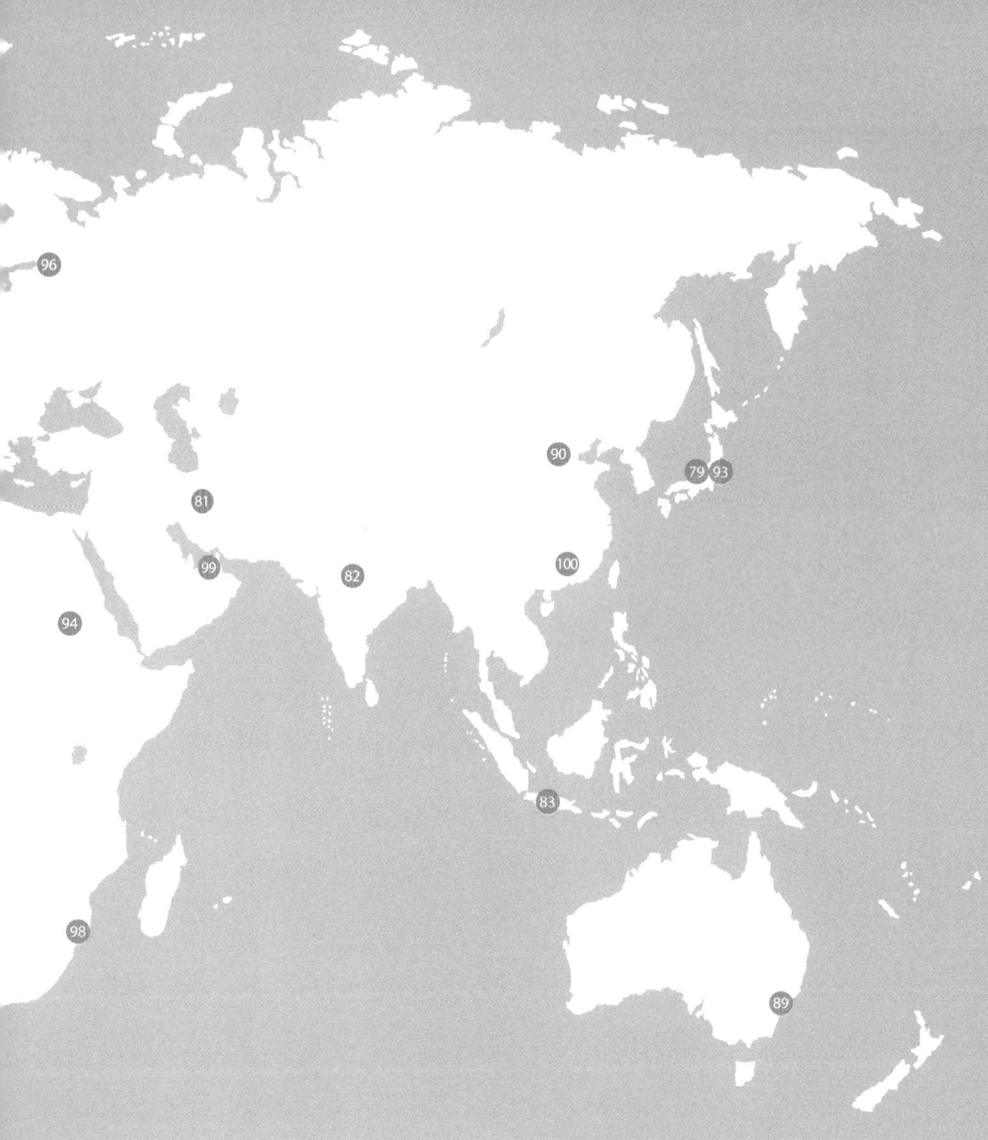

88 北美鹿皮地圖　製於美國中西部
89 澳洲樹皮盾牌　發現於澳洲西南威爾斯的植物灣
90 玉璧　製於中國北京
91 小獵犬號的航海天文鐘　製於英國倫敦
92 維多利亞時代初期的茶具　製於英國斯塔福德郡
93 葛飾北齋的〈神奈川沖浪裏〉　製於日本
94 蘇丹的裂縫鼓　製於中非
95 爭取婦女參政者所毀損的一便士硬幣　製於英國
96 俄羅斯革命紀念瓷盤　製於俄羅斯聖彼得堡
97 霍尼克的〈平淡的村莊〉蝕刻版畫　製於英格蘭
98 武器寶座　製於莫三比克的馬布多
99 匯豐銀行守約信用卡　發行於阿拉伯聯合大公國
100 太陽能燈具與充電組　製於中國廣東省深圳特別行政區

列表76–100的文物名稱

76	機械式大帆船模型	製於德國奧格斯堡
77	貝南雕飾版	發現於奈及利亞貝南
78	雙頭蛇雕像	製於墨西哥
79	日本柿右衛門大象	製於日本
80	西班牙的八里亞爾幣披索	鑄造於玻利維亞的波托西
81	什葉派宗教遊行儀杖	製於伊朗
82	蒙兀兒王子小畫像	繪於印度
83	印尼皮影戲偶「比瑪」	發現於印尼爪哇
84	墨西哥手抄本地圖	繪於墨西哥特拉斯卡拉
85	宗教改革百年紀念大報	製於德國萊比錫
86	阿坎族的鼓	發現於美國維吉尼亞州
87	夏威夷羽飾頭盔	製於美國夏威夷

致謝辭　要感謝的人太多了

《看得到的世界史》是和英國廣播公司（ＢＢＣ）第四廣播網聯手創造出來的。沒有臺長馬克・達瑪瑟的一路相挺，這個計畫根本不可能成真。我想要向他致上我最誠摯的謝意。

我要感謝第四廣播網的企畫編輯珍・艾利森（Jane Ellison）以及大英博物館的公共關係主任喬安娜・麥科（Joanna Mackle），她們讓兩個機構攜手通力合作，把這個企圖心龐大的計畫發揮得淋漓盡致，而不只限於第四廣播網的播出而已。

我還要感謝勞柏・凱特銳吉（Rob Ketteridge）和ＢＢＣ紀錄性節目部門的編輯、製作團隊、ＢＢＣ音響音樂製作部門的菲力普・賽勒斯（Philp Sellars）、安東尼・丹瑟洛（Anthony Denselow）、保羅・寇布拉克（Paul Kobrak）、芮貝卡・史特拉佛德（Rebecca Stratford）、珍・路易斯（Jane Lewis）和曇辛・巴柏（Tamsin Barber），感謝他們讓節目透過收音機播出時如此活潑生動。

儘管我看似是這個系列節目和本書的作者，其實這些成果背後有許多人奉獻心力。《看得到的世界史》徹頭徹尾是團隊合作的果實，若不是所有工作者奉獻知識、技術、辛勤工作和全情投入，這一切根本不可能發生。這本書是許多人成就的顛峰，而我想要藉此機會，感謝這些跟這個計畫密切相關的人士。

感謝以下諸位所做的策展研究和指導：希爾（J. D. Hill）、貝瑞・庫克（Barrie Cook）和班・羅伯斯（Ben Roberts）；感謝密切協助我和策展小組製作為本書章節內容提供骨架的廣播文稿：帕翠西亞・惠特利（Patricia Wheatley）；感謝在大英博物館內部協助控管《看得到的世界史》專案（包括本書）：艾瑪・凱利（Emma Kelly）；感謝以下兩位支援本書和本專案大大小小工作：羅莎琳・溫頓（Rosalind Winton）和貝琦・艾倫（Becky Allen）；感謝工作最密切的同事無止盡的耐心：凱特・哈里斯（Kate Harris）、波麗・米勒（Polly Miller）、麗莎・蕭（Lisa Shaw）以及我的副館長安德魯・伯奈特（Andrew Burnett）。

同時，我也想要感謝協助策展的同仁、科學家和文物保存專家，他們的研究和知識使得本書每一章的內容都很扎實。感謝大英博物館的助理過去幾年來投注時間，提供關於相關館藏最新也最無遠弗屆的資訊，還有，感謝攝影部門同仁，提供本書的圖片。

我要感謝許多參與本項計畫相關工作以及網站的人。感謝在英格蘭、威爾斯、北愛爾蘭、蘇格蘭各地的博物館專業人員和BBC團隊，他們的活力、奉獻以及支持，使得支撐這個計畫的理念可以傳播到如此廣大的人群之中。

還要感謝CBBC，他們和大英博物館合作，得到學校方面的支持，將這個系列節目當中的十三個物品，透過生動活潑、獨特風格的電視節目，介紹給兒童。

在大英博物館方面，我還要特別感謝哈娜・布登（Hannah Boulton）、法蘭斯・卡雷（Frances Carey）、莎拉・卡蘿（Sara Carroll）、凱堤・柴爾茲（Katie Childs）、馬修・庫克

（Matthew Cook）、荷莉・戴維斯（Holly Davies）、索尼亞・多西（Sonia D'Orsi）、蘿斯瑪麗・佛克斯（Rosemary Folkes）、大衛・法蘭西斯（David Frances）、琳妮・哈里森（Lynne Harrison）、卡蘿琳・英格漢（Caroline Ingham）、蘿珊娜・郭（Rosanna Kwok）、蘇珊・拉尼斯（Susan La Niece）、安・盧尼（Ann Lumley）、莎拉・馬邵爾（Sarah Marshall）、琵琶・皮爾斯（Pippa Pearce）、大衛・普旦姆（David Prudames）、蘇珊・瑞克斯（Susan Raikes）、奧莉維亞・瑞克曼（Olivia Rickman）、瑪歌・辛姆斯（Margaux Simms）、克萊・湯琳森（Clare Tomlinson）、賽門・威爾森（Simon Wilson）。

在BBC方面，感謝西穆斯（Seamus Boyd）、克萊爾（Claire Burgoyne）、凱薩琳・坎貝爾（Katherine Campbell）、安德魯・卡斯佩瑞（Andrew Caspari）、東尼・克萊伯（Tony Crabb）、錫恩・戴維斯（Sian Davis）、克瑞格・韓德森（Craig Henderson）、蘇珊・洛維爾（Susan Lovell）、克莉斯汀娜・瑪考雷（Christina Macaulay）、克萊爾（Claire McArthur）、凱瑟萊・莫瑞森（Kathryn Morrison）、傑米・瑞（Jamie Rea）、安潔拉・羅伯茲（Angela Roberts）、保羅・沙琴特（Paul Sargeant）、吉利安・史卡瑟（Gillian Scothern）、邵娜・塔德（Shauna Todd）以及克莉斯汀・伍曼（Christine Woodman）。

最後，我要感謝Allen Lane出版公司的發行人史都華・普拉菲特（Stuart Proffitt），是他把這個系列節目重新想像，變成一本書。也要感謝企鵝出版集團的團隊：安德魯・貝克（Andrew Baker）、詹姆斯・布萊克曼（James Blackman）、珍奈特・達德利（Janet Dudley）、李察・杜吉德（Richard Duguid）、卡蘿萊・哈特布萊克（Caroline Hotblack）、克萊爾・梅森（Claire

Mason）、唐娜・帕妃（Donna Poppy）、吉姆・史塔達特（Jim Stoddart）、珊・瓦希迪（Shan Vahidy），特別要謝謝約翰・葛瑞賓（John Gribbin），大部分的廣播稿都是由他改寫成適合閱讀的文字。

特別感謝所有節目和本書的受訪者，他們的見解豐富了我們對於這些物品的了解，感謝他們慷慨奉獻他們的時間、知識和高見。囿於書籍的頁數，無法把所有廣播節目的內容納入本書，但是那並不稍減我對受訪者的感謝之情。

國家圖書館出版品預行編目(CIP)資料

看得到的世界史(上冊):99樣物品的故事 你對未來會有1個答案/尼爾·麥葛瑞格(Neil MacGregor)著;劉道捷、拾已安譯. -- 二版. -- 臺北市:大是文化,2021.03
432面;17x23公分. -- (TELL;034-035)
譯自:A History of the World in 100 Objects
ISBN 978-986-5548-34-6(上冊:平裝). --
ISBN 978-986-5548-35-3(下冊:平裝)

1. 世界史　2. 文明史

711　109020217

TELL 034

看得到的世界史（上冊）

99樣物品的故事 你對未來會有1個答案

作　　者／尼爾・麥葛瑞格（Neil MacGregor）
譯　　者／劉道捷（作者序—第50章）、拾已安（第51章—第100章）
責任編輯／林盈廷
美術編輯／林彥君
副 主 編／馬祥芬
副總編輯／顏惠君
總 編 輯／吳依瑋
發 行 人／徐仲秋
會　　計／許鳳雪、陳嬅娟
版權經理／郝麗珍
行銷企劃／徐千晴、周以婷
業務專員／馬絮盈、留婉茹
業務經理／林裕安
總 經 理／陳絜吾

出 版 者／大是文化有限公司
臺北市 100 衡陽路7號8樓
編輯部電話：（02）23757911
購書相關諮詢請洽：（02）23757911 分機122
24小時讀者服務傳真：（02）23756999
讀者服務E-mail：haom@ms28.hinet.net
郵政劃撥帳號：19983366　戶名：大是文化有限公司

法律顧問／永然聯合法律事務所
香港發行／豐達出版發行有限公司
Rich Publishing & Distribution Ltd
香港柴灣永泰道70號柴灣工業城第2期1805室
Unit 1805, Ph.2, Chai Wan Ind City, 70 Wing Tai Rd, Chai Wan, Hong Kong
Tel：21726513　Fax：21724355　E-mail：cary@subseasy.com.hk

封面設計／林雯瑛　內頁排版／尼瑪
印　　刷／高典印刷有限公司
出版日期／2021年3月　二版
定　　價／新臺幣480元
ISBN　978-986-5548-34-6

Printed in Taiwan
（缺頁或裝訂錯誤的書，請寄回更換）

A History of the World in 100 Objects by Neil MacGregor
First published in Great Britain in the English language by Penguin Books Ltd.